行政追偿制度研究

Study on the System of Administrative Recourse

张杰 著

法律出版社
LAW PRESS·CHINA
北京

图书在版编目(CIP)数据

行政追偿制度研究 / 张杰著. -- 北京 : 法律出版社, 2022(2023.11 重印)

ISBN 978 - 7 - 5197 - 7038 - 9

Ⅰ. ①行… Ⅱ. ①张… Ⅲ. ①债务 - 经济纠纷 - 处理 - 研究 - 中国 Ⅳ. ①D923.34

中国版本图书馆 CIP 数据核字(2022)第 158654 号

行政追偿制度研究
XINGZHENG ZHUICHANG ZHIDU YANJIU

张 杰 著

策划编辑 沈小英
责任编辑 沈小英 常 锋
装帧设计 李 瞻

出版发行 法律出版社
编辑统筹 法治与经济出版分社
责任校对 裴 黎
责任印制 吕亚莉
经 销 新华书店

开本 A5
印张 7.75 **字数** 277 千
版本 2022 年 9 月第 1 版
印次 2023 年 11 月第 2 次印刷
印刷 北京虎彩文化传播有限公司

地址:北京市丰台区莲花池西里 7 号(100073)
网址:www.lawpress.com.cn
投稿邮箱:info@lawpress.com.cn
举报盗版邮箱:jbwq@lawpress.com.cn

销售电话:010 - 83938349
客服电话:010 - 83938350
咨询电话:010 - 63939796

书号:ISBN 978 - 7 - 5197 - 7038 - 9 **定价**:76.00 元

凡购买本社图书,如有印装错误,我社负责退换。电话:010 - 83938349

前　言

一、问题的缘起

行政追偿(有的国家和地区也称国家对公务员的求偿权)①作为行政赔偿的后续程序,早在1989年我国第一部《行政诉讼法》中已经确立,并且在1995年新中国第一部《国家赔偿法》以及2010年、2012年两次修订的《国家赔偿法》中均有明确规定。但是,立法机关似乎对行政追偿制度缺乏足够的立法热情,《国家赔偿法》几度修改完善,行政追偿制度却只字未动。并且随着2015年修订的《行政诉讼法》将行政追偿制度的删除,目前法律层面的行政追偿制度仅存于《国家赔偿法》第16条,②而该法条对行政追偿也仅仅进行了粗略的规定,缺失

---

① 参见皮纯协、何寿生:《比较国家赔偿法》,中国法制出版社1999年版,第190页。

② 《国家赔偿法》第16条第1款规定:"赔偿义务机关赔偿损失后,应当责令有故意或者重大过失的工作人员或者受委托的组织或者个人承担部分或者全部赔偿费用。"

主要的规范内容。

实践中,我国的行政追偿率偏低。根据财政部对我国26个省(市、区)各级财政部门的调查,2002~2004年,我国向责任人追偿赔偿费用合计约217万元,仅占财政部核拨的赔偿费用总额的3%。湖南省2002~2004年核拨赔偿费用1109万元,追偿仅29万元,追偿率2.64%。黑龙江省发生61起国家赔偿案件中,只有1起得到追偿,核拨的447.9万元赔偿费中只追偿了9.4万元,占核拨赔偿费用总额的2.1%。①

面对行政追偿制度的无效或者低效率,学术界也曾给予理论回应。只是鉴于国家赔偿制度尚处于实施初期,社会各界的注意力主要集中在如何推进国家赔偿制度的落实,如何使受害人能顺利得到国家赔偿方面,行政追偿制度未能引起立法界和社会公众的共鸣,该制度的理论研究因而沉寂下来。直到2013年党的十八届三中全会首次提出"人权司法保障"以来,国家赔偿法的落实得到了迅猛的发展,国家赔偿金额越来越大,国家追偿制度的落实,重新回到人们的视野。尤其是2014年党的十八届四中全会提出加快建设法治政府以来,能够对法治政府建设起到巨大推动作用的行政追偿制度,更加得到了人们的重视,落实行政追偿制度成为当前颇具理论和实践意义的研究方向。

落实行政追偿制度最深远的意义,是能够推动我国法治政府建设。法治政府建设是自1997年党的十五大以来,我国一直努力实现的战略目标。特别是2014年党的十八届四中全会提出加快建设法治政府后,我国对法治政府建设进行了一系列顶层设计。2015年12月,中共中央、国务院还联合发布了《法治政府建设纲要(2015-2020年)》,提出

---

① 参见司杨敏、许大华、卞荣华、张德钧:《国家赔偿费用追偿问题研究》,载中华人民共和国财政部网,http://www.mof.gov.cn/preview/tfs/zhengwuxinxi/diaochayanjiu/200806/t20080620_47491.html。转引自顾永忠:《国家追偿制度的理性思考》,载《当代法学》2015年第5期。

法治政府建设的总体目标。2017 年 10 月 18 日，习近平同志在党的十九大报告中提出了深化依法治国实践的新要求，对“建设法治政府，推进依法行政，严格规范公正文明执法”作出了重要部署。总之，建设法治政府，是我国坚持全面依法治国的题中应有之义。而政府的良好运作，必然要求公务人员奉公守法、勤政爱民，行政追偿的制度设计起源和立法价值就是抑制公务人员的违法侵权行为，规范公务人员的职务行为，提高行政效率、倒逼公务人员依法行政。可见，行政追偿的价值目标与我国法治政府建设目标中对公务人员的要求高度契合，是依法行政、建设法治政府的重要制度构成。是故，落实行政追偿制度，实现行政追偿的立法目的，是对我国法治政府建设的有效回应和制度保障。

二、研究思路与框架

(一)研究思路

关于行政追偿制度的理论研究仍然比较薄弱，目前尚未形成一套系统的理论体系和行之有效的方法。具体而言，建立一个切实可行的行政追偿制度，理论上需要提供怎样的支撑？现行制度难以实施的症结在哪？具体制度构建时选择怎样的立法模式更为科学合理？行政追偿的构成要件是什么？应遵循怎样的程序合法行使追偿权？行政追偿金如何确定？这些都是需要深入研究与探讨的重要问题，也是本书试图解决的问题。

针对行政追偿制度的无效或者低效率，目前可能的改革方案有两种思路：一是完善行政追偿制度，①二是建立在特定情形下公务人员直接

---

① 参见马怀德主编：《国家赔偿问题研究》，法律出版社 2006 年版，第 220～225 页；杨小君：《国家赔偿法律问题研究》，北京大学出版社 2005 年版，第 348～351 页；闫越：《国家追偿权及其立法完善》，载《法制与社会发展》1998 年第 6 期；刘嗣元：《论国家赔偿法中的国家追偿制度》，载《华中理工大学学报(社会科学版)》1999 年第 2 期；罗杰：《国家赔偿中的追偿制度立法及完善》，载《行政论坛》2000 年第 6 期。

对外负责的制度。① 鉴于第一种思路并不会影响在代位责任说和自己责任说之间的选择,因为二者都有行政追偿制度的生存空间;而第二种思路却是与自己责任说不相容,根据自己责任说,行政职务侵权赔偿责任只是国家责任,受害人不能直接对公务人员行使请求权,可见,第二种思路在自己责任说的基础上并没有存在的正当性。并且,我国目前的实定法基本否定了公务人员直接对外负责的可能性,所以第二种思路势必要打破现行立法体制,从理论基础到立法规范都要重新设计追偿制度,而第一种思路却是符合我国目前的立法规范。鉴于此,本书拟遵循第一种思路,在现有立法例的框架下,制定行政追偿制度实施细则,构建行政追偿的具体制度,以便激活这一具有重大意义的制度。

(二)基本框架

本书研究的重点,首先,是针对行政追偿权的行使进行理论探讨,确定行政追偿权属于公法之债的本质属性;其次,根据公法之债的一般原理,进一步对行政追偿进行制度构建,包括实体要件和程序要件的具体设计;最后,对行政追偿的相关配套制度提出强化建议,包括推进行政追偿的监督体系和行政追偿信息公开体系的建设。全书分为五章、余论、附录共七部分,具体内容如下。

第一,我国行政追偿制度的基础理论。

在我国,行政追偿并不是一个法律概念,而是一个法学概念,行政追偿作为行政赔偿的后续程序,是国家向行政赔偿请求人支付赔偿费用以后,依法责令有故意或重大过失的公务人员、受委托的组织和个人承担部分或全部赔偿费用的制度。行政追偿制度一般经过了否定时期、产生

---

① 参见张卫英、王梅霞:《确立我国公务员损害赔偿责任制度》,载《河北法学》2006 年第 5 期;关蕾、双华军:《公务员行政侵权赔偿责任分析——由佘祥林案所想到的》,载《经济导刊》2005 年第 9 期;张明军:《对确立国家和个人为共同赔偿责任主体的探讨》,载《行政论坛》2004 年第 1 期;杜万松:《公务员重大过错行政侵权赔偿责任探析》,载《行政与法》2003 年第 12 期。

时期和确定时期,行政追偿的制度缘起于雇主追偿制度,目前世界上典型的追偿模式有单向追偿模式和双向追偿模式。从行政追偿制度的制度源流来看,行政追偿实际上是侵权行为之债,从公法的角度来看,国家赔偿以后的行政追偿属于公法之债、法定之债的范畴,即国家在承担赔偿责任以后,针对有故意或重大过失的公务人员享有一定金额的追偿权,这是行政追偿制度的本质属性。

第二,我国行政追偿制度的演化历程与现状考量。

我国的行政追偿属于单向追偿模式,即否定公务人员对受害人的直接赔偿责任,而由国家先行进行行政赔偿后,对有故意或者重大过失的公务人员进行追偿的模式。我国行政追偿规范由于行政追偿当事人规定的局限、追偿主观要件界定的模糊、行政追偿程序规范的空白、追偿标准的界定不明,追偿救济程序的缺失,加上行政追偿配套法律制度的不完善与不得力,导致行政追偿制度地方立法和实践中的不足,使行政追偿制度成为国家赔偿法中执行最不力的一环。考量公务人员的职务侵权责任承担形式,我国现行行政追偿制度仍然是公务人员职务侵权赔偿责任承担方式的最优选择,依照公法之债的理论构建行政追偿制度的基本问题,以便落实行政追偿制度,是最便宜的路径。

第三,行政追偿实体要件的界定和明确。

根据公法之债理论,行政追偿主体应当是具有“公法人”资格的机关。将“公法人”理论作为行政追偿主体的资格要件,只有具备“公法人”资格的国家和各级地方政府才能作为行政追偿主体。

公法之债的债务人是执行公务的人员,也就是说,被追偿人是不以存在行政职务关系为必要条件的“事实上的公务员”。

借用民事侵权责任中的客观标准对行政追偿主观要件进行立法认定,采用列举的立法技术,通过将行政追偿行为类型化,明晰主观过错的内涵。有关个人或组织由于故意或重大过失,在超越职权造成经济损失、滥用职权、怠于行使职权、适用法律法规政策决策计划等错误的行为和行政事实行为中，对公民、法人或其他组织造成人身伤害或财产损失，应当承担相应的经济赔偿责任。

第四，行政追偿程序之建构。

制订我国行政追偿的本土化方案，根据正当程序原则，行政追偿分为启动程序、决定程序、执行程序和救济程序，其中，根据“债”的性质，在行政追偿委员会作出追偿决定前，要与被追偿人进行协商。修正特别权力关系理论，赋予被追偿人司法救济权，如果被追偿人对追偿决定有异议，可以提起行政诉讼；在执行程序中，如果被追偿人不履行行政追偿决定，追偿主体也不能直接进行强制执行，只能请求司法救济，并通过司法强制实现其请求权。

第五，行政追偿标准的确定。

关于追偿标准的法定化问题，结合侵权赔偿金评定的主客观因素理论，至少应在追偿金额的计算基准和最高赔偿限额方面制定国家层面的追偿标准。关于追偿标准的客观化问题，目前下位法已有相关部门标准和行业标准，但当前的问题是需要制定国家标准，统一细化“部分追偿”的范围，防止追偿额的畸轻畸重。通过案例分析方法细化“部分追偿”含义，在最高限额内将主客观因素分为几个档次，相应确定追偿金额。首先，按照过错程度区分行政追偿最高限额的初始比例，如果主观过错是重大过失，追偿金额的初始比例界定为国家赔偿费用的70%，主观过错是故意，追偿金额的初始比例界定为国家赔偿费用的100%。其次，借鉴刑罚中量刑标准中的法定情节和酌定情节规定，将之运用到追偿数额确定的主客观因素中。将客观因素作为法定情节，每一个情节作为一个减免档次，每一档次最高减免国家赔偿费用的10%；将主观因素作为酌定情节，每一个情节确定一个减免档次，每一档次最高减免国家赔偿费用的5%。最后，将行政赔偿义务机关的过失分为选任管理过失和办公条件过失，根据过失相抵原则，每一种过失最高减免国家赔偿费用的10%。

余论：行政追偿制度配套法律制度之完善。

行政追偿作为公法之债,显然具有公共属性。行政追偿主体要按照《政府信息公开条例》的相关规定,主动将包括行政追偿费用在内的国家赔偿费用公开,接受国家权力机关、财政部门、审计部门、纪检监察部门等法律授权机关或部门的监督,也要自觉地接受社会舆论和社会公众的社会监督。

目录

第一章 行政追偿制度的基础理论

行政追偿作为我国国家赔偿法中的重要制度构成,是我国法治政府的重要保障。探索行政追偿的基础理论,厘清行政追偿制度的理论问题,是研究行政追偿制度的逻辑起点。

一、行政追偿的学理范畴

(一)行政追偿的内涵辨析

概念是我们研究方向的命题基础,如果不能对概念进行科学把握和精准定位,就很难对某一问题或制度进行准确的研究,更谈不上进一步形成系统科学的认识与判断。同样地,讨论行政追偿制度的激活与构建,也需要我们以概念为切入点进行分析研究。

1. 行政追偿的概念界定

行政追偿又叫行政求偿,英文表述为“Liable to reimbursethe state”(事实上,从世界范围来看,行政求偿的称谓甚至比行政追偿使用更为广泛,因此,除有特别说明外,本书中行政追偿和行政求偿为同一概念),[①]是指执行公务的人员在特定条件下,要对国家承担责任。我国最早确立行政追偿制度是在1989年《行政诉讼法》第68条,1995年我国第一部《国家赔偿法》也对追偿制度作了明确规定。此后,我国《国家赔偿法》虽经数度修改,但是行政追偿制度始终存在。

在我国,尽管追偿已经是一个法定制度,但是,行政追偿并不是一个法律概念,而是一个法学概念,并且学界对这一概念一直存在分歧。关于行政追偿的概念,理论界形成了多种观点,其中有代表性的有以下几种。

第一种观点:广义说,认为行政追偿是国家在承担赔偿责任以后,有权力要求负有责任的行政机关及其工作人员承担全部或部分赔偿费用的一种法律制度,包括政府对行政机关的追偿、行政机关对公务员和被委托组织或个人的追偿。[②] 根据此学说,行政追偿既包括行政赔偿机关对行政机关及其工作人员的追偿,还包括政府对行政机关的追偿。换句话说,行政追偿主体有行政赔偿机关和政府两类,行政追偿对象也相应地包括行政机关和行政机关工作人员。

第二种观点:狭义说,目前学界大多采用此说,只是在表述上略有差异。狭义说认为行政追偿是指行政赔偿义务机关代表国家向行政赔偿请求人支付赔偿费用以后,依法责令有故意或重大过失的公务员、受委托的组织和个人承担部分或全部赔偿费用的法律制度。[③] 根据狭义说,

---

① 邓曾甲先生认为"追"字含有"事后补办""追究""追回"之意,因此,使用"追偿"而不是"求偿"更适合中国人的心理,有助于对主债务人造成心理上的压力,这是中国法律中使用"追偿"而不是"求偿"的重要心理因素。参见邓曾甲:《中日担保法律制度比较》,法律出版社1999年版,第116~117页。

② 参见胡建淼:《行政法学》,法律出版社1998年版,第547页;高家伟:《国家赔偿法》,商务印书馆2004年版,第279~284页。

③ 代表性的著作有,姜明安:《行政法与行政诉讼法》(第2版),北京大学出版社、高等教育出版社2005年版,第708页;皮纯协、冯军主编:《国家赔偿法释论》(修订本),中国法制出版社1998年版,第152页;胡锦光、余凌云:《国家赔偿法》(第2版),中国人民大学出版社2011年版,第123页;沈岿:《国家赔偿法:原理与案例》,北京大学出版社2011年版,第411~412页。

行政追偿的被追偿人既包括行政机关工作人员也包括不一定是行政机关的受委托的组织或者个人。

第三种观点：最狭义说，是指"国家对公务员的求偿权(right of claim)作为一项制度，是世界各国立法的通例。最狭义说认为行政追偿实质就是行政赔偿义务机关在给予相对人赔偿之后，可以要求有故意或重大过失的公务员承担部分或全部金额的制度"。① 根据这一观点，行政追偿仅包括一种情形，即行政赔偿义务机关对有故意或重大过失的公务员的求偿。

还有一些学者从不同的角度对行政追偿制度进行了定义。比如，杨解君教授从国家与工作人员的法律关系的角度，认为行政追偿是国家基于行政主体与其工作人员之间的特别权力关系而对公务员实施制裁的形式。再如，林莉红教授从适用程序的角度认为，行政追偿是一项与国家赔偿制度密切联系的独立的行政内部程序制度。

其中，狭义说已被我国大多数专家所认同，目前处于学界通说的地位。本书认为狭义说较全面地体现了行政追偿的本质，并且与我国《国家赔偿法》中行政追偿的法律规定一致，符合我国《国家赔偿法》的立法精神，较科学合理。是故，本书以狭义说为研究基础。

根据狭义说，行政追偿包含了以下几层含义：第一，行政追偿以行政赔偿为前提，赔偿义务机关只有在赔偿受害人的损失后，行政追偿主体才能对责任人员或组织行使追偿权；第二，行政追偿的对象是对损害的发生有故意或重大过失的行政机关工作人员，或者受委托从事公务的组织或个人；第三，行政追偿采用支付追偿费用的方式，被追偿对象承担的是金钱给付义务。

另外，虽然追偿制度既存在于行政赔偿制度中，也存在于行政补偿制度中，但是，本书仅以行政赔偿中的追偿制度为研究对象。

---

① 皮纯协、何寿生：《比较国家赔偿法》，中国法制出版社1998年版，第190页。

2. 行政追偿的范围

诚然,并非所有的行政赔偿案件均会必然引发行政追偿,只有具备行政追偿构成要件的行政赔偿案件,才会启动后续的行政追偿程序。但是,我们也不能否认行政赔偿范围决定了行政追偿范围的事实。由于各国的客观情况不同,国家赔偿法中关于行政赔偿范围的规定也不尽相同,行政追偿的范围各国也有所不同。在我国,从实然和应然的角度,行政追偿的范围包括以下几类。

(1)行使公权力的行政行为中的行政追偿

每一个建立国家赔偿制度的国家,都将行使公权力而导致的损害赔偿责任,确认为行政赔偿责任。一般来说,引起的行政赔偿责任的行为类型有以下两种。

①作为行政行为

作为行政行为是指行政机关及其工作人员的职务行为。根据我国《国家赔偿法》第3条、第4条之规定,国家应承担行政赔偿责任的行为既包括行政机关为实现管理目的而作出的、直接影响公民、法人和其他组织的合法权益的具体行政行为,还包括行政机关在行使职权过程中作出的,与实现管理目的有关的事实行为。

②行政不作为

关于行政不作为的含义,学界争论激烈,尚未达成共识。最大的分歧在于,行政不作为仅仅是指行政违法行为的一类,抑或涵盖了违法和合法两类行为。概括而言,目前主要有以下几种观点。

其一,行政不作为指行政主体及其工作人员在行为方式上的不为,不包括依禁令而不为的客观状态,行政不作为必为违法行为。[①]

其二,行政不作为指行政主体及其工作人员在行为方式上的不为,

---

① 参见石佑启:《行政不作为引起的国家赔偿责任探讨》,载《行政法学研究》1998年第4期。

但包含有依禁令而不为的行为及状态在内,因而行政不作为有违法与合法之分。①

其三,行政不作为是指行政主体拒绝履行或拖延履行其法定行政作为义务的一种行为形式,行政不作为必定为违法行为。②

以上观点各有道理,本书采用第三种观点,即行政不作为仅指行政主体拒绝履行或拖延履行其法定行政作为义务的一种行为形式,行政不作为必定为违法行为。目前在我国实定法中,行政赔偿范围不包括行政不作为侵权行为。司法实践中,行政不作为引起的损害赔偿,被作为民事赔偿案件给予救济。比如,2007 年山东省东营市中级人民法院民事判决书,③判决区城管局对道路管理上的瑕疵致使原告人身受到伤害承担赔偿责任。所以,从规范层面,既然针对行政不作为侵权不引发行政赔偿责任,那么自然也不会产生行政不作为侵权的行政追偿。

但是,根据行政行为的基本原理,不作为的行政行为也是造成行政违法的一个原因。在我国公、私法二元法律体系框架下,行政赔偿和民事赔偿分属公法、私法两个不同的法律体系,在本质、范围、适用规则等方面有根本不同,从法理上讲,用私法规则解决公法问题,显然只是针对我国现行《国家赔偿法》尚未将行政不作为纳入国家赔偿范围的现实,作出的权宜之计,待立法时机成熟,行政不作为侵权赔偿仍会回归国家责任的范围,由国家赔偿法加以规定。在最高人民法院于 2001 年 7 月 17 日正式公布的《关于公安机关不履行法定行政职责是否承担行政赔偿责任问题的批复》中明确:“由于公安机关不履行法定行政职责,致使公民、法人和其他组织的合法权益遭受损害的,应当承担行政赔偿责任。”由此可见,司法解释至少在公安机关系统已经确定了行政不作为的国家赔偿

① 参见朱新力:《论行政不作为违法》,载《法学研究》1998 年第 2 期。

② 参见周佑勇:《论行政作为与行政不作为的区别》,载《法商研究(中南政法学院学报)》1996 年第 5 期。

③ 山东省东营市中级人民法院民事判决书,(2007)东民再终字第 14 号。

责任,相应地,公安机关系统中,针对在行政不作为赔偿中有故意或者重大过失的公务员也应当进行行政追偿。

值得一提的是,虽然现行中央立法未将不作为侵权纳入国家赔偿和行政追偿的范围,但是地方规范性文件却作出了突破。2006 年《舒城县行政执法过错责任追究暂行办法》第 9 条①和第 13 条②以及 2010 年《寿阳县社会管理网格化监管过错责任追究制度》第 6 条③和第 11 条④中,均将不履行法定职责,作为行政追偿的一种情形。2022 年 3 月 21 日,最高人民法院根据《行政诉讼法》《国家赔偿法》等法律规定,在充分彰显中国特色社会主义法治理念的前提下,归纳总结已有行政审判经验,制定了自 2022 年 5 月 1 日起施行的《最高人民法院关于审理行政赔偿案件若干问题的规定》(法释〔2022〕10 号),在第 1 条中明确将"不履

---

① 《舒城县行政执法过错责任追究暂行办法》第 9 条规定:"对下列情形之一的,应当依法追究行政执法过错责任:1. 实施违法或明显不当的行政处罚、行政强制措施的;2. 违法实施行政许可的;3. 不履行法定职责的;4. 超越和滥用职权或违法实施收费的;5. 非法限制或剥夺公民人身自由的;6. 使用暴力伤害公民身体的;7. 其他违法行政行为,情节严重的。"

② 《舒城县行政执法过错责任追究暂行办法》第 13 条规定:"对有本办法第九条所列情形的有关责任人员,根据过错形式、危害大小、情节轻重,给予批评教育、限期改正、离岗培训、暂扣行政执法证件、收回行政执法证件、调离执法岗位、取消执法资格、行政追偿、采取组织处理措施、行政处分、移送司法机关等处理。"

③ 《寿阳县社会管理网格化监管过错责任追究制度》第 6 条规定:"网格化监管人员在行使职权时有下列情形之一的实行过错责任追究:1. 滥用职权或超越法定期限进行网格化监管工作;2. 对相对人处罚不使用合法文书的;3. 因工作责任心不强,不深入调查、不深入基层检查、或对检查情况不及时上报、取证不完整造成网格化监管过错责任的;4. 不听从正确意见、主观专行造成网格化监管过错责任的;5. 适用法律、法规不准确、处理不恰当造成过错责任的;6. 利用职权为自己或他人谋取不正当利益造成过错责任的;7. 未经审查批准擅自行动造成严重不良影响的;8. 不履行法定职责的;9. 网格化监管行为明显不当造成相对人损失的。"

④ 《寿阳县社会管理网格化监管过错责任追究制度》第 11 条规定:"过错责任追究的形式:1. 批评教育;2. 责令书面检查、通报批评;3. 扣发奖金,取消当年评先、评优资格;4. 依法依规给予行政处分;5. 调离监管岗位;6. 行政追偿;7. 触犯刑律的移送司法机关追究刑事责任。"

行法定职责行为"纳入国家赔偿的受案范围。

一系列的立法尝试,为未来我国《国家赔偿法》将不作为行为纳入追偿的范围,提供了丰富的立法经验。

司法实践中,针对不作为行政行为侵权进行行政赔偿的判例,并不鲜见,对不作为行政赔偿的案例已经从起诉不予受理或者受理后被驳回起诉,发展到打破制度约束进行实体审理阶段。如2003年,南京市美亭化工厂厂长杨某庭,状告南京市江宁区政府不按国务院制定的《城市房屋拆迁管理条例》和《南京市城市房屋拆迁管理办法》的规定,及时修改江宁区政府1996年制定的《房屋拆迁管理办法》的行政不作为案;[①]再如,2005年包头空难遇难者家属因赔偿额过低状告中国民航局行政立法不作为案。[②] 在安溪正浩印刷有限公司诉安溪县人民政府等不履行开闸泄洪管理职责并请求行政赔偿案,一审、二审均对不作为行政行为进行了实体审理。可见,对不作为行政赔偿案件,司法机关的态度正在悄然发生变化,可以说,不作为行政赔偿的坚冰在司法实践中正在被逐渐打破。

更何况,早在20世纪末,就有学者开始关注行政不作为的国家赔偿责任,[③]随后,该命题受到公法学人的持续关注,学者从不同的视角对行政不作为的国家赔偿进行了探讨,将其纳入国家赔偿的范围基本也达成了共识。[④] 2017年更有专著提出将行政不作为纳入国家赔偿的

---

① 参见薛子进:《首例"立法不作为"案被驳回起诉》,载中国法院网2003年5月28日,https://www.chinacourt.org/article/detail/2003/05/id/60131.shtml。

② 参见赵凌:《空难最高限赔仅7万,为何一拖12年未曾改》,载新浪网2005年3月17日,http://finance.sina.com.cn/chanjing/b/20050317/17321439038.shtml。

③ 参见石佑启:《行政不作为引起的国家赔偿责任探讨》,载《行政法学研究》1998年第4期。

④ 主要有王鉴辉:《行政不作为违法的国家赔偿责任研究》,载《现代法学》2000年第1期;高辰年:《论行政不作为的赔偿责任》,载《行政法学研究》2000年第4期;朱新力:《行政不作为违法之国家赔偿责任》,载《浙江大学学报(人文社会科学版)》2001年第2期;魏建新:《违法抑或过错:行政不作为赔偿归责原则的重构》,载《江汉论坛》2018年第11期;沈开举:《国家赔偿法修正案的进步与缺憾》,载《公民与法(法学版)》2010年第8期。

范围。① 可见,将行政不作为纳入国家赔偿的范围理论研究也已经准备成熟。

(2)明显不当的行政行为中的行政追偿

明显不当的行政行为是指行政行为违反法律的确定性原则、比例原则、平等原则和利益衡量原则,导致行政自由裁量权不当行使引发的明显不合理、不公平的后果。根据合法性审查原则,此类行为因不属于司法审查的范围而被排除在行政赔偿范围之外。但是,根据我国《行政复议法》的规定,对于“具体行政行为明显不当的”,行政复议机关可以撤销、变更或者确认该具体行政行为违法。可见,立法中这类行为虽然符合合法形式,但是实质上却被认定为不合法的行政行为。

在我国的司法实践中,明显不当的行为最初被认为属于行政自由裁量权的范围,应当实行绝对豁免。但是后来人们认识到法治社会视野下,裁量权也应当受到法律约束。所以,目前司法审查已经触及行政行为适当性的问题。比如,在“陈某诉庄河市公安局行政赔偿纠纷案”中,法院在对被告在事故现场用气焊切割轿车进行紧急抢救进行审查后,认定这一行为并无不当,判决对其所造成的轿车失火不予承担赔偿责任。② 所以本书认为,尽管理论上通说认为我国国家赔偿的归责原则主

---

① 参见杜仪方:《行政不作为的国家赔偿》,中国法制出版社 2017 年版,第 111 ~ 115 页。

② 该案的基本案情是:2001 年 12 月 24 日,原告丈夫韩某驾驶的轿车发生交通事故,在接到报案后,庄河市公安局交警大队立即出警赶往现场,由于轿车已被撞变形,韩某被夹在驾驶座位中生死不明,需要立即抢救。为了尽快救出韩某,警方先后采用了撬杆等方法均未打开车门,最后采取了气焊切割的方法将韩某救出并送往医院。由于切割时轿车失火,事先准备的消防器材无法将火扑灭,扩大了轿车的损失。韩某之妻陈某以警方处理不当造成轿车损害为由,向庄河市公安局提出赔偿请求,庄河市公安局于 2002 年 4 月 16 日作出不予赔偿的决定。陈某旋即向辽宁省庄河市人民法院提出行政诉讼,要求赔偿损失。一审法院以警方处理既不违法也无不当为由,判决维持庄河市公安局的不予赔偿决定。原告不服,认为被告在用气焊切割车门之前应当预见到引起失火的后果,但未采取可靠的防范措施,因而显属不当,理应赔偿。二审判决驳回上诉,维持原判。参见陈某诉庄河市公安局行政赔偿纠纷案,载《最高人民法院公报》2003 年第 3 期。

要是违法归责原则，但是司法实践对于违法的概念理解并非过于狭隘，承担国家赔偿责任的行政行为也没有拘泥于理论上的违法行政行为，而是认为因明显不当被实定法确认违法的行政行为，只要该行为造成了相对人合法权益的损失，就应当承担国家赔偿责任，对行为中有故意或重大过失的公务人员也应进行追偿。

总之，虽然目前我国行政赔偿的范围仍是针对作为的行政行为违法的情形，追偿范围相应也仅限于作为的行政违法行为，但是，随着国家赔偿法的不断发展，待到时机成熟，将不作为行政违法行为和明显不当的行政行为引起的损害，纳入国家赔偿法的调整范围进行赔偿和追偿，应该亦是大势所趋。至于公共设施设置、管理上的瑕疵和抽象行政行为引起的赔偿，因为理论界和实务界均未做好充分的准备，①所以，在行政追偿阶段性的目标内，将两者纳入追偿范围的条件并不成熟。

（二）行政追偿的制度缘起

行政追偿作为行政赔偿的后续程序，是国家对公权力行为承担赔偿责任得到肯定后才产生的。在行政赔偿责任产生之前，行政追偿制度就无从谈起，行政追偿制度的历史变迁，依附于行政赔偿制度的产生和发展。所以，要讨论行政追偿的理论基础，首先就要探讨行政赔偿以及行政追偿的制度变迁。

1. 行政追偿的理论本源

（1）行政追偿制度的否定时期

资产阶级革命之前，在漫长的奴隶社会和封建社会，君权神授、王权

---

① 关于公共设施的内涵学界尚未统一认识，在《关于〈中华人民共和国国家赔偿法（草案）〉的说明》中明确指出："关于邮电、医院等国有企业、事业单位，桥梁、道路等国有公共设施，因设置、管理欠缺发生的赔偿问题，不属违法行使职权的问题，不纳入国家赔偿的范围。受害人可以依照民法通则等有关规定，向负责管理的企业、事业单位请求赔偿。"关于抽象行政行为，尽管马怀德教授曾呼吁将抽象行政行为造成的损害纳入行政赔偿范围，但是在 2015 年《行政诉讼法》中，仍然仅规定了将部分抽象行政行为作为司法附带审查范围。

即主权的思想从根本上否定行政赔偿的思想基础，彼时的法学家们为此炮制了一整套主权豁免理论。在“朕即国家”“主权至上”的理论依据下，主权是最高的权力，不受法律限制，[①]官吏之行为如对人民构成损害，则适用委任理论，认为官吏受国家委任者，仅限于合法行为，如有违法损害人民权益之行为，应视为官吏个人行为，由其负赔偿责任。[②] 换言之，“违法行为不能归责于国家，而只能归责于公务员个人。公务员对其实施的违法行为应当——像其他私人一样——根据一般的违法行为规范承担违法责任”。[③] 这一时期，国家责任不被承认，国家不属于追诉赔偿责任的对象。职务侵权行为，由公务员个人承担民事侵权赔偿责任，适用民法的相关规定，行政追偿制度亦没有产生的土壤。

(2)行政追偿制度的相对肯定时期

直到1789年法国爆发大革命以后，自由、平等、博爱的观念成为主流意识形态，个人自治、尊重财产权和过失主义形成了法律界的三大原则。在这些社会背景、政治原则和法律观念的基础上，法国的行政赔偿制度开始了孕育形成的过程。[④] 1870年布朗戈案件，标志着在世界法律发展史上行政赔偿制度的确立。

在这一阶段，行政赔偿制度处于相对肯定时期，仅对公权力以外的行为依据民法的相关规定，承担行政赔偿责任。相应的行政追偿制度范围也是仅限于公权力行为以外的行为，而公权力行为被排除在行政赔偿和行政追偿范围之外。所以，这一时期是行政追偿制度的萌芽阶段和相对肯定时期。公务员承担责任的形式也从完全的个人责任，转变为针对

---

① 参见周汉华、何峻：《外国国家赔偿制度比较》，警官教育出版社1992年版，第4～5页。

② 参见吴庚：《行政法之理论与实用》(增订8版)，中国人民大学出版社2005年版，第441页。

③ [德]哈特穆特·毛雷尔：《行政法学总论》，高家伟译，法律出版社2000年版，第620页。

④ 参见周伟：《法国行政赔偿制度》，载《比较法研究》1990年第2期。

国家承担私权利行为的赔偿责任后，再根据雇主追偿权对公务员进行追偿的形式。

(3)行政追偿制度的全面确定时期

第一次世界大战前后，欧陆国家学说认为国家与人民的关系，已经不再是从前的权力服从关系，而是基于社会契约所产生的权利义务关系。“一战”以后，世界各国的民主政治思想和人权理论发展迅速，在此背景下，学说、实务和立法也开始转变对国家与人民间关系的看法，转而赞成全面行政赔偿。① “二战”后，战争的残酷再一次严重打击了人民对国家权力的迷信，以人道主义保护为主旨的人权思想兴起，国家赔偿理论以往存在的理论障碍被一扫而光。国家赔偿法的制定成为一国民主法治发展的重要标志。② 各国理论界和实务界都认可无论公权力还是私权利行为，只要是公务员的违法执行职务行为造成损害，国家均应承担赔偿责任，行政追偿范围也从部分追偿发展到全面追偿。至此，针对全部的职务侵权行为，公务员不再直接对受害人承担赔偿责任，而是由国家对受害人承担国家赔偿责任后，根据雇主追偿权对公务员进行追偿。

根据历史分析的视野，公务员行政赔偿责任的历史研究路径基本上可以描述为，由公务员单独承担民事责任到国家承担行政赔偿责任后，再依据雇主追偿权向有故意或重大过失的公务员进行追偿的过程。可见，行政追偿的制度渊源是雇主追偿制度。

2. 行政追偿制度典型模式的形成历程

尽管从行政追偿的历史发展来看，行政追偿是从民事求偿中分化出来的。确切地说，行政职务侵权赔偿责任源于民法上的职务侵权责任。

---

① 参见江必新、梁凤云、梁清：《国家赔偿法理论与实务》，中国社会科学出版社2010年版，第55页。

② 参见马怀德主编：《完善国家赔偿立法基本问题研究》，北京大学出版社2008年版，第7~8页。

国家和公务人员之间进行的责任分配,主要依照雇主责任规则,相应地,对有故意或者重大过失的公务人员的行政追偿制度,也是适用雇主追偿制度。然而,由于各国的历史传统和法制背景不同,各国行政追偿模式也有所不同,概括而言,目前较为典型的模式有法英模式和德日模式。

(1)法国的行政追偿模式

法国作为行政赔偿制度的首创国,有着先进的国家赔偿制度,当然也是行政追偿制度的研究起点。法国虽然是典型的成文法国家,但是,在国家赔偿制度的建立上却是以判例为标志的。

从历史上看,法国行政追偿模式的标志,是1873年的"佩尔蒂埃案"。[①] 该案件确立了当时最具影响力的国家行为二分说,[②]即将公务过错与公务员个人过错引起的行政损害赔偿责任划分为行政主体和公务员本人的损害赔偿责任,由行政主体和公务员个人分别承担。当两种过错并存时,受害人既可以到行政法院主张由行政机关全额赔偿,也可以到普通法院要求公务员个人进行全额赔偿。在这种情况下,先行全部履

---

① 该案的基本案情是:法国瓦兹省的佩尔蒂埃先生开办的报社于1873年1月18日被当时的地区戒严司令所查封。佩尔蒂埃先生认为查封的行为是专横的、非法的,因而向普通司法法院中的民事法院提起诉讼,控告瓦兹省戒严司令拉德米候将军、该省省长肖邦先生以及克叶警察局局长勒杜先生,要求法院宣告该查封行为无效,下令归还被非法扣压的报纸,并以共同致害为名判处各被告连带给付2000法郎的赔偿金。民事法院受理此案并于1870年9月19日作出判决。该判决撤销了受诉的查封令,下令归还所扣押的报纸。然而,瓦兹省省长接到该民事法院判决书后不服,向该法院提出了不服管辖书,但被驳回。据此,瓦兹省省长向权限争议法院提起了权限争议。理由是:查封报社、扣压报纸是根据瓦兹省戒严司令拉德米候将军的命令做出的,是其采取的一个具有高权属性的行政治安预防措施,是在关于戒严的1849年8月9日法律第9条第4款授予他的特别权力范围内做出的决定,因而这一行为的责任在于将权力委托于他的政府。审查行政行为的责任属于行政司法审判权,应由行政法院来管辖。1873年7月30日权限争议法院判决最终裁决案件应由行政法院管辖。参见张莉:《行政机关与公务员侵权赔偿责任分担　以法国"莫里斯·帕蓬案"为例》,载《中外法学》2009年第2期。

② 参见[法]让·里韦罗、让·瓦利纳:《法国行政法》,鲁仁、罗豪才译,商务印书馆2008年版,第587页。

行赔偿责任的一方可以向另一责任人追偿。法国双向追偿的行政追偿模式初见端倪。随后的“拉吕厄尔案”①中行政机关对存在个人过错的公务员的追偿,以及“莫里斯·帕蓬案”②中,公务员对国家的追偿,进一

---

① 该案中,士兵拉吕厄尔未经授权擅自将军用车辆开出营地,进行私人旅行,撞伤了一名行人。受害人向行政机关要求赔偿。行政法院审理认为,行政机关因对存放车辆的车库疏于管理而存在公务过错,故应当承担赔偿责任。行政机关在向受害人赔偿后,要求士兵进行全额赔偿,士兵将行政机关诉至行政法院。最高行政法院审理后认为,本案中尽管同时存在行政机关的公务过错和公务员的个人过错,但公务过错是因士兵拉吕厄尔故意欺骗车库卫兵所致,故行政机关有权向其主张全额追偿。参见张莉:《行政机关与公务员侵权赔偿责任分担　以法国“莫里斯·帕蓬案”为例》,载《中外法学》2009 年第 2 期。

② 莫里斯·帕蓬 1910 年生于塞纳马恩省的一个律师家庭。1931 年开始仕途,1935 年调入内政部。“二战”爆发后,他曾以中尉的身份在黎巴嫩服役。法国向纳粹德国投降后,他从军中退役,投靠维希政权,重新进入内政部。根据贝当 1940 年同纳粹德国签订的停战协定,贝当政府有义务“以一切手段”支持德国占领军的政策。帕蓬从此与纳粹德国开始密切合作,其中最突出的是迫害犹太人和反法西斯抵抗运动战士。1944 年 8 月底,在“二战”形势开始朝着不利于法西斯德国的方向转变时,帕蓬又摇身一变,通过内政部的老关系,成了“抵抗分子”,重返巴黎,再次进入政府当官,且步步高升,最后成为部长、国会议员。1981 年,波尔多大学政治学教授米歇尔·贝尔热从省政府档案中发现了帕蓬签署的搜捕、遣送犹太人的命令,新闻界随后以此为据,揭露了帕蓬的罪行。1981 年,帕蓬魔爪下的幸存者米歇尔·斯利廷斯基向法庭控告帕蓬。1983 年 8 月,波尔多国家检察官以“反人类罪”起诉帕蓬,但最高法院却以程序、形式违法为由,宣布调查无效。直到 1996 年 9 月,波尔多上诉法院才最终指示重罪法院重新审理帕蓬一案。1998 年 4 月,波尔多重罪法院作出刑事附带民事判决,法国的“四朝元老”“政治不倒翁”帕蓬在 88 岁高龄时终因追随纳粹罪孽深重而被判刑入狱。帕蓬在判决后还曾在朋友和家人的庇护下逃亡瑞士。法国发出国际通缉令,于 1999 年 10 月将其缉捕归案。莫里斯·帕蓬在 1942 ~ 1944 年曾担任德国占领下的法国维希政权吉龙德省省政府的秘书总长一职。在任职期间,他曾下令逮捕、关押了 76 名犹太儿童,并将他们运送至奥斯维辛集中营杀害。1998 年 4 月 2 日,帕蓬被该省重罪法院以“反人类罪”判处有期徒刑 10 年,剥夺政治权利 10 年。法院同时判处其向受害人家属支付总额为 472 万法郎(合 72 万欧元)的民事损害赔偿金。帕蓬依据 1983 年 7 月 13 日法律之规定向法国内政部部长请求国家承担由其先行支付的赔偿金。内政部部长拒绝了其请求。帕蓬遂向最高行政法院起诉,请求法院判决国家为其行为承担全部行政赔偿责任。最高行政法院经过审理认为,帕蓬以服从命令为由请求国家承担全部赔偿责任的理由不成立,因为帕蓬本人在逮捕、关押和运送犹太儿童问题上存在个人过错。但法院同时认为,国家也不能以“政权已发生更迭、维希政权时期所有行政行为均无效”为由拒绝承

步完善了行政机关和公务员的侵权损害赔偿责任的分担形式,形成了法国既可以是行政机关向公务员进行追偿,也可以是公务员向行政机关追偿的双向追偿模式。

(2)英国的行政追偿模式

作为英美法系的代表国家,在中世纪的英国,受"国王不能为非"思想影响,国家不承担职务侵权赔偿责任,公务员和一般公民一样,对自己的行为包括职务侵权行为,依据普通法承担民事责任。

在国家赔偿责任的肯定时期,1947 年英国制定了《王权诉讼法》,规定国王与一般有责任能力的成年人一样,对其侵权行为应负赔偿责任。也就是说,承认国王对其任命或雇佣或授权的人员从事的侵权行为,承担普通法上雇主对雇员的替代责任。

但是并非所有公务员的违法行为均由国王承担,在履行公共职能过程中,存在恶毒和刁钻的动机①的公务员,仍需承担个人责任。根据王权诉讼法,国家赔偿诉讼由普通法院管辖,在执行公务中不法侵害公民权利的公务员,与国王、地方政府或公法人承担连带责任,成为共同被告,由法院按照共同被告的过错比例决定各自分担的赔偿数额。如果一方承担了不应由其承担的赔偿数额,其有权向因此而被减轻赔偿责任的另一方进行追偿。根据承担全部赔偿数额的主体不同,会出现由国家承担赔偿责任后向公务员追偿,以及由公务员承担赔偿责任后向国家追偿两种情况,从而形成了英国的双向追偿模式。

(3)德国的行政追偿模式

虽然法国是第一个承认行政赔偿制度的国家,但是德国作为大陆法

担任何行政赔偿责任。法院最终判决国家承担帕蓬既已支付的赔偿金总数的一半。参见张莉:《行政机关与公务员侵权赔偿责任分担　以法国"莫里斯·帕蓬案"为例》,载《中外法学》2009 年第 2 期。

① 参见[英]A. W. 布拉德利、K. D. 尤因:《宪法与行政法》(第 14 版)(下册),罗豪才编,刘刚、江菁译,商务印书馆 2008 年版,第 836 页。

系的主要国家,在世界国家赔偿制度的发展史特别是行政追偿制度的发展史上,也有着重要的作用,形成了对世界大多数国家都颇有影响的行政追偿制度。

德国的行政追偿模式是在德国警察国家时期,德国行政法学者为了解决国家承担赔偿责任的理论问题,而创设的国库理论。该理论认为国家具有双重人格,国家既是公权力的主体,也是财产权主体即国库,相应地国家行为分为国库行为和高权行为。当国家居于公权力主体地位时,对其官吏的违法侵权行为,仍然由官吏承担民事侵权责任,国家不负赔偿责任;但国家居于财产权主体时,对其官吏的违法行为所生的损害,则应依民法的规定负赔偿责任。[①] 1900 年 1 月 1 日生效的德国《民法典》中规定了国库对于公务员的私法行为所生的损害,应适用调整一般侵权行为的《民法典》第 823 条,[②]或者调整使用者责任的《民法典》第 831 条第 1 项[③]及第 31 条、[④]第 89 条,[⑤]来承担赔偿责任,从立法上明确了国家应负民事责任的准据。根据民法上的代理制度,公务员作为国家的代理人,对违法行为造成的损害,不再对受害人承担赔偿责任,而是由国家承担赔偿责任。国家对受害人承担赔偿责任后,对有故意或重大过失的成

---

① 参见葛云松:《法人与行政主体理论的再探讨——以公法人概念为重点》,载《中国法学》2007 年第 3 期。

② 德国《民法典》第 823 条规定:"(1)故意或有过失地不法侵害他人的生命、身体、健康、自由、所有权或其他权利的人,有义务向该他人赔偿因此而发生的损害。(2)违反以保护他人为目的的法律的人,担负同样的义务。依法律的内容,无过错也可能违反法律的,仅在有过错的情形下,才发生赔偿义务。"

③ 德国《民法典》第 831 条第 1 项规定:"(1)为某事务而使用他人的人,对该他人在执行事务中所不法加给第三人的损害,负赔偿义务。使用人在挑选被用人时,并且,以使用人须置办机械或器具或须指挥事务的执行为限,使用人在置办或指挥时尽了交易上必要的注意,或纵使尽此注意也会发生损害的,不发生赔偿义务……"

④ 德国《民法典》第 31 条规定:"社团对于理事会理事、或其他依章程选任之代理人因执行职务所为应负损害赔偿义务之行为,加损害于第三人者,应负责。"

⑤ 德国《民法典》第 89 条规定:"第 31 条之规定,于国库、公法上社团即机关,准用之。"

员或代理人,享有向其追偿的权力。从而形成了在国库范围内,公务员不再对受害人承担赔偿责任,而是由国家在承担赔偿责任后,向有故意或重大过失的公务员进行追偿的单向追偿模式。

随着1919年《魏玛宪法》第131条将国家赔偿责任在全国范围内确立,包括国库行为和高权行为在内的所有国家行为,均由国家承担全面赔偿责任。换言之,在德国,行政追偿的单向追偿模式,由国库行为扩大到了所有国家行为。官吏对职务侵权行为,均无须直接对受害人承担个人责任,而是由国家在对受害人承担侵权赔偿责任后,根据雇主追偿权,进行单向追偿。

(4)日本的行政追偿模式

虽然日本并不是早期确立行政追偿制度的国家。

在明治政府之前,日本和其他国家一样,秉承"主权免责"或"国家无责"的思想,职务侵权损害赔偿案件,被排除在行政法院受案范围之外,[①]由普通法院遵循民法中的相关规定进行审理。并且,与大陆法系主要国家的法国和德国不同,日本的职务侵权行为,仅限于私经济活动引起的损害赔偿责任。至于权力性行政侵权行为,不仅否认国家赔偿责任,而且官吏个人也不承担责任。

在国家赔偿相对肯定时期,日本的国家责任范围依旧没有扩大,还仅限于私经济活动引起的损害赔偿责任。国家援用民法请求权中的使用者责任,承担职务侵权赔偿责任。[②] 根据使用者理论,日本的公务员承担职务侵权赔偿责任的方式,也是单向追偿模式,即公务员不对受害人承担损害赔偿责任,而是由国家对有故意或者重大过失的公务员,行使使用者追偿权。

---

① 日本《行政法院法》第16条规定:"行政法院不受理要求损害赔偿的诉讼。"

② 参见[日]盐野宏:《行政法》,杨建顺译,法律出版社1999年版,第447页。

1947 年日本根据《宪法》第 17 条的规定①制定了《国家赔偿法》,将国家赔偿责任扩大到公权力职务行为,肯定了公务员执行公权力职务行为违法造成损害的国家责任。

当前,日本的职务侵权行为的赔偿模式,区分权力与非权力性质而适用不同的法律规范,行使公权力的职务侵权损害赔偿责任适用《国家赔偿法》,非权力性行为导致的职务侵权损害赔偿责任适用《民法》中使用者责任。但是理论界对"公权力"的范围界定却有狭义说和广义说之争,②所以,日本的职务侵权损害赔偿责任的适用模式也并非那么泾渭分明。但是,无论是何种性质的职务行为,在关于公务员个人是否可以直接向受害人承担赔偿责任这一点上,虽然学界有否定说、③限

---

① 日本《宪法》第 17 条规定:"任何人,因公务员之侵权行为受有损害时,得依法律之规定,向国家或公共团体请求赔偿。"

② 狭义的公权力将其严格限定于公权力作用,如租税的征收作用、大藏大臣的营业停止命令处分等公权力作用。广义的公权力则包括非权力的行政作用。这一点可以从有关公立学校的赔偿责任的问题中反映出来。对在公立学校正课教授的实施中发生的学生事故,有以学校教育的本质是人的教化、培养,是非权力作用为由,否定《国赔法》的适用。参见东京高等裁判所 1954 年 9 月 15 日判决,载《高等裁判所民事判例集》第 7 卷 2 号,第 848 页。转引自于敏:《日本侵权行为法》,法律出版社 1998 年版,第 305 页。

③ 以泽文雄、田中二郎等为代表,否定公务员的个人责任。他们认为:(1)相对于日本《民法》第 44 条、第 715 条"雇主""法人"责任的规定,《国家赔偿法》第 1 条"国家或公共团体"责任的规定,立法意图上是仅由国家或公共团体承担责任;(2)《国家赔偿法》第 1 条第 2 款求偿权的规定否定了公务员的个人责任;(3)《国家赔偿法》附则中删除了从前规定的个人责任的《公证人法》第 6 条、《户籍法》第 4 条,表明了否定公务员个人责任的意思;(4)《国家赔偿法》由代位责任构成,规定了公务员的个人责任没有意义;(5)如果追究公务员个人的不法行为责任,根据日本《民法》第 709 条的规定,即使有轻微的过失,公务员也应承担责任,这与《国家赔偿法》第 1 条第 2 款规定的有轻微过失的时候没有求偿权的规定不一致;(6)即使存在过失的时候追究公务员的个人责任,恐怕也会影响公务员履行职务的积极性;(7)国家赔偿责任具有更完全的机能,确认公务员个人的责任,只满足了受害人的报复心理,不符合国家赔偿制度的宗旨;(8)确认公务员的个人责任,要求国家赔偿制度有监督公务员的功能,也违背了损害赔偿制度的期待。

制肯定说①和全面肯定说②之分，但是针对公务员的求偿权，学界则一致认为，应该存在于所有的职务行为，而且判例多采纳否定说，反对公务员直接向受害人承担赔偿责任。比如，1965 年 9 月 28 日最高法院第三小法庭判决认为："对于行使公权力的公务员基于职务行为而造成的损害，由国家或公共团体负赔偿责任，执行职务的公务员，作为个人，不对被害者负担赔偿责任。"再如，1971 年 9 月 3 日最高法院第二小法庭判决认为："行使公权力的公务员，就其履行职务的行为，因故意或过失而违法给他人带来损害时，由国家对被害者承担赔偿责任，在本案的事实关系中，公务员个人不直接对被害人承担赔偿责任是正确的。"所以在职务侵权行为中，尽管在理论界公务员能否直接对受害人承担赔偿责任，尚存在争议，但是实务界却普遍认可在职务侵权行为中，公务员个人不对受害人承担赔偿责任，而由国家或公共团体对受害人承担赔偿责任后，再向有故意或者重大过失的公务员行使求偿权的单向行政追偿模式。

3. 行政追偿典型模式之考量

通过考察两大法系代表国家行政追偿模式的历史演进脉络，可知尽

---

① 限制肯定说认为，追究公务员的个人责任，应限定为公务员有故意或重大过失的情形。他们认为：(1)《国家赔偿法》第 1 条只是重新规定了原来没有确认的国家赔偿责任。(2)求偿权是国家和公务员的内部关系问题，对外部关系没有拘束力。(3)删除《公证人法》第 6 条的规定可以理解为对这些公务员也可以适用《民法》第 709 条的规定。(4)基于《国家赔偿法》第 1 条的责任是国家自己的责任，国家承担责任和公务员的责任是两个问题，原则上由国家承担责任，但不存在排除公务员个人责任的根据。(5)有轻微过失时免除公务员的个人责任，可以同《国家赔偿法》第 1 条和第 2 条相平衡。(6)在有故意或重大过失的时候也不承认公务员的个人责任，给予公务员太多的保护，反而削弱了公务员的责任意识，剥夺了受害人的权利。(7)《国家赔偿法》有对公务员的滥用职权进行个别监督的作用，民众对公务员个人直接要求赔偿，作为其具体表现，应予尊重；不应该把国家赔偿制度理解为仅限于纯粹经济上的救济，而应理解为其具有保证正确执行公务的职能和对行政进行统一控制的职能。

② 全面肯定说认为，即使公务员有轻微过失，也应追究其个人责任。这与限制肯定说可以达致一种平衡，求偿权是国家和公务员的内部关系问题，在外部关系上没有拘束力。

管各国行政追偿制度产生的责任基础不同，但是总的来说，目前各主要国家逐渐形成了两种追偿模式：单向追偿模式和双向追偿模式。其中，单向追偿模式以德国、日本为典型，目前德国、中国、日本、奥地利、瑞士采用这种制度。双向追偿模式以法国、英国为代表，目前法国、英国和美国采用这种双向追偿模式。

根据单向追偿模式，国家是职务侵权赔偿责任的唯一责任主体，国家对受害人直接承担赔偿责任，公务员对外不再承担赔偿责任，即便职务侵权行为是由公务员的故意或者重大过失所引起的，受害人也不能直接向公务员要求赔偿。在单向追偿模式中，公务员的个人责任承担形式，由直接向受害人赔偿转变成了向国家承担责任。这一模式，从受害人的角度而言，相比以前的公务员个人承担赔偿责任，由财力比公务员雄厚的国家承担责任，更加符合深口袋理论，使受害人的合法权益能够得到更好的保障。从国家和公务员的角度，单向追偿模式将公务员从担心执行公务而承担巨额赔偿的压力中解脱出来，势必会激励公务员勇于任事，充分调动公务员的工作积极性，行政目标更能顺利实现，行政管理实现良性循环。鉴于此，无论从受害人权益保障方面，抑或从激励公务员积极作为方面，似乎能够确定单向追偿模式的先进性、科学性。

相比较而言，双向追偿模式中，职务侵权赔偿责任被划分为国家责任和个人责任，理论上，国家和公务员应该分别向受害人承担各自的责任。也就是说，公务员对于个人责任，应该直接向受害人承担赔偿责任，这种做法对受害人来说过于繁难，客观上造成一个侵权行为，需要走两个程序。加之要求受害人区分国家责任和个人责任，似乎是勉为其难，加大了受害人实现权益保障的难度。正是注意到了上述弊端，为了提高求偿效率，便于保障受害人的合法权益，受害人可以向任何一方主张全部的赔偿金额，所以就形成了由一方向受害人承担全部责任后，向另一方追偿的双向追偿模式。这种模式固然保护了受害人的合法权益，但由于追偿一方是代位行使的受害人的请求权，诉讼时效应当从行政侵权行为发生时起算,这期间经过了侵权赔偿诉讼,往往会导致诉讼时效超期的情况,使追偿权无法实现。并且,对于公务员来说,在履行公职的同时,还要应付烦琐的诉讼程序,难免身心俱疲,反而不利于执行公务,甚至产生懒政怠政现象,造成恶性循环。

权衡之下,单向追偿应该更能平衡国家、受害人、公务员三方的利益。只是单向追偿模式下,由于公务员承担职务侵权赔偿责任的形式只有行政追偿一种途径,因此保障行政追偿的有效实现,就是这一模式的关键;否则,就会形成职务侵权行为中,公务员的责任真空,极有可能助长公务员恣意妄为、滥用职权的“积极性”。

(三)行政追偿的基本特征

从方法论的角度来看,要认识一个事物的特征,必须把这一事物与其他与之相近的事物进行比较,在比较的过程中揭示这一事物不同于其他事物的特有属性。所以,要认识行政追偿的特征,就要把行政追偿制度与其关系非常紧密的法律制度进行比较,从而揭示出行政追偿不同于其他法律制度的特殊性。

在经过对国家赔偿法代表国家的行政追偿制度进行考证后可知,雇主追偿制度是行政追偿的制度来源,所以,研究行政追偿的特征,首先应当将与其渊源最为深厚的雇主追偿进行比较。

1. 行政追偿与用人单位追偿之区别

目前在我国较为典型的追偿制度中,公法追偿有行政追偿、司法追偿、劳动保险追偿,私法追偿包括用人单位追偿(国外的雇主追偿)、保证人追偿、保险追偿等制度。其中,行政追偿与雇主追偿的渊源最为深远,二者均以矫正正义为其法哲学基础。时至今日,一些国家,行政损害赔偿仍然适用民事侵权赔偿规则,如英美法系国家和大陆法系主要国家德国等。

我国职务侵权行为的赔偿责任,最早也是由原《民法通则》第 121 条加以规定的,对公务人员的追偿适用用人单位追偿权。只是随着我国

《国家赔偿法》的施行，职务侵权赔偿责任成为公法责任而适用公法规则。但是，由于天然的承袭关系，我国《民法典》第 1191 条中用人单位的追偿权，仍然与行政追偿权有着很多共通之处。需要说明的是，我国用人单位追偿权实质就是雇主追偿权，只是为了涵盖所有的雇主组织形式，我国统一称为用人单位追偿权。

但是目前在公、私二元框架下的国家，如法国、瑞士等大陆法系国家，包括中国，行政损害赔偿作为一种独立的公法责任形式，其规则却与民事损害赔偿存在较大的差异，行政追偿与民事求偿具有质的不同，主要体现在以下几个方面。

(1)产生原因不同

行政损害赔偿与民事赔偿责任都是基于侵权行为而产生的一种赔偿责任，这是两者的共同之处，但同为侵权行为，性质却有所不同。行政损害赔偿产生于行政侵权行为，是行政机关及其工作人员在行使行政权力履行职务过程中发生的侵权行为，在行政职权行为的实施过程中，行政机关与相对人处于一种不对等的地位；相反，在民事损害赔偿中，引起该赔偿责任的民事侵权行为在实施过程中，行为人与被侵害人处于一种平等的地位，不存在公权力的作用因素。

(2)追偿主体不同

在我国，行政损害赔偿的责任主体只能是国家，行政赔偿义务机关只是代表国家进行行政赔偿事宜，相应地，行政追偿权也应该属于国家，行政追偿主体是代表国家行使行政追偿权，所以，在行政赔偿中，行政赔偿责任主体与赔偿义务主体不一致，追偿主体与赔偿义务主体也不一致；而民事损害赔偿中，赔偿责任主体与赔偿义务主体是一致的，追偿主体与赔偿义务主体也是一致的。

(3)程序不同

行政追偿的程序目前我国法律还未明确规定，学界关于行政追偿程序也是看法不一，有主张在行政机关内部解决的，有主张司法最终解决的。但是在我国公、私法二分的法律框架下,行政追偿的公法属性决定了行政追偿程序不会全部适用民事诉讼程序规则;而属于私法范围的民事追偿则当然适用民事诉讼法,民事追偿纠纷当然可以诉诸法院,适用民事诉讼程序,寻求司法救济。

(4)追偿模式不同

根据我国立法例,行政追偿是单向追偿模式,即行政赔偿义务机关在承担赔偿责任后,向有故意或者重大过失的公务人员进行追偿。在用人单位追偿中,用人单位和劳动者之间则属于双向追偿模式。司法案例中,有用人单位向劳动者的追偿,如连云港柏兴无纺布制品有限公司与闰某用人单位责任追偿纠纷案,①也有员工依照原《侵权责任法》第34条的规定向用人单位行使追偿权的案例,如李某猛与中国邮政集团公司淮安市淮阴区分公司追偿权纠纷案,②在安某宁与芜湖市公共交通集团有限责任公司劳动合同纠纷案③中,则是要求用人单位通过用人单位内部机制解决,或根据劳动合同,或根据公司章程等方式进行追偿的判例。

2. 行政追偿与行政赔偿之差异

我国的行政赔偿与一些国家有所区别,在一些国家和地区,一般行政赔偿(administrative compensation)是国家行政机关及其公务人员,以及其他公务执行机关和人员的侵权损害行为,或者处在他们的管理或监督之下的物体,给他人造成损害而引起的国家赔偿。但是在我国,行政赔偿仅指前一种情况引起的国家赔偿。根据我国国家赔偿法,行政赔偿和行政追偿具有关联性,行政赔偿是行政追偿的前提条件,没有行政赔偿就不会发生行政追偿,但是二者又存在诸多差异。

(1)产生条件不同

虽然行政追偿是行政赔偿的后续程序,没有赔偿就无所谓追偿,但

---

① 东海县人民法院民事判决书,(2014)连东民初字第820号。

② 淮安市中级人民法院民事判决书,(2015)淮中民终字第02229号。

③ 芜湖市中级人民法院民事判决书,(2016)皖02民终186号。

并不意味着行政追偿是行政赔偿的附带程序，二者具有非统一性。根据法定行政追偿的构成要件，行政赔偿案件中并不一定必然会引发行政追偿，即使出现了行政追偿，追偿数额也不必然和赔偿数额相同。更何况，在我国立法中，行政追偿的产生并不仅限于行政赔偿案件，如土地补偿中的行政追偿，劳动保险案件中的行政追偿等均不是由行政赔偿所引发的追偿。鉴于本书探讨的逻辑起点是国家赔偿法中的行政追偿制度，所以对行政赔偿以外的行政追偿制度，就不再涉及。当然，随着追偿制度的进一步发展，未来极有可能将行政追偿制度进行整合，从国家赔偿法中剥离出来，制定包括将行政赔偿追偿和行政补偿追偿在内的，统一的“行政追偿法”，以便使我国法律体制更加清晰科学。

(2)归责原则不同

经过不断的发展演变，行政赔偿归责原则已经由单一的过错归责原则，发展成了违法归责原则、无过错责任原则、公平责任原则和其他归责原则等多元化归责原则。在我国，对行政赔偿的归责原则学界见解不一，有学者主张以过错责任为主、无过错责任为辅的归责原则；①有学者主张违法原则为主、过错推定原则和无过错原则为辅；②有学者主张违法原则、过错原则、结果原则、瑕疵原则分别适用；③有学者主张违法原则、过错原则、过错推定原则、无过错原则分别适用；④有学者主张我国行政赔偿是以违法原则为主，无过错原则为辅，或者以违法原则为主，结

---

① 参见朱新力、余军：《国家赔偿归责原则的实证分析》，载《浙江大学学报(人文社会科学版)》2005 年第 2 期。

② 参见周友军、麻锦亮：《国家赔偿法教程》，中国人民大学出版社 2008 年版，第 59～60 页。

③ 参见杨小君：《国家赔偿法律问题研究》，北京大学出版社 2005 年版，第 126～131 页。

④ 参见马怀德主编：《完善国家赔偿立法基本问题研究》，北京大学出版社 2008 年版，第 95～103 页。

果原则为辅;[1]有学者主张我国目前行政赔偿是违法归责原则。[2] 但是无论如何,在目前行政赔偿中,公务人员的主观过错已经不是行政赔偿制度归责原则的主要考虑因素;与之相反,无论行政赔偿归责原则如何演变,行政追偿的归责原则一直是以公务人员的故意或者重大过失为主观要件的过错归责原则。

(3)责任范围不同

从国家赔偿的历史发展看,随着各国经济实力的增强和对人权司法保障的日益关注,国家赔偿的范围越来越广,国家赔偿的金额越来越高,行政赔偿责任逐渐接近民事赔偿范围,对于受害人的损害赔偿趋向于包括精神损害赔偿在内的全额补偿;而行政追偿制度的功能定位就决定了对行政追偿的范围要进行限缩,只能对具有故意或重大过失的公务人员进行行政追偿,行政追偿标准也限定在部分或者全部行政赔偿费用,并且从各国立法例上,对行政追偿标准大多有最高额的限制。

(4)主体的差异性

行政赔偿中,赔偿机关与赔偿请求人之间是外部行政管理关系,赔偿请求人通常是赔偿机关以外的其他非行政的公民、法人或者其他组织;换言之,行政赔偿法律关系中相对于行政赔偿义务机关的是违法行政行为的相对人,具有明显的外部性。而行政追偿中,根据目前我国《国家赔偿法》的规定,行政追偿主体是行政赔偿义务机关,被追偿人则是行政机关的公务员或者被委托的组织或个人,也就是说,追偿主体和被追偿人之间一般存在行政隶属关系,或者存在业务往来等行政契约关系,所以,行政追偿法律关系中,行政追偿主体与被追偿人之间具有强烈的内部性。

---

① 参见沈岿:《国家赔偿法:原理与案例》,北京大学出版社 2011 年版,第 97 ~ 105 页。

② 参见曾刚:《行政赔偿归责原则研究》,法律出版社 2012 年版,第 228 ~ 261 页。

3. 行政追偿与行政处分之不同

行政处分是公务员主管部门根据《公务员法》的规定，对于违反纪律的公务员依法给予的惩戒。公务员承担行政责任的方式有警告、记过、记大过、降级、撤职、开除等形式。由于行政处分和行政追偿针对的主要对象都是公务员，并且相当多的学者认为行政追偿的主要功能是对有重大过错的公务人员进行惩戒，所以有人就认为行政追偿责任是和行政处分一样的行政责任，①还有人认为行政追偿就是无关痛痒的行政处分，②因而，详细区分两种责任的形式很有必要。

（1）针对的对象范围不同

行政追偿对象包括行政机关中从事公务的人员、被授权组织从事公务的组织成员、受委托的组织或个人，其范围不仅包括行政机关内部的公务员，还包括本身不属于行政系统的组织和个人；而行政处分仅针对行政机关内部具有公职身份的公务员。可见，行政追偿的对象比行政处分的对象主体范围要宽泛得多。

（2）责任性质不同

首先，《国家赔偿法》第 16 条在第 1 款规定赔偿义务机关的追偿权后，又在第 2 款分别规定了责任人的行政责任和刑事责任，这种将追偿责任区别于行政责任和刑事责任，进行单列的立法方式，体现了立法机关将行政追偿视为一种行政责任和刑事责任之外的独立责任的态度。

其次，从追偿部分或者全部国家赔偿数额的责任承担形式上可知，行政追偿责任是一种与行政责任、刑事责任并列的独立的经济责任。而且刑事追偿也确实是要求责任人偿还国家代为赔偿的款项，也再次印证了包括行政追偿和司法追偿在内的国家追偿，是一个独立的经济责任。也就是说，行政追偿和行政处分的责任性质截然不同。

---

① 参见应松年：《国家赔偿法研究》，法律出版社 1995 年版，第 140 页。

② 参见曹竞辉：《国家赔偿法之理论与实务》，台北，新文化彩色印书馆 1981 年版，第 512 页。

最后,更重要的是,行政追偿责任的源起是公务员的职务侵权行为应承担的赔偿责任,只是随着公、私法二元结构的形成,将国家赔偿法列入了公法范畴,作为国家赔偿法一部分的行政追偿制度也被确定为公法性质,行政追偿权同时具备了公、私法两种性质,公法规则和私法规则势必都要遵守;行政处分则是纯粹公法权力,只需遵守公法规则即可。

(3)救济途径不同

行政处分的内部行政行为性质,决定了被处分的公务员对行政处分不服,仅能寻求内部救济途径,而行政追偿的公、私法交融的性质,就要求其救济途径不能囿于行政系统内部。虽然,我国目前法律并没有规定行政追偿的救济途径,但是未来我国行政追偿的救济途径应该不会仅限于行政机关内部的救济途径。首先,从法治国家的基本要义可知,对于行政追偿发生的争议,应当赋予行政追偿对象司法救济途径;当然,至于是选择民事诉讼抑或是选择行政诉讼,则应当根据行政追偿的基本属性和我国的实际情况进行具体明确。其次,行政追偿对象中,还有一部分不具有公务员身份的"事实上的公务员",这部分"公务人员"并没有与行政机关形成行政职务关系,不符合寻求于行政机关内部救济的身份要件。最后,即便是针对具有公务员身份的行政追偿对象,从与所在行政机关形成的特别权力关系上看,在理论上已经发生了巨大的演变,其救济途径也已经趋向外部化。所以,行政追偿的救济途径应当与行政处分的救济途径有所不同。

经过以上与相关制度的观察比较和提炼总结之后,可以归纳出行政追偿制度应当具有的如下特征。

第一,行政追偿是公法范畴的制度。行政追偿制度不是凭空产生的,它是在国家赔偿制度中的行政赔偿制度逐步完善的理论和实践基础上,为了督促被追偿人依法行政,减轻国家负担,逐步发展起来的。也就是说,行政追偿属于国家赔偿制度的组成部分,在我国公、私二元法律结构中,国家赔偿法分属公法。所以,从法律性质上看,行政追偿是公法范畴的一种法律制度,相应地,行政追偿权对国家而言是一种权力,也是一种职责,在追偿条件满足时,行政追偿主体必须行使而不能放弃,否则就是失职。

第二,行政追偿是一种独立的法律责任。根据行政赔偿最早的代位责任说,针对有故意或者重大过失的公务员的行政追偿,源于公务员应承担的个人责任,而此个人责任与行政赔偿责任都是由违法职务侵权行为产生的,只不过是为了保护受害人的合法权益,由国家对受害人先行承担赔偿责任,而后进行行政追偿要求相关公务员承担赔偿责任。所以,行政追偿是一种与行政责任、刑事责任并列的法律责任。

第三,行政追偿是一种公法上的金钱给付义务。行政追偿制度源于国家和公务人员,对行政职务侵权赔偿责任的分担形式。从根源上讲,行政追偿解决的是侵权行为之债的分摊问题,并且与私法之债一样,具有金钱给付的形式属性。但是,由于行政追偿制度具有公法属性,所以较之于私法之债,行政追偿在制度建设中势必要以公法上的规则为主,应当在公法的基本理念之上,构建行政追偿的基本原则和具体制度。

第四,行政追偿是一种具有多元目的的法律制度。行政追偿制度的产生,一方面,是出于保障受害人的合法权益,为了给予受害人更加有效的救济;另一方面,也是为了防止有故意或者重大过失的公务员逃避责任恣意行政。并且,客观上,行政追偿金的获得,还可以适度减轻国家的财政负担。可见,行政追偿具有多元的立法价值。

综上所述,虽然学界关于行政追偿的性质界定,至今未能形成统一的理论学说(行政追偿性质探讨将在本章三中做具体论述),但至少可以明确的是行政追偿责任既非单纯的民事责任,也非单纯的行政责任,而是具备民法血统的公法范畴的独立的法律责任。

应当说明的是,本书虽然将研究焦点集中在行政追偿制度,但是,根据我国《国家赔偿法》之规定,我国国家赔偿包括行政赔偿和司法赔偿,相应地,追偿也包括行政追偿和司法追偿,并且在行政补偿中也有行政追偿制度,行政补偿中的行政追偿是指,在行政补偿义务机关向行政相对人支付补偿费用时,因行政机关工作人员或者受委托的组织及个人的故意或者重大过失,造成实际给付的补偿费用过多或过少,而造成国家或相对人的损失,行政补偿义务机关依法责令有重大过错的公务人员承担相应补偿费用的法律制度。这种情况在土地征收中并不鲜见。如四川自贡市高新区的农村土地征收案,就是典型的补偿不当引发的社会问题。①

(四)行政追偿的立法价值

行政赔偿制度的性质历来有代位责任说和自己责任说或是这两种理论的变体②之分,但是,"无论哪种理论基础,行政追偿权在代位责任说和自己责任说之下都可获得合理的解释"。③ 并且,无论在哪种理论基础之下,行政追偿制度的固有价值和制度目标都是相同的:在国家负起赔偿责任从而让公务人员积极性得到应有维护的基础上,竭力确保必要的公务人员应责性以实现公务员依法行政,最终有利于善政的形成。行政赔偿制度共同的核心问题是,如何通过制度设计,在国家、公务人员与受害人之间寻求或达成一个合理的权责关系,以同时兼顾以下几个方面的考虑,正是因为行政追偿制度能够完美地达到这一综合

---

① 参见孙亚菲:《"新圈地运动"后遗症——四川自贡市高新区征地事件调查》,载搜狐财经网2004年7月15日,https://business.sohu.com/20040715/n221017253.shtml。

② 主要学说有:(1)并合责任说。若实施侵权行为的公务人员具有公务机关身份,则国家所负责任是自己责任;若公务人员只是受雇人身份,则国家承担代位责任。(2)中间责任说。公务人员不法侵害行为被认为是公务机关所为时,国家所负责任是自己责任;但公务人员有故意或重大过失时,其行为就不是公务机关的行为,国家就只承担代位责任。(3)折中说。公务员的职务侵权责任属于国家自己责任;但是,如果法律规定国家赔偿责任的构成须以公务人员具备"故意或过失"为要件之一,那么,该责任就是代位责任性质。参见曹兢辉:《国家赔偿立法与案例研究》,台北,三民书局1988年版,第28~29页。

③ 沈岿:《国家赔偿:代位责任还是自己责任》,载《中国法学》2008年第1期。

命题的要求，所以，无论是代位责任说还是自己责任说的框架，均为行政追偿权的存在留有合理的解释，以实现国家、公务人员和受害人之间的平衡。

1. 实现公平理念

行政追偿制度的设立，有利于公平正义理念的实现。公务人员由于故意或重大过失行使职权给他人的合法权益造成了损害，赔偿责任仅由国家来承担，不符合依法行政理念。国家先行赔偿虽然能够保障受害人的合法权益，但并不代表对违法公务人员的免责，国家承担赔偿责任后向符合法定条件的相关人员追偿契合“有权必有责、用权受监督、违法要担责”的法理，其实质是责任的回归和公平正义的再现。这与追偿权中“代位责任说”的观点相一致，此观点源于国家侵权赔偿中的个人责任论，即国家的行为应推定为完全合法，侵权行为出自个人应认定为个人责任，由公务人员自己承担赔偿责任，国家向受害人赔偿实质上是“代替”侵权人进行赔偿，国家应当向侵权人进行追偿。

行政追偿制度的建立在保护相对人的合法权益的同时，也保障被追偿人的合法权益不受非法追究，完善的追偿制度还能起到保护被追偿人权利不受肆意侵犯的功能，通过行政追偿制度，规范行政追偿权的行使，保证公务人员的合法财产未经正当程序不得被非法剥夺，防止行政追偿主体滥用追偿权，为被追偿人的权利提供有效的救济渠道，从而保护给予其合法权利不受侵害。

2. 实现法治社会

从规范上来说，行政追偿制度的价值就是将公务员个人直接作为国家赔偿法的规范对象，将其纳入法治渠道，由其个人承担行政职务侵权赔偿责任，使其无法经由国家责任制逃逸于法律之外。因此，在实行行政赔偿国家责任制的国家与地区，必须建立相应的追偿制度，否则国家赔偿责任制就会成为古典的英国法治主义者戴雪所批评的保护特权、违背法治的制度。[①] 诚然,国家承担行政赔偿责任是法治的体现,但国家终究只是抽象化的拟制主体,缺乏实在的身体和意志去感受法治的制裁。因此,赔偿责任很难给国家行政机关带来训诫之苦并由此实现法律的约束、惩戒、教育与引导作用,纵然有也只是隔靴搔痒。无论如何,行政职务侵权行为总是公务员做出的。[②] 因此,要想真正使赔偿制度不仅作为救火队员还作为巡视员,不仅发挥补救作用还发挥预防作用,就必须在行政赔偿制度中引入追偿制度,通过这一制度将法律责任落实到具体的公务员身上,通过使其承担部分或者全部行政赔偿金额,倒逼公务人员依法行政,恪尽职守,以强化、落实赔偿法的法治功能。

3. 减轻国家财政负担

目前几乎世界各国行政赔偿的责任都是由国家来承担的,而行政赔偿以金钱赔偿为原则,需要相当的经费,行政赔偿的费用来自国家的财政,其赔偿金的来源或来自国家预算或来自专项拨款,都属于国家财政的支出。一个国家或地区在一定时期的财政收入是有限的,对行政赔偿费用的支出必然增加国家财政负担。从根本上来说赔偿费用都是来自人民的税赋,其实质是将依税赋课征方式取之于民的财产用于填补个人或组织在国家实施管理过程中所造成的牺牲,或者说是由全体公民来分担国家工作人员行使职权时所造成的公民的不幸。对政府来说,行政赔偿就是用广大纳税人的钱弥补个别纳税人的损失。但在工作人员存在故意或重大过失的情况下,由国库收入为其违法行为承担责任则有违公平原则,所以,行政追偿制度规定向有故意或过失的个人或组织追讨部分或者全部赔偿费,并上缴财政(国库),必然能减轻纳税人和国家财政负担。当然,这并非行政追偿制度的主要目的,而是行政追偿的附带价值。

---

① 参见[英]戴雪:《英宪精义》,雷宾南译,中国法制出版社2001年版,第237页。

② 参见[法]让·里维罗、让·瓦利纳:《法国行政法》,鲁仁译,商务印书馆2008年版,第613页。

4. 实现经济自由主义的精神

经济基础决定上层建筑，作为上层建筑的法律制度，能够回应经济思潮，适应经济需求才是良法。行政追偿制度就能够和经济学无缝对接。在经济自由主义的精神下，个体具有独立地位的同时，也要求他们具备责任能力，在不妨碍个体追求经济利益的同时，也要求他们承担行为的不利后果。行政追偿制度能够满足经济自由主义对公务人员的要求，一方面，在行为人的行为不具备过错时，他不承担相应的法律责任，即便是产生了损害后果，其损害赔偿责任由他所服务的国家或公共团体来承担；另一方面，在行为人没有尽到勤勉、合理注意义务，甚或恶意践踏他人的合法权利时，基于其独立承担责任的能力，行为人应当承担损害赔偿责任。行政追偿制度肯定了人类的自由选择，认同人类具有区分善恶的能力，符合法治社会的价值观念和经济发展需要。

二、行政追偿的理论支撑

行政追偿制度作为国家赔偿制度中的重要组成部分，并不是无源之水无本之木，而是一项有着深厚理论基础的法律制度。这些理论基石是行政追偿制度的生命力所在，从根本上解答了行政追偿制度存在和发展的正当性问题。

（一）行政追偿产生的思想来源

行政追偿制度从无到有，离不开理论思想世界的支撑和滋养。归纳起来，对行政追偿（行政求偿）制度的建立和发展，有重大影响的理论观点和学说主要有以下几种。

1. 自由意志理论

作为行政追偿的哲学基础①的自由意志理论，也称人的意识的相对自由性，是西方哲学与伦理学中一项历史悠久的重要理论。该理论认为，一个人的意志是自由的，他可以在多种行为动机诱因和多种可供选

① 参见程时菊：《论行政求偿的主观基础》，载《法学评论》1992年第5期。

择的行为中，自主选择动机与行为，无论选择向善还是作恶，都是个人自决的结果。因此，个人责任与自由意志密切相关，每个人都要因意志自决而对自己所选行为负责。①

在公务人员执行职务的过程中，公务人员应当按照国家意志，审慎地完成国家交付的工作任务。如果在职务侵权行为中，公务员主观上存在故意或者重大过失，那么，就意味着在执行侵害职务的行为中，体现了公务员的自由意志。根据自由意志理论，公务员就应当对自己的主观过错造成的损害后果负责，法律就应对其行为作出否定的评价，而对其进行追偿就是否定评价的方式之一。

2. 预约同意理论

预约同意理论，是指一个人基于其个人的自由意志，作出了违反约定或预设的承诺的行为，就具备了承担不利后果的应然性。根据预约同意理论，行政追偿的逻辑可以理解为：由于行政职权关系到公共利益，公务员履行公职的责任重大，所以无论哪个国家，都对公务员进行严格约束和管理，要求公务员依法履行公职。申言之，公民成为公务员的前提，就是要服从国家对于公务员管理的相关规定，也就意味着公务员对依法履职的预约同意；对于被委托的组织或个人而言，行政委托行为本身就是委托的行政机关与被委托的组织或个人，事先签订了行政契约，被委托人必须按照行政契约的要求行使行政职权，即依法行政。如果被委托组织或个人在履行职责过程中，基于其个人意志违反了行政职责，就构成了违约行为。因此，无论是行政机关工作人员还是被委托的组织或个人，在行使行政职权的过程中，基于故意或者重大过失，导致职务侵权行为的损害后果时，国家就有了代表社会成员指责其行为的理由，就可以对其实施追偿，要求其承担违约责任。

---

① 参见胡肖华：《走向责任政府——行政责任问题研究》，法律出版社2006年版，第115页。

3. 理性有限理论

所谓理性有限理论，是指公务人员作为自然人，为实现公共利益作出行政行为的同时，客观上也有自己的利益需求。虽然理论上基于"身份特征"，要求公务人员在行使行政职权时，必须以公共利益为目的，禁止以权谋私，而工作之外，公务员作为普通公民则可以在不违法的前提下，谋求自身的合法权益。公务员的双重身份就决定了场景不同，公务员行为的目的也不同。然而，公务员并不是全都像人们所期待的那样总是遵循公共利益原则而行事，时刻做到"权为民所用""利为民所谋"。相反，在现实生活中，公务员作为独立的经济人，在执行职权行为谋求公共利益的过程中，也很可能像一般的经济人一样受狭隘的私人利益驱使，掺杂进自身利益。更有甚者可能运用公共权力以权谋私，产生自肥行为，"人人都爱自己，而自爱出于天赋，并不是偶发的冲动"。① 根据古典经济学的理性人理论，既然"一切有理性与意志的存在者必须在他们自由的观念的支配下决定自己的行动"，②那么，对有故意或者重大过失的过错思想支配下的行为所造成的损害，行为人自然应该负责，这也符合法律公平正义理念的逻辑思维模式。所以，对存在执法"恶意"的公务人员进行追偿，通过法律进行规制，就是必不可少的制度。

（二）行政追偿的民法学渊源

从行政赔偿的产生和发展来看，职务侵权赔偿由雇主替代责任发展而来。根据雇主替代责任，对有故意或者重大过失的雇用人，雇主享有雇主追偿权，相应地，雇主追偿权借用到行政赔偿责任中，就产生了追究公务人员的行政追偿权。因此，雇主追偿权的理论基础就是行政追偿的民法学渊源。

---

① ［英］霍布斯：《利维坦》，黎思复、黎廷弼译，商务印书馆 1985 年版，第 73 页。

② ［加拿大］约翰·华特生编选：《康德哲学原著选读》，韦卓民译，商务印书馆 1963 年版，第 217 页。

1. 公平原则

公平原则,是指用人者向受害人承担责任后,从公平正义的角度,有权向有过错的行为人追偿。原因有二:其一,赋予用人单位追偿权,可以促使工作人员在执行职务过程中谨慎认真,严格按照规章制度办事,防止工作人员因故意或者重大过失给第三人造成损害;其二,对存在故意和重大过失的工作人员进行追偿,可以避免过于加重用人单位的负担,平衡用人单位和工作人员之间的利益关系,体现了民法的公平原则。同样地,在行政职务侵权赔偿中,公务人员具有故意或重大过失的情况下,就表明侵权行为不再是单纯的职务行为,而是夹杂了公务人员的个人意志,所以给受害人造成的损失,应当有一部分是出自公务人员的个人意志。那么根据公平原则,公务人员就应当对这一部分负担赔偿责任。根据国家赔偿法的规定,国家承担的这一部分的赔偿是代替公务人员承担的,属于替代责任,所以,赔偿义务机关对受害人支付国家赔偿金之后,有权对故意或重大过失的公务人员进行追偿;否则,对公务人员的个人过错也由赔偿义务机关承担,对赔偿义务机关来说就是不公平的。

根据公平原则,我国学者发展出了"利益平衡说"。该说主张在加害人的财力无法负担全部的责任时,可以通过由补充责任人承担全部责任后,补充责任人享有求偿权①的途径,在用人单位、被侵权人、劳动者之间寻找到最佳利益的契合点。"利益平衡说"要求先由用人单位承担赔偿责任只是为了更好地保障被侵权人的合法权益,并不意味着完全就不用劳动者赔偿。如果免除其赔偿责任,是极其不公平的。因此,赋予用人单位追偿权就是顺理成章的。

2. 自己责任原则

所谓自己责任原则,就是指行为人承担因其行为所生一切后果的原

① 参见张新宝、唐青林:《经营者对服务场所的安全保障义务》,载《法学研究》2003 年第 3 期。

则。它是侵权法最古老的责任分配原则,至今仍是侵权行为法的主导原则。“任何人,只要实施了侵权行为,他本人即要对此违法行为承担责任,即便他是作为代理人,雇员代表他人或为他人的利益从事活动,亦是如此,因为代理契约或雇佣契约不能将实施或协助实施欺诈行为或任何其他侵权行为的义务强加给代理人或雇员。”①公务员在行使行政权力时,一方面代表国家,另一方面他也“是以一般侵权行为法上的行为人身份活动,他违反了一般行为人对他人承担的不为侵权行为的注意义务,故他本人亦应对侵权行为的受害人承担责任”。② 在雇主追偿制度中,根据自己责任原则,是指有故意或者重大过失的雇员作为真正的、直接的侵权行为人,应该对自己行为造成的损失承担责任,而用人者如果对受害人损害的发生没有过失,自然也就不应该承担责任。法律基于对受害人利益的考虑,先让用人者承担替代责任,事后再对真正责任人进行追偿,符合自己责任原则的精神。

(三)行政追偿的宪法学根基

“行政法的一切问题推到根源都是宪治问题。”③纵观世界各国特别是大陆法系国家的国家赔偿制度的发展史,宪法作为一国的根本大法,是国家赔偿制度产生和发展的动力之一。行政追偿制度作为国家赔偿制度的一个具体制度,归属于行政法范畴,作为与宪法有密切联系的公法,行政追偿制度具有坚实的宪法学根基必不可少。自然地,宪法也为行政追偿制度提供了合宪性基础。

从实在法来看,德国作为行政追偿制度的起源国之一,早在1919年

---

① 张民安:《过错侵权责任制度研究》,中国政法大学出版社2002年版,第380页。

② 张民安:《过错侵权责任制度研究》,中国政法大学出版社2002年版,第380页。

③ 陈端洪:《公法是复杂形式的政治话语》,载百度文库2011年4月11日,https://wenku.baidu.com/view/9c508dc10c22590102029d57.html? fr = income1 - doc-search。

《魏玛宪法》第131条①就将追偿权用宪法的形式固定下来,②明确了行政追偿制度的宪法渊源。我国宪法虽然没有直接规定行政追偿制度,但是宪法相关条文中确立的法治国原则和平等原则也为行政追偿制度的建立奠定了深厚的基础。③

1. 国家有机说

由于受到生物学特别是达尔文的进化论的影响,国家有机体说认为,国家是一个有机体,像生物学所讲的有机体一样,是一种自主发生、发展、消亡的有机体,独立于人类的意志,而非人类可以建构的。国家有机体的主要代表人物之一是瑞士学者伯伦知理,他将国家的特点总结为7个。主张国家是由机关组成的单一整体;国家具有有机性,会自然地发生、发展、消亡,人类干预不了;国家具有人格性,也就是说可以作为法律主体等特征,④说明了"机关"当然包括行政机关是作为国家的有机组成部分,国家作为独立的人格,其行为是由其有机组成部分的机关来实现的,但是机关的行为后果自然由国家作为法律主体来承担。国家有机说后来成为"器官说"的渊源,得到了大多数国家的认可,成为行政追偿制度的理论基础之一。

2. 国家权利主体说

公法学者从法学中最基本的概念,即从权利关系的概念出发,提出了相对立的两种学说——国家权利主体说与国家权利客体说,前者认为国家是一种权利客体,是某种主体所拥有的对象;后者则认为国家即是

① 《魏玛宪法》第131条规定:"公务员行使职务上之公权力,违反对第三人所负之义务时,原则上由公务员所属之国家或者公共团体负赔偿责任,但对该公务员有求偿权(追偿权)。上述损害赔偿之请求,依通常诉讼程序为之。"

② 参见高家伟:《国家赔偿法学》,工商出版社2000年版,第16页。

③ 《宪法》第5条规定:中华人民共和国实行依法治国,一切国家机关必须遵守宪法和法律,一切违反宪法和法律的行为,必须予以追究,任何组织或者个人都不得有超越宪法和法律的特权;第33条规定:中华人民共和国公民在法律面前一律平等。

④ 参见林来梵:《宪法学讲义》(第3版),清华大学出版社2018年版,第173页。

权利主体本身。其中,国家权利主体说就包括行政追偿的理论基础。

国家权利客体说包含多种学说,其中,以耶利内克为代表的众多西方公法学家主张的国家法人说,是最具代表性的学说。国家法人说的重要观点包括:第一,统治权虽属国家,但行使统治权的意志表示(如法律的制定、行政处分等),则由国家的机关实行。第二,所谓机关,本指的是表示法人格之意志的地位,但何者以及如何获得这种地位,由宪法规定。在法学中,法人是法律所认定的具有独立意志的拟制的人。因此,将国家拟化为与公民地位平等且拥有独立人格的法人实体,也就是说国家拥有独立的意志和行为能力;作为一个法人的国家有许多组成部分,设置许多的机关,各机关里面还有许多官员,但作为国家法人的一个组成部分的机构和官员的行为虽然很多,但他们的每一个行为都视为这个国家,即作为法人的国家的行为,由国家统一承担责任。国家法人说道理之一就在于,某行政机关的行为侵犯了你的权利,这时就不应单单将之看作这个行政机关侵犯了你的权利,而要看作国家在侵犯。国家的公务员在履行职务的时候侵犯了相对人的权益,也是国家侵犯了相对人的权利,根据民法中雇主对雇员行为负责的原则,先由国家对相对人承担责任,然后再向其雇员行使追偿权。根据国家法人说,国家赔偿和行政追偿是题中应有之义。

(四)行政追偿的国家赔偿原理

在国家赔偿制度的历史发展中,代位责任说和自己责任说可谓是最为重要的理论基础,令人欣喜的是,这两个截然不同的学说,都能合理地推导出行政追偿(行政求偿)制度。

1. 代位责任说

在国家赔偿制度产生之初,代位责任说居于主流地位,该说认为国家赔偿责任的性质是间接、替代责任,公务员个人是职务侵权行为的赔偿责任主体,国家承担赔偿责任主要是基于保障受害人权利,打消公务员的顾虑提高行政效率等考虑,由有偿付能力的国家承担赔偿责任,因为是国家代替公务人员承担赔偿责任,公务人员因此得以免除其向受害人赔付的责任,这种情形属于一种无法律上的原因而得到利益,同时致使国家受到损害,构成了不当得利,所以国家在履行赔偿责任后,依照不当得利返还请求权自然有权向真正应负责任的公务员行使追偿(求偿)权。

2. 自己责任说

随着国家赔偿制度的发展,代位责任说逐渐被自己责任说取代。根据自己责任说,国家在授予公务人员执行职务的权限时,就存在公务人员违法行使职权的危险,对于该危险所生的职务侵权行为的损害,应由国家自己直接负担赔偿责任。不过,根据公务人员与国家之间存在的行政契约关系,公务人员负有谨慎、忠心履行职务的义务。公务人员因为违反该义务致人损害而给国家造成了损失,国家就此可以根据损害赔偿请求权,向在职务侵权行为中有过错的公务人员进行追偿(求偿)。也就是说,学者对于公务员与国家之间的关系虽然有不同认识,但是均认为,在自己责任说下,国家依然有权向特定公务员进行追偿(求偿)。

综上所述,无论从思想基础、宪法基础抑或国家赔偿法基础,行政追偿制度都有其存在的深厚的理论土壤和广阔的价值空间。

三、行政追偿的法律属性

尽管当下各国法律基本上都有类似行政追偿制度的规定,但是,对行政追偿的性质界定,学界却始终未能达成共识形成统一的理论学说。① 或许正是因为理论界的众说纷纭,才会出现根据不同的理论基础构建出不同制度体系的乱象,所以,梳理和重新认定行政追偿的法律属性是构建行政追偿制度的第一步。

---

① 关于行政追偿的性质,国内外学者从权力和责任的角度分别进行探讨,发展出不当得利返还请求说、债务不履行损害赔偿请求说、行政责任说、独立责任说和行政惩戒性的行政法律责任说等学说。

（一）行政追偿法律性质的廓清

总体而言，根据已有的国家赔偿和行政追偿的相关文献，目前有关行政追偿的法律属性，学界主要存在三种分歧：（1）认为行政追偿属于行政责任；（2）认为行政追偿属于民事责任；（3）认为行政追偿属于行政法上的债权。其中行政责任、民事责任是两种主要的观点类型。每一种责任类型又细分为多种学说，其中，关于行政责任的说法，分为行政责任、独立责任、惩罚性行政责任等多种学说；关于民事责任的类型，又可细分为不当得利、债务不履行赔偿权、第三人代位权、雇佣合同违约责任等多种学说。[①] 我国学者主要持行政责任类、民事责任类和行政法上的债权等观点。

1. 行政责任类观点

所谓行政责任类观点，主张在行政侵权赔偿责任中，被追偿人所承担的责任类型属于行政责任类型，故而行政追偿制度设计应当遵循公法原则，在公法的范围内进行。该种责任类型学说又细分为多种学说，主要有以下几种。

（1）行政责任说

根据行政责任说，行政追偿是在行政机关内部，因公务员不履行法定义务而向行政机关和国家所承担的行政法律责任。这种观点认为行政追偿责任是和行政处分一样的行政责任，二者的不同之处在于惩戒形式有别，行政追偿是对公务员采取的一种金钱给付形式的惩戒。[②]

这一学说将行政追偿界定为行政责任，符合我国行政追偿制度的发展演变过程，体现了行政追偿制度的行政性质。但是将行政追偿定义为与行政处分一样的惩戒责任，似乎失之偏颇。

其一，从行政追偿制度的历史渊源来看，行政追偿制度的设定价值

---

① 参见张春莉：《论行政追偿的正当程序》，载《江苏社会科学》2004年第6期。

② 参见应松年：《国家赔偿法研究》，法律出版社1995年版，第140页。

是促使公务人员依法行政,谨慎执法,而不是单纯的惩罚。试想,如果将行政追偿作为一种惩戒手段,那么从金钱上进行充分的追偿才能够最大限度地实现惩罚效果;换言之,应当要求有故意或重大过失的行政公务人员,在行政赔偿金额以上承担责任,才能体现惩罚的特点。而事实上,几乎所有国家的立法例中,一般仅就行政赔偿金向公务人员进行部分或者全部求偿,至于其他额外费用,如办案经费、律师费和因行政赔偿义务机关自己责任多支出的费用,一般都不列入求偿范围,可见,各国建立行政追偿制度的目的并不在于惩罚。

其二,现行立法例中,行政追偿是被置于《国家赔偿法》中行政赔偿一章末段,作为单独条款与行政处分、刑事责任条款并列。如若将行政追偿作为行政责任加以看待,那么将其纳入行政处分、刑事责任条款中,似乎更能彰显这一性质。但是,事实上,行政追偿却被作为独立于行政处分和刑事责任之外的独立制度。可见,法律也没有明确肯定其惩戒的性质。

(2)独立责任说

独立责任说则认为行政追偿责任的基础,是国家与被追偿人之间的特别权力关系。行政追偿责任是公务员的个人责任,这种责任在法律性质上不具有民事责任的性质,也不是行政处分,它是一种独立的责任。①根据该学说,行政追偿制度虽然与行政赔偿制度相辅相成,但仍然相互独立,行政追偿责任是一种区别于民事责任、行政责任的独立责任,对此笔者颇为赞同。

首先,行政追偿制度并非仅仅存在于行政赔偿制度之中,行政补偿中也会有行政追偿。事实上,国外有国家如日本的国家赔偿法中,就包括国家赔偿和国家补偿,相应地国家赔偿和国家补偿的后续程序中,都

① 参见皮纯协、冯军主编:《国家赔偿法释论》,中国法制出版社1996年版,第153页;高家伟:《国家赔偿法》,商务印书馆2004年版,第285页。

会产生追偿制度。我国国家赔偿法虽然仅规定了国家赔偿中的追偿，但实际上在一些单行法中，也存在补偿的追偿情形。如我国的土地征收补偿中的行政追偿制度、劳动保险金中的行政追偿制度等。

其次，从行政追偿制度的目的来看，行政追偿既不同于民事责任的赔偿目的，也有别于行政责任的惩罚目的，而是具有多重的立法目的。确立行政追偿制度，不仅要保障受害人的合法权益，还要兼顾责任自负的公平原则，最终实现国家的监督权，以便为督促公务人员依法行政提供制度保障。

最后，从我国法律体系和法律规范来看，行政追偿与行政处分、民事责任等的法律依据并不一样。尽管行政追偿的制度渊源是民事侵权责任，但是，从我国公、私法二元法律结构来看，行政追偿制度仍是立基于《行政诉讼法》和《国家赔偿法》的有关规定，未来行政追偿制度的实施也应当有专门的实体法和程序法，而不是借用行政处分或民事责任的相关法律规定。

所以，虽然行政追偿制度是行政赔偿制度的后续程序，但行政赔偿程序之后也不必然会引发行政追偿程序，二者仍然相互独立，单独构成一种法律责任形式。但令人遗憾的是，该学说仅仅对行政追偿责任的法律性质进行了否定的划界，并没有从正面对行政追偿责任的法律性质加以明确。

(3)具有惩戒性质的行政法律责任

根据具有惩戒性质的行政法律责任说，①行政追偿是因为国家工作人员违反了职务上的纪律而必须向国家承担的一种惩罚性的法律责任。②

---

① 参见马怀德主编：《国家赔偿法学》，中国法制出版社2001年版，第271页。

② 参见马怀德主编：《国家赔偿法学》，中国法制出版社2001年版，第271页；皮纯协、冯军主编：《国家赔偿法释论》(修订版)，中国法制出版社1998年版，第153页；高家伟：《国家赔偿法》，商务印书馆2004年版，第285页；周友军、麻锦亮：《国家赔偿法教程》，中国人民大学出版社2008年版，第122～123页。

申言之,行政追偿与行政处分在本质上并没有不同,都是基于国家工作人员对职务义务(纪律)的违反而实施的制裁,目的都是制裁违法工作人员,加强行政机关的内部纪律和工作人员的责任感。同时,行政追偿也是对工作人员违法行为的否定和谴责,是违法工作人员因其违反纪律的行为而承担的否定性的法律后果。因此,从这一点看,行政追偿完全符合法律责任的一般特征。

虽然行政惩戒权说被我国大多数学者所采用,但是笔者认为,这种观点值得商榷。究其原因在于:其一,根据我国《国家赔偿法》,在行政追偿中,追偿对象虽然主要包括国家行政机关的工作人员,但是还有受行政机关委托的组织或者个人。其中,受委托的组织,本身不一定是行政机关,其内部工作人员不一定具备公务员的身份。受委托的个人也不是以具有公务员身份为委托前提的,当然也不一定具备公务员身份。更何况,在行政机关内部也有一些虽然不具有公务员身份编制,但是从事行政行为的工作人员。如现实中,在很多行政机关中具备行政编制的人员和实际执行行政职务的人数并不一致,甚至主要是借用、事业编制、临时工或者辅助人员(如我们经常见到的交通协警)承担大多数的行政职务行为。其二,实践中,追偿对象中还可能包括事实上(或客观上)执行公务的人员,主要是指自愿协助执行公务的人员。比如,协助警察抓小偷的公民,为了阻止小偷逃窜,向小偷抛掷石头,导致小偷被击中身亡案中,对小偷的死亡,应由国家负赔偿责任,①协助警察的公民如果存在故意或者重大过失,国家也应该对其进行行政追偿。可见,在行政追偿法律关系中,被追偿对象不仅包括正式的公务员,还包括与国家不存在行政职务关系的"事实上的公务员"和被委托的组织或者个人,这些不具有正式的公务员身份的追偿对象与追偿主体之间,并不具有行政职务关

① 参见郑蕾:《浅谈国家赔偿之侵权行为主体》,载《法制与社会》2009年第18期。

系。所以,将行政追偿权认定为行政机关的内部惩戒行为,显然不甚恰当。

2. 民事责任类观点

民事责任类观点将行政追偿制度定性为民事责任,认为行政追偿制度是民法中的一项制度。行政追偿行为本质上是追究行政公务人员的民事责任,行政追偿的法律性质是民事赔偿法律责任。民事责任类观点又分为三种学说:不当得利返还请求权说、①代位赔偿请求权说②和债务不履行损害赔偿请求权说。③

其中,不当得利返还请求权说和代位赔偿请求权说都是以国家赔偿中的代位责任说为理论基础,而我国国家赔偿的理论基础是更为先进的自己责任说,所以,这两种学说在我国并没有生存空间。而债务不履行损害赔偿请求权说虽然是在国家赔偿自己责任说中衍生而来的,也和我国国家赔偿采用的理论基础一致,但是将行政追偿定位为纯粹的民法债

---

① 不当得利返还请求权说认为损害赔偿的责任本应该由实施该加害行为的公务员承担,但因公务员财力不足,为确保受害人获得及时足额的赔偿而由国家先行赔付,之后再由国家向有过错的公务员追偿。在国家对被害人进行国家赔偿后,公务人员即可以对被害人免负损害赔偿责任,属于一种无法律上的原因而受到的利益(消极利益),导致国家行政机关受损害,构成不当得利,国家自然可以对公务员请求偿还不当得利。参见刘春堂:《国家赔偿法》,台北,三民书局1994年版,第155~156页。

② 代位赔偿请求权说也称第三人代位求偿权说,该说认为公务员不法侵害人民的自由或权利时,对被害人本有赔偿损害并履行损害赔偿的义务,但国家是为了有利于债的履行,由有利害关系的第三人代为清偿。即国家对此项损害赔偿义务的履行,于法律上是有利害关系的第三人,国家对被害人进行损害赔偿后,可依照代位清偿的法理,按其清偿限度,就被害人对公务员的权利,以自己的名义代位行使求偿权。参见叶百修:《国家赔偿法》,台北,三民书局2000年版,第296页。

③ 债务不履行损害赔偿请求权说认为公务员系代替国家执行职务行使公权力,公务员的行为在本质上即为国家行为,国家或公共团体就公务员不法行为所生的损害,所负的损害赔偿责任,是国家对自己的行为直接负责,至于公务员对国家之间,依"公务员服务法"第1条规定,对国家负有遵守誓言,忠心努力,依法律命令所定执行其职务,即公务员负有依法令执行职务的义务,于执行公权力的职务行为时,亦负有不使国家发生损害的义务。参见吴宗梁:《国家赔偿法基本原理》,台北,三民书局1981年版,第148~149页。

权，却与我国国家赔偿的公法定位格格不入，也不为我国学界认同。

是故，民事责任说肯定行政追偿权具有债权属性的独立责任，但是在我国公、私法的二元框架下，将行政追偿定性为民事责任的纯粹私法性质，与我国现行法律框架体系难以融合。

3. 行政法上的债权说

行政法上的债权说认为，行政追偿权不是私法上的债权，而是行政法上的公权力，但它并非特别权力，而是一种源于行政契约的债权。国家公务员基于行政雇佣合同，被委托组织或个人基于行政委托契约，取得以行政主体的名义从事公务的资格。① 根据行政法上的债权说，公务员、被委托组织或个人应当被视为与行政机关签订了行政合同，行政机关将行政职权委托给他们行使，作为行政机关的委托代理人，他们以被代理人的名义执行公务，所引起的法律后果应当由委托人承担。委托人在承担了损害赔偿责任后，有权向违反行政合同授权，实施职务行为的被委托人追偿。

对于行政法上的债权说，本书较为赞同。从行政追偿形成的过程来看，行政追偿权与债权请求权具有高度相似性。尽管行政追偿的侵权行为之债发生的原因和私法上侵权行为之债发生的原因并不相同，但是，从行政追偿的本质上看，行政追偿归根结底是职务侵权行为中，公务员因自己的重大过错而承担损害赔偿责任的一种形式，是由侵权行为引起的侵权行为之债。正因如此，行政追偿制度产生之前，对在职务侵权行为中，有故意或者重大过失的公务员的追偿，可以借用私法原则和规则。行政法上的债权说将行政追偿权定位为行政法上的债权，揭示了行政追偿的“公债”的性质，笔者对此深表赞同。

但是，行政机关与公务员之间的属于人事行政管理内容的国家公职关系，与行政主体与相对人之间为执行公共事务，实现行政管理目标形

---

① 参见张春莉：《论行政追偿的正当程序》，载《江苏社会科学》2004 年第 6 期；邓令等：《行政追偿制度运行障碍及追偿性质反思》，载《吉林大学社会科学学报》2019 年第 3 期。

成的行政契约关系，在法律关系双方主体、权利义务内容等行政法原理方面均有本质的区别，将两种法律关系等同起来，似乎并没有理论依据。并且，将公务员和国家之间认定为行政合同关系，并以此作为行政法上债权说的依据，似乎论据并不十分充分，因为行政合同关系并不是公务员和国家之间关系的学界通说，将结论建立在一个并未达成共识的基础上，难免缺乏足够的说服力。所以，作者虽然赞同将行政追偿权定位为公法债权，但是，该学说还需要进行补强。

4. 行政追偿公法之债的性质证成

尽管行政法上的债权说揭示了行政追偿“公债”的性质，但是如前所述，在未能充分挖掘行政追偿公法债权的合理性的基础上，将行政追偿权定性为行政法上的债权，难免有仓促和突兀之嫌。笔者认为，应该以历史分析的方法，追溯行政追偿“债”的根源和“公法”定性，以及“债”在公法中存在的合理性等维度来证成行政追偿的公法之债的法律属性。

在德国，为了回应社会上已经普遍认可的、国家对错误的公务行为均应承担责任的主张，《民法典实施法》(EGBGB)第77条，提示各州自己制定有关国家赔偿法立法。对于帝国的提示，各州也纷纷作出了响应。当时大多数州规定，在《民法典》第839条规定的条件成就的情况下，公务员的赔偿责任由国家承担。例如，南部各州的民法典实施法和普鲁士1909年的国家责任法。所以，在国家赔偿的肯定时期，对于全部的职务侵权行为，无论是国库行为还是高权行为，国家实际上根据民法侵权规则，已经承担了全部的赔偿责任。相应地，公务员不再对受害人承担直接责任，而是根据民法中的代理制度，向国家承担在公务行为中，因自己的故意或者重大过失引起的侵权行为之债。

通过考察国家赔偿代表国家的法国、德国法制中，对公务员承担职务侵权责任的形式演变可以看到，行政追偿制度中公务员承担的赔偿责任，源于民法中的侵权行为之债；也就是说，行政追偿责任源于公务员的职务侵权赔偿责任，行政追偿制度本质上是实现公务员个人责任的途径,是将公务员直接对受害人负责转换为由国家先向受害人承担国家赔偿责任,而后要求该公务员承担赔偿责任的制度。无论公务员的责任承担形式如何改变,其承担责任的根源都是侵权行为之债。

尽管在行政赔偿制度早期借用民事侵权制度,公私法之间有着千丝万缕的牵扯,但是,随着公法的不断发展,在公、私法二元框架的国家,将包括行政赔偿制度在内的国家赔偿法确定为公法领域,完成公法定性,已是毋庸置疑的立法趋势。

第一,法国行政追偿性质的变化。鉴于以代位赔偿请求权作为行政追偿权的理论基础,造成了诸多不便,如行政主体在对公务员行使追偿权时,要受到受害人的赔偿请求时效的限制等,1951 年 7 月 28 日的"拉吕厄尔案"开启了行政机关向公务员直接追偿的历史篇章。该判例提出公务员因个人过错,导致行政机关必须按照"过错并存理论"赔偿受害人,从而直接或间接给行政主体造成损失的,该过错人员对该行政机关负有赔偿责任。根据"过错并存理论",行政主体有权向有过错的公务员直接追偿,而不再适用代替了受害人行使侵权行为之债权的替代赔偿机制。"拉吕厄尔案"意味着法国的行政追偿制度设计,以行政主体对有过错的公务员直接追偿机制,代替了以往的代位受害人的替代赔偿机制。

从此以后,法国行政追偿制度中行政主体对公务员的追偿权,不再是代位求偿权,而是根据公务员与国家的公法关系,因公务员违反公法契约给国家造成直接或间接损失,而产生的公法性质的债权。

第二,德国行政追偿性质的变化。在德国,1910 年帝国制定了帝国公务员责任法(帝国为其公务员承担责任法),规定联邦一级公务员在高权领域内,职务侵权的国家赔偿责任原则。国家赔偿责任版图由此得到了进一步扩张。1919 年《魏玛宪法》第 131 条①更是为高权领域内职务

① 《魏玛宪法》第 131 条规定:"官吏于行使被委托的职务的公权力,违反对于第三人职务上之义务时,原则上由该官吏所属的国家或公共团体负其责任。"

侵权赔偿的国家责任提供了宪法依据。据此，德国理论界和实务界将《德国民法典》第839条与《魏玛宪法》第131条相结合，借由民法上的规则落实国家赔偿责任。根据《魏玛宪法》的规定，此种国家赔偿责任的特征是一种代位、间接责任，换言之，在国家行为中有故意或者重大过失的公务员，仍然负有个人职务侵权之债，国家在承担国家赔偿之后，有权向真正的责任主体——公务员个人进行追偿，此时的追偿权因为有宪法的转承也就变成了公私法糅合的具有公法性质的债权。

此后，为了彻底和私法分道扬镳，德国学者纷纷主张制定单行的行政赔偿法，1981年《国家赔偿责任法》就是学界和立法界努力的成果。该法的出台，确定了包括行政追偿在内的行政赔偿制度鲜明的公法性质。遗憾的是，由于德国本身立法体制的问题，该法被宣布无效。所以，目前德国的行政追偿仍然是公法性质的侵权行为之债。

通过历史分析的方法，对追偿制度主要国家追偿制度的考据后可知，行政追偿责任是源于公务员的职务侵权赔偿责任，行政追偿制度本质上是实现公务员个人责任的途径，是将公务员直接对受害人负责转换为由国家先向受害人承担国家赔偿责任，而后要求在执行公务过程中应承担责任的公务员承担其应承担的赔偿责任的制度。所以，行政追偿权的根源是侵权行为之债。同时，在大陆法系的公、私法二元框架下，包括行政追偿制度在内的国家赔偿法的公法性质决定了行政追偿权的公法定性。是故，行政追偿权的本质是公法上的债权请求权，行政追偿法律关系属于行政法上的债权债务关系。

（二）公法之债的基本特征

所谓公法之债，是指在公法范围内，在特定当事人之间发生的请求特定给付的权利义务关系。[①] 事实上，在公私法交融时代，公法之债理

---

① 参见汪厚冬：《公法之债论——一种体系化的研究思路》，苏州大学2016年博士学位论文，第29页。

论已经得到理论界和实务界的认可,如在税收法律关系中就运用了债的一些基本制度来解决税收债务问题。一般来说,公法之债具有如下基本特征。

1. 公法之债本质是一种金钱给付

公法之债首先必须是“债”,必须具备“债”的本质。关于“债”的概念,民法学界主流学说一般认为,现代债起源于罗马法,①罗马法中的债具有强烈的人身依附性,无论是小偷还是借贷人首先均以自己的人身负责并陷于受役状态。② 这种基于人身关系产生的债权,是绝对禁止债权人转让债权的。③

随着罗马商品经济的不断发展,债的概念得到了进一步发展,“法锁视为债的本质所在”。④ 所谓“法锁”(juris vinculum),“盖指当事人间之羁束状态实与责任(Haftung)相当”。⑤ 可见,债的本质从纯粹人身关系又融入了一层“责任”意思。随后债的本质又得到了进一步诠释,“债的本质并不在于他使某些财产或役权属于我们的,而是他约束他人对于我

---

① 但也有学者认为,民法上的债最早起源于古代西亚地区文明中基于买卖契约和借贷契约的欠物或欠钱。其主要依据是,在公元前1700年的《苏美尔法律样式册》中记载了有关苏美尔人契约及其条款的概要,但是从现存的历史资料中难以确定苏美尔法关于债的适用范围;古巴比伦时期的《汉谟拉比法典》中第113~119条规定了有关债务偿还和债奴的规定,《俾拉拉法法典》(约公元前20世纪)第22条首次使用了“债”和“债务”的概念,该作者推断其可能发生在借贷契约上(参见魏振瀛:《债与民事责任的起源及其相互关系》,载《法学家》2013年第1期)。但因古代西亚地区文明中关于法律文明的历史资料并不完全,以及对后来法律文明的影响力而言,均不如罗马法对人类法律文明影响那么深远,近现代债法的基本概念与规则均可追溯至罗马法,故在此笔者以罗马法为现代债的研究之源。

② 参见[意]彼得罗·彭梵得:《罗马法教科书》(修订版),黄风译,中国政法大学出版社2005年版,第216页。

③ 参见周枏:《罗马法原论》(下),商务印书馆2014年版,第628页。

④ 江平、米健:《罗马法基础》(修订第3版),中国政法大学出版社2004年版,第280页。

⑤ 李宜琛:《债务与责任》,载何勤华、李秀清主编:《民国法学论文精萃》(第3卷),法律出版社2004年版,第180页。

们给、做或供某事”。[①] 由此，债的标的被认为“是产生于罗马动词‘prestare’的‘给付’（prestazione）”。[②] 在欧洲商品经济迅速发展时期，德国著名法学家弗里德里希·卡尔·冯·萨维尼认为，债权的标的是给付，或曰他人的特定行为，这样债权就成为通过对他人给付的控制作用而取得对特定人的权力。[③] 可见，经过不断演变，罗马法中债的本质经历了人身关系之债→法锁→给付；申言之，现代意义的债的本质就是给付或者特定行为。正如我国学者认为的：“债的效力，结局归于请求金钱之支付”。[④] 基于此，公法之债作为“债”，本质上就是一种金钱给付。

2. 公法之债是一种公法上的金钱给付义务

作为公法上的金钱给付义务，公法之债与私法上的金钱之债有很明显的区别。

首先，公法之债是由公法设定的，以公法为设立基础，公法债权必须由法律法规的明确授权才得以建立，属于法定之债。而私法上的金钱之债的设立基础是民事法律，民法上的权利义务关系一般是通过私法主体之间的约定，或者是由私法直接规定，二者的法律性质明显不同。

其次，公法之债的公法性质，决定了公债债权人拥有一些优越和便利，如在债权人和债务人经过协商，在债权给付义务不能达成协议时，公法债权人享有单方决定金钱数额的权力，而私法债权人在通过协商等私力救济的途径，向债务人主张债权失败后，无权单方决定金钱数额，只能行使诉权或申请仲裁以保障其权利的实现。

最后，公法之债作为公法性质，也要有一些额外的限制和负担，如公

---

① 徐国栋：《优士丁尼〈法学阶梯〉评注》，北京大学出版社 2011 年版，第 392 页。

② ［意］彼得罗·彭梵得：《罗马法教科书》（修订版），黄风译，中国政法大学出版社 2005 年版，第 218 页。

③ 参见龙卫球：《债的本质研究：以债务人关系为起点》，载《中国法学》2005 年第 6 期。

④ 史尚宽：《债法总论》，中国政法大学出版社 2000 年版，第 329 页。

法债权人不能像私法上的一般债权人一样，按照“法不禁止皆自由”的宗旨，根据自己的意志变更甚至放弃债权，公法债权人必须依法行使公法债权，不能放弃，否则就要承担不作为的法律后果。

3. 公法之债的核心是公法关系

虽然“以财产的价值为内容的公法关系，在其为财产关系之点，与私法关系最为近似，因此，常常可以适用私法的规律”。实际上，从行政追偿的历史发展脉络来看，行政追偿制度早期的确是适用私法规则。由是之故，我国有学者也指出，“由于现代社会，单一之法律工具其作用有限，往往须借助公私法不同之法律工具，共同作用，始足达成行政任务”。[①] 但是，公法之债的核心还是公法关系，也就意味着债权人和债务人之间的权利义务要受公法调整，公法之债的制度要遵循公法原则，公法之债的行使要接受社会公众的监督，公法之债的债权行使情况，要依据相关法律法规规定予以公开。

（三）公法之债视野下行政追偿的法律构造

1. 公法之债的权利义务构造

公法之债是指国家与人民之间具有行政法上债务关系。[②] 依照民法上所谓的不法行为责任与侵害债权责任，侵害债权责任是指对违反业已存在的债务关系的义务所生的责任。实务中，这种情形在公法上也有存在的可能，所以，基于契约债务法准用于公法关系的观点，基于行政法上债务关系的赔偿请求权，就应当属于公法中的债权请求权。行政追偿作为公法之债，意味着国家与公务员或被委托组织和个人之间的权利义务关系，需要依照公法之债的债权人与债务人之间的权利义务关系，进行如下构造。

---

① 葛克昌：《税法基本问题（财政宪法篇）》，北京大学出版社 2004 年版，第 149 页。

② 参见［德］哈特穆特·毛雷尔：《行政法学总论》，高家伟译，法律出版社 2000 年版，第 741～742 页。

(1)公法上的债权债务关系

行政追偿作为公法之债,其法律关系属于公法上的债权债务关系,恰如税收作为纳税人与政府之间的公法上债权债务关系一样,是属于行政法上的债权债务关系。这一界定的涵摄如下。

第一,行政法上的债权债务关系首先属于公法关系,其法律关系应当依据公法规定。追偿主体与追偿对象之间的债权债务关系,与私法上的债权债务关系不同,在公法之债中,作为债权人的追偿主体和作为债务人的追偿对象之间应遵循公法法理。也就是说,双方的地位不是完全平等的,行政追偿主体必然享有一些公法上的优益权。比如,在行政追偿没有得到债务人自觉配合而协商不成的情况下,行政追偿主体享有依法单方作出行政追偿决定的权利,当然对此行政追偿决定债务人如有异议,有权寻求司法救济。

第二,行政法上的债权债务关系在本质上仍然属于债权债务关系,属于具备公法基础的债权债务关系。此种所谓的公法基础,是指行政追偿主体与被追偿对象间所存在的公法上的特别密切关系。如公法集团、公法上无因管理、公法上使用及给付关系、行政契约以及对公务员的照顾义务等。这种特别密切关系除适用一般公法原理的规定外,亦准用民法中的债权债务原理,在欠缺公法法理依据时,亦能类推适用民法债篇的特别规定。

第三,由于行政法上的债权债务关系的核心仍然是债,所以仍然要体现私法债权中给付的基本特征,应当将协商作为必经程序,未经协商而径行作出行政追偿决定的,应属程序违法。并且,关于债的履行,应当融入私法元素,要充分考虑被追偿人的实际情况,进行减免和分期支付追偿金额,而不是单纯按照公法规定依法行政。

(2)公法人是唯一追偿主体

根据债的原理,债权人和债务人必须是具有完全责任能力的主体,作为公法之债的行政追偿当事人,行政追偿主体就应当具备公法人资格。根据公法人理论，所谓公法人是指：首先，由国家直接依法或者依照法律授权所创设的权利主体；其次，该主体具有独立的人格，得行使权力负担义务。公法人的本质特征是："公法人的财政独立。"①换言之，公法人要有独立的财产，在财政管理上有独立的预算，既享有实施行政职务的权力，又能够负担由于实施行政职务而产生的义务和责任。

2. 公法之债中的相关制度

行政追偿作为公法之债，就应当按照"债"的权利义务构造，来构建行政追偿的制度体系。

（1）公法之债中"债权"的法定化

行政追偿请求权属于公法之债这一点，就使其完全不同于私法之债。其中，最本质的区别就在于私法之债受当事人意思自治的规制，但公法之债的请求权的内容则要受到"法无授权不可为"的公法理念制约。因此，行政追偿的请求权的内容和标准，应当按照公法之债的要求法定化和客观化，包括债的构成要件、具体标准和范围等都要法定化和客观化。

（2）公法之债中的正当程序原则

行政追偿请求权又具有"债"的属性，根据债的"一方当事人得向他方当事人请求特定的行为（给付），其得请求给付的一方当事人，享有债权，称为债权人，负有给付义务的一方当事人，称为债务人，给付则为债之标的，包括作为与不作为"②的本质，行政追偿法律关系中，追偿主体和被追偿人之间，在本质上就是以追偿主体请求被追偿人给付一定金额为内容的权利义务关系。根据德国法学家萨维尼对于债的主体双方的关系配置，债务人在债的关系中始终没有丧失主体自由，"债的建立及其内容安排归根结底是债务人通过自己意志而决定的自己在某特定行为

① 王名扬：《王名扬全集①：英国行政法、比较行政法》，北京大学出版社2016年版，第84页。

② 王泽鉴：《债法原理》（第2版），北京大学出版社2013年版，第55页。

上的不自由，但就其前提意义而言债务人仍然具有自由和尊严”。[①] 据此，在债权法律关系中，需要依照现代平等保护理念，既保障债权人债权的实现，也要保障债务人的基本人权。具体而言，在行政追偿法律关系中，被追偿人应该享有反驳权，相应地，也应该在程序上进行科学设计，来保障被追偿人的一系列权利，如听证程序、获得司法救济权和最低生活保障权等权利。

(3)公法之债的公共属性与社会监督

公法之债中“公法”，表明债是发生在公法范围内，意味着在以民法为主导的私法领域内的债的情形被彻底排除在外，公法之债的“公共属性”应强调公开透明，接受社会监督。作为公法之债的国家赔偿法上的追偿权，与民法的追偿权不同，国家赔偿支出的损害填补费用是从国库编列预算所支付的，而国库的收入来源主要是纳税人所缴纳的税赋，根据我国实体法的系列规定，行政追偿金要上缴国库，属于广义上的“非税收入”，因而行政追偿金的收入情况具有公共属性。并且，国家本身作为公共利益的维护者，应对国库的收入支出进行严格掌控。这样的义务不仅存在于立法者，也存在于行政权当中，这就要求国家不仅对财政收入支出严格把关，还要求行政权自身也要节制。所以，国家承担国家赔偿责任后，如果有对损害应负责任的人，是否行使追偿权会影响的范围包括全国人民，牵涉全国人民的公共利益，[②]相应地，对行政追偿权的行使情况和行政追偿金的数额，应按照政府信息公开的有关规定，向社会公开接受社会监督。

同时，行政追偿权作为公共债权，国家在立法时，应当自觉地平衡债务人的生存权与债务承受能力之间的关系，不能像私法之债那样，让债

---

① 龙卫球：《债的本质研究：以债务人关系为起点》，载《中国法学》2005 年第 6 期。

② 参见辛年丰：《论国家赔偿法中的求偿权——兼论国家赔偿法修正草案中的求偿权》，载《法学新论》2009 年第 16 期。

务人承担“一般责任财产”的债务承担责任,即债务人必须用自己的所有财产承担债务清偿责任。因此它在设定之初,就应充分考虑债务人的生存权和国家或地方公共团体债权请求权之间的平衡,行政追偿的公债一般都仅规定债务人承担有限偿付责任,毕竟,生存权已经成为包括我国在内的所有现代社会的基本人权。所以,在确定行政追偿数额时应把被追偿人的生存权作为一个非常重要的考量。

(4)公法之债的人权属性与生存权平衡

行政追偿作为公法之债,在对被追偿人进行强制执行时,无论是执行标的还是执行措施,都应体现对被追偿人及其家属的人权保障和生存权照顾原则。比如,公务员的退休金和抚恤金除非有法律明确规定,不能成为强制执行的标的。而追偿权并不是以引起公务员的强烈反感或者造成他们经济压力过大而无法负担等为目的,行政追偿金的确定还是应当以该公务员的工资为基准。① 所以,公法之债视野下,对债务人——被追偿对象的追偿数额的确定——应该更加关注,因为在追偿债权债务关系中,国家作为债权人拥有私法中债权人难以比拟的特权,使权力滥用成为可能,如果债权人无视债务人的负担能力而行使追偿权,无疑会使追偿陷入肆意和轻率的境地。故而,应该坚持追偿法定原则,在国家行使追偿权时要从立法的层面,统一考虑追偿对象的主观可归责性、损害发生的预见可能性及防止可能性、公务员经济能力、生活状况、违反义务程度、行为时的动机、目的及行为对机关所发生的损害及造成的影响因素等,以及是否有害于国家对公务员的生存照顾义务等各方面的具体情况。

---

① 参见叶百修:《国家赔偿法》,台北,三民书局2000年版,第297~298页。

第二章　我国行政追偿制度的回顾和考量

国家赔偿制度的建立是从人治走向法治的重要标志之一，是社会文明化、法治化的重要表现。行政追偿制度作为我国国家赔偿法中的重要制度构成，在我国有其独特的发展轨迹，尽管后发优势使我国行政追偿制度理念较国外先进，但是，当前我国已经迈入“十四五”规划的建设进程，行政追偿制度在我国的规范和执行现状，还存在有待进一步完善之处，以便更好地满足新时代下的新形势、新发展提出的新要求。

一、我国行政追偿制度的演进史

从法制史的角度而言，我国古代也有国家赔偿制度。比如，《唐律疏议》中的淹禁不决、[1]授田违

---

① 参见(唐)长孙无忌等编，刘俊文校注：《唐律疏议》，法律出版社1999年版，第610～611页。

法、①差科赋役违法、②应复除不给、③不言及妄言灾害④等行政行为不当引起的赔偿,就属于朴素的行政赔偿。但是,严格来说,我国并没有现代意义上的国家赔偿制度产生所需要的社会背景,我国国家赔偿制度中包括追偿在内,主要是以大陆法系国家理论和制度作为参考的。

(一)民国时期行政求偿的立法尝试

我国在清朝末年有志之士要求变法自强时期。随着1911年孙中山先生建立中华民国,我国开始了一系列职务侵权赔偿制度的立法尝试。

与世界职务侵权赔偿责任的发展轨迹一致,最初,我国并不承认国家责任,职务侵权赔偿也是由官吏承担个人责任。《中华民国临时约法》第10条,⑤对于公务员作出的职务侵权行为,赋予了受害人向平政院寻求行政救济途径的权利。

我国最早的求偿制度立法例存在于部门法之中。1930年的《土地法》、1932年的《行政诉讼法》、1933年的《警械使用条例》,⑥均规定了对于职务侵权行为,由各级政府先对受害人给予国家赔偿后,有权对有故意行为的行为人进行求偿的制度。

---

① 参见(唐)长孙无忌等编,刘俊文校注:《唐律疏议》,法律出版社1999年版,第271页。

② 参见(唐)长孙无忌等编,刘俊文校注:《唐律疏议》,法律出版社1999年版,第274页。

③ 参见(唐)长孙无忌等编,刘俊文校注:《唐律疏议》,法律出版社1999年版,第273页。

④ 参见(唐)长孙无忌等编,刘俊文校注:《唐律疏议》,法律出版社1999年版,第269页。

⑤ 《中华民国临时约法》第10条规定:"人民对于官吏违法损害权利之行为,有陈述平政院之权。"

⑥ 《警械使用条例》第10条规定:"警察人员非遇第4条各款情形之一,使用警刀、枪械或其他经校定之器械者,由该管长官惩戒之。其因而伤人或致死者,除加害警察人员依刑法处罚外,被害人由各该级政府先给予医药费或抚恤费,但出于故意之行为,各级政府得向行为人求偿。"该法又规定:"警察人员依本条例使用警械,因而伤人或致死者,其医药费或埋葬费由各该级政府负担。"

在我国,最早关于行政赔偿的宪法性规定,是 1934 年的《宪法草案》也就是"五五宪草"中第 26 条,①该条明确规定了国家对公务员的违法侵害行为,应承担赔偿责任,标志着以宪法形式将国家赔偿责任确立了下来。随后 1946 年的《中华民国宪法》虽然将第 26 条变更为第 24 条,但是文字表述并没有改变。只是由于政权更迭,这些规定还未实际落实,便随着中华民国的消失而失效了。

(二)新中国的行政追偿的规范变迁

新中国成立以来,我国法治建设和行政赔偿制度的产生历程曲折,行政追偿制度的确立也相对迟一些。

1. 国家赔偿制度产生前的法制预备

1949 年 9 月 29 日,我国通过的《中国人民政治协商会议共同纲领》第 19 条②中,对国家机关和公务人员的违法失职行为,赋予了人民控告权,标志着我国向法治建设迈出了关键的一步。从内容上看,我国国家责任产生之初,对违法失职行为,国家机关和公务人员都是责任主体,人民和人民团体针对违法失职行为,既可以控告国家机关也可以直接控告公务人员。根据这种制度设计,公务人员对受害人负直接责任,并没有产生追偿制度。

国家对外负担完全赔偿责任的立法例,是在五四宪法时期。这一时期,我国颁布了一系列的规范性文件,在专业领域相继确立了国家赔偿制度。比如,1954 年政务院颁布的《中华人民共和国海港管理暂行条例》中,该条例第 20 条③规定了港务局承担赔偿责任的情形,首开我国

① 《宪法草案》第 26 条规定:"凡公务员违法侵害人民之自由或权利者,除依法律惩戒外,应负刑事及民事责任,被害人民就其所受损害,并得依法律向国家请求赔偿。"

② 《中国人民政治协商会议共同纲领》第 19 条规定:"人民和人民团体有权向人民监督机关和人民司法机关控告任何国家机关和任何公务人员的违法失职行为。"

③ 《中华人民共和国海港管理暂行条例》第 20 条规定:"港务局如无任何法令根据,擅自下令禁止船舶离港,船舶得向港务局要求赔偿由于禁止离港所受之直接损失,并得保留对港务局之起诉权。"

全面肯定国家赔偿责任的先河。同年,我国五四宪法将国家赔偿制度在宪法层面确立下来。① 随后,1959 年交通部颁布的《交通部关于海事赔偿的几项规定》第 1 条、②1965 年 4 月 7 日国务院批转的《军用饮食供应站淡水站组织管理暂行办法》第 12 条、③1957 年的《治安管理处罚条例》第 42 条,④均规定了不同部门的行政赔偿制度。可以说,这一时期,单行的法律法规已经将行政赔偿法予以完善,国家赔偿责任在特定领域已经建立起来。但是,五四宪法时期,并没有同时建立对公务员的追偿制度,也就是说,公务员对职务行为完全不承担赔偿责任。

八二宪法时期,有关国家赔偿的条款又开始出现在一些规范性文件中。具体有:1981 年 3 月 31 日国务院批转的《教育部关于抓紧解决中小学危房倒塌不断发生重大伤亡事故问题的请示报告》第 6 条,⑤1982 年 9 月 20 日国务院、中央军委发布的《关于保护通信线路的规定》

---

① 1954 年《中华人民共和国宪法》第 97 条规定:"中华人民共和国公民对于任何违法失职的国家机关工作人员,有向各级国家机关提出书面控告或者口头控告的权利。由于国家机关工作人员侵犯公民权利而受到损失的人,有取得赔偿的权利。"

② 《交通部关于海事赔偿的几项规定》第 1 条规定:"海损的赔偿……由于船长、船员、引水员或者船舶所有人任用在船上服务的人员的过失所造成的海损,船舶所有人应当负责赔偿。"当时我国实行全民所有制,船舶所有人就是国家,所以该条实际规定的就是国家赔偿责任。

③ 《军用饮食供应站淡水站组织管理暂行办法》第 12 条规定:"部队应当遵守供应站、供水站的供应制度和规定,尊重地方工作人员,注意军容风纪和群众纪律,保守军事行动机密。部队必须凭军事代表的供应通报(特殊情况凭部队介绍信临时联系)在供应站就餐、喝水,除伤病员和特殊情况外,通常均按一种灶别就餐。就餐后应如数交付粮票和现金;使用马草马料,应如数交付马料票和马草用款;损坏餐具等应照价赔偿;并应注意保持车站、港口和供应站、供水站周围的卫生。"

④ 《治安管理处罚条例》第 42 条规定:"公安机关对公民给予治安处罚错误的,应当向受处罚人承认错误,退回罚款及没收的财产,对受处罚人的合法权益造成损害的,应当赔偿损失。"

⑤ 《教育部关于抓紧解决中小学危房倒塌不断发生重大伤亡事故问题的请示报告》第 6 条规定:"有些城市的中小学校舍由房管部门管理,危房问题应由房管部门负责,拖延不管因而发生重大事故的,要追究责任。中小学校舍因人防工程不当受到损坏的,有关部门应负赔偿责任。"

中第9条第3款,①均规定了国家赔偿责任。经过一系列的立法准备后,八二宪法正式出台,在重新肯定国家赔偿制度的同时,②也给立法机关下达了立法任务。同年,我国《民事诉讼法(试行)》率先落实了八二宪法的原则精神,该法第3条第2款规定:"法律规定由人民法院审理的行政案件,适用本法规定。"从而为公民行使行政赔偿请求权提供了明确的救济途径。

不过,无论是五四宪法时期还是八二宪法时期,我国行政赔偿法律制度,仅明确了职务侵权行为的赔偿责任由公务员个人转移到国家,公务员不再是责任主体,但是并没有确立针对公务员的追偿制度。也许是因为彼时当务之急是保障受害人的合法权益,而建立行政追偿制度的立法任务相对而言不那么急迫。

2. 我国行政追偿制度的私法渊源

随着我国法治建设的逐步完善,解决公务员在一定条件下承担职务侵权赔偿责任的法制问题也提上了日程。简言之,在我国《行政诉讼法》和《国家赔偿法》实施前,公务员是依据民事侵权赔偿规则,承担其职务侵权赔偿责任的。

具体而言,五四宪法时期和八二宪法时期,虽然明确了国家的行政赔偿责任,但是,却没有赋予受害人寻求行政赔偿的法定途径,所以,在我国还没有《行政诉讼法》和《国家赔偿法》的情况下,为了解决行政赔偿的适用问题,1982年的《民事诉讼法(试行)》赋予了公民适用民事诉讼程序,行使行政赔偿请求权的权利。并且,又通过1986年颁布的原《民法通则》第121条,③第一次明确了国家机关或者工作人员"在执行

---

① 《关于保护通信线路的规定》第9条第3款规定:"在通信线路施工和检修时应爱护农作物和林木;在施工中损坏青苗、林木,应按规定赔偿。"

② 1982年《宪法》第41条第3款规定:"由于国家机关工作人员侵犯公民权利而受到损失的人,有依照法律规定取得赔偿的权利。"

③ 原《民法通则》第121条规定:"国家机关或者国家机关工作人员在执行职务中,侵犯公民、法人的合法权益造成损害的,应当承担民事责任。"

职务中”发生的损害赔偿责任，属于民事法律关系调整的范围，由人民法院依据民事诉讼规则进行审理，使受害人的行政赔偿请求权真正落到实处。[①] 至此，我国根据民法中的用人单位责任规则审理国家赔偿案件，国家赔偿也因此打上了浓厚的私法烙印。

如果仅从文字表述上看，国家机关和国家机关工作人员都是职务侵权行为责任的直接责任主体，容易造成法律适用的混乱。1988 年《最高人民法院关于贯彻执行〈中华人民共和国民法通则〉若干问题的意见》第 152 条[②]规定，国家机关工作人员的职务侵权行为，由国家承担民事责任，进一步明确了国家是职务侵权赔偿的责任主体，公务员不直接对受害人承担赔偿责任。国家机关工作人员承担责任的形式转变为国家根据 2003 年《最高人民法院关于审理人身损害赔偿案件适用法律若干问题的解释》第 9 条规定的雇主追偿权，在国家向受害人承担行政赔偿责任后，向有故意或者重大过失的工作人员进行追偿。

3. 新中国行政追偿制度的正式建立

一系列的私法操作，确实解决了行政赔偿法律适用的燃眉之急，但是，借用民法的职务侵权赔偿责任解决国家赔偿责任，只是在当时，为了避免因国家赔偿制度缺乏法律的具体化而处于空转的权宜之计。在我国公、私法二元框架下，私法追偿和公法追偿毕竟是两个体系，用私法规则解决公法问题，难免出现法理不通、逻辑不顺、理念不同的尴尬局面，所以，制定公法规范才是长久之计。

---

① 1988 年 11 月驻马店地区中级人民法院在支某详不服税务行政处罚案中，根据原《民法通则》第 121 条关于“国家机关或者国家机关工作人员在执行职务中侵权公民、法人的合法权益造成损害的，应当承担民事责任”和《民事诉讼法(试行)》第 151 条第 1 款第 2 项的规定，判决：撤销驻马店地区税务局对支某祥的处理决定；驻马店地区税务局赔偿支某祥的经济损失 1000 元。参见支某详不服税务行政处罚案，载《最高人民法院公报》1989 年第 2 期。

② 《最高人民法院关于贯彻执行〈中华人民共和国民法通则〉若干问题的意见》第 152 条规定：“国家机关工作人员在执行职务中，给公民、法人的合法权益造成损害的，国家应当承担民事责任。”

我国首次在公法上明确行政追偿制度,是在 1989 年我国第一部《行政诉讼法》中。该法第 68 条第 2 款①规定了行政机关能够对有故意或者重大过失的工作人员进行追偿,自此,人民法院开始依据《行政诉讼法》而不是《民事诉讼法》来审理行政赔偿案件,虽然对于行政诉讼法没有规定的仍然要适用民事诉讼法,但是,主要适用公法程序审理公法问题,的确使审判逻辑顺畅了起来。一时间,人民法院适用《行政诉讼法》,审理了很多行政赔偿案件。如陈某某不服离石县公安局收容审查决定案、②谢某某诉永和乡人民政府违法要求履行义务案、③刘某某不服蒲江县乡镇企业管理局侵犯财产权、经营自主权处理决定行政纠纷案、④张某某不服磐安县公安局限制人身自由、扣押财产行政案⑤等。到了 1995 年,我国第一部《国家赔偿法》将行政追偿制度作为国家赔偿制度的一项重要制度加以明确,至此,我国行政追偿制度正式建立起来。相应地,公务员的职务侵权赔偿责任的法律适用依据完成了由私法规则向公法规则的转变,公务员职务侵权责任承担形式也由民事追偿转为行政追偿。根据《国家赔偿法》之规定,职务侵权的赔偿责任由国家直接对被害人承担赔偿责任,公务员不作为国家赔偿法律关系中的责任主体,而是在国家承担行政赔偿责任后,对有故意或者重大过失的公务人员进行行政追偿。

(三)我国行政追偿的模式和定位

根据我国行政追偿制度的历史发展可知,确定了能够充分彰显中国

---

① 1989 年《行政诉讼法》第 68 条第 2 款规定:"行政机关赔偿损失后,应当责令有故意或者重大过失的行政机关工作人员承担部分或者全部赔偿费用。"

② 陈某某不服离石县公安局收容审查决定案,载《最高人民法院公报》1992 年第 2 期。

③ 谢某某诉永和乡人民政府违法要求履行义务案,载《最高人民法院公报》1993 年第 1 期。

④ 刘某某不服蒲江县乡镇企业管理局侵犯财产权、经营自主权处理决定行政纠纷案,载《最高人民法院公报》1994 年第 2 期。

⑤ 张某某不服磐安县公安局限制人身自由、扣押财产行政案,载《最高人民法院公报》1994 年第 4 期。

特色社会主义法治理念,符合我国实际情况的法律属性定位和行政追偿模式。

1. 我国现行行政追偿模式

从目前的立法例来看,我国国家赔偿法未采取公务员个人直接向受害人承担职务侵权赔偿责任的模式,对于一切职务侵权行为,首先由国家对受害人承担赔偿责任,随后,国家向具有故意或者重大过失的公务员进行追偿。这一单向追偿模式,使行政追偿权与雇主追偿权在立法上存在重大差别。我国雇主追偿立法中,职务侵权追偿是双向模式,既可以由用人单位向劳动者行使追偿权,也可以由劳动者向用人单位行使追偿权。当然在实务中,根据深口袋理论,以雇主或用人单位先行支付赔偿金,而后向雇员或劳动者进行追偿的案例居多,雇员向雇主追偿的案例相对较少,但是不能否认采用了雇主追偿权的双向模式。从这个视角上也印证了作为公法的行政追偿模式,较之前期借用的民法追偿模式,更加能平衡国家、受害人、公务员三方的利益,更能解除公务员的后顾之忧,鼓励公务员勇于任事。

2. 我国行政追偿的公法定位

我国公务员承担公务责任的制度演变中,也存在从纯粹民事侵权责任向公法责任转变的、公私法融合的过程。这一立法过程,使学者在追偿制度的性质在公、私法的定位中纠缠不清。公法学者认为包括行政赔偿制度在内的国家赔偿制度在性质上属于公法,私法学者则认为国家赔偿制度在性质上属于私法,是民法中的特别法。笔者认为,在我国公、私法二元框架下,包括行政追偿在内的国家赔偿属于公法更为妥适。

首先,国家行为不同于私人经济行为,国家行为以维护公共利益为目的,不同于私法上的维护私人利益,所以对国家行为采取的规则应有别于私人规则。私法上解决民事侵权赔偿的许多规则不适用于国家,例如,雇佣人(雇主)的赔偿以选任管理监督受雇人(雇员)已尽相当注意为免责事由,而国家赔偿中,出于保护受害人合法权益的目的,国家对公务员的侵权损害赔偿则不适用这类规则。

其次，行政赔偿与民事赔偿在产生原因、追偿主体和追偿标准等方面都存在本质不同。行政损害赔偿产生于行政职务过程中，而民事损害赔偿产生于没有公权力作用的民事侵权行为的实施过程中；行政赔偿责任主体与行政追偿主体不一致，而民事赔偿责任主体与民事追偿主体是一致的；行政追偿标准通常有上限，民事追偿的范围通常是被追偿主体造成的实际损失。

最后，立法上，我国国家赔偿法在法理体系中的地位十分特殊。我国《宪法》第41条规定了国家机关工作人员的民事赔偿责任，并由原《民法通则》第121条加以规定，但该条仅是规定国家机关和国家机关工作人员为侵权行为承担民事责任，而没有明确国家是此类侵权行为的责任主体，可以说立法上并没有"私法上国家赔偿"的坚实的逻辑基础。随着我国《行政诉讼法》和《国家赔偿法》的先后施行，在立法上明确了职务侵权赔偿责任系公法责任而适用公法规则，我国将行政损害赔偿及其后续行政追偿作为一种独立的公法责任形式。

是故，在大陆法系的公、私法二元框架下，包括行政追偿制度在内的国家赔偿法的公法性质决定了行政追偿权的公法定性。当然，在我国行政追偿制度的规范变迁中，由私法责任规定国家公法责任，民法对于国家赔偿法的制度发展具有无可替代的重要作用，是故，在公、私法融合的时代背景下，公、私法并不是严格对立的，我国行政追偿的性质属于公法之债，行政追偿权的本质是公法上的债权请求权，行政追偿法律关系属于行政法上的债权债务关系。根据公法之债理论，包括行政追偿在内的国家赔偿中因立法技术产生的制度漏洞，就可以由民法规范进行填补。事实上，上述理念，在司法实践中也确实得到了落实。如"沈丘县公安局诉李某某追偿权纠纷案"，①就是被作为民事案件，适用民事诉讼审判规

---

①　河南省周口市沈丘县人民法院民事判决书，(2017)豫1624民初2790号。

则对被追偿人的追偿责任进行的裁判。

二、我国行政追偿的规范和实施现状

目前,我国现行国家赔偿制度的中央立法主要包括《国家赔偿法》和《国家赔偿费用管理条例》,虽然这两部法律法规均已经过修订,但是,纵观我国国家赔偿法的制定和修改历程,始终是从我国经济社会发展的实际出发,针对法律实施中最突出、最亟须解决的问题进行修改完善为修法原则,而不是不切实际地要求所有法律制度必须一步到位,所以,客观来看,目前我国行政追偿制度的法律规定仍然存在有待进一步完善的方面。

相比中央立法的谨慎安定,基于行政追偿制度的重大现实价值,地方和行业等实务部门落实这一制度的愿望较为迫切,先后有 19 个省、自治区、直辖市的规范性文件对行政追偿制度进行了细化。① 行政部门也积极制定行业规范以备行政追偿制度的执行之需,近年来,司法机关也在积极筹措,2018 年 4 月 19 日,最高人民法院、最高人民检察院在甘肃省天水市召开了国家赔偿追偿、追责问题调研座谈会,就《国家赔偿追偿、追责工作的意见(讨论稿)》征集省、市相关部门意见、建议。可见,为了有效回应下位法的立法实践需求,是时候从理论层面分析考察我国目前行政追偿制度的规范现状,为进一步规范中央立法做好充分准备。

(一)我国行政追偿当事人资格界定的规范现状

行政追偿当事人是行政追偿法律关系的主体,当事人资格界定得清晰明确,是落实行政追偿制度的第一步。目前我国行政追偿规范中,已

---

① 具体指:《山西省国家赔偿费用管理规定》《云南省国家赔偿费用管理规定》《吉林省国家赔偿费用管理规定》《安徽省国家赔偿费用管理规定》《甘肃省国家赔偿费用管理规定》《青海省国家赔偿费用管理规定》《湖北省国家赔偿费用管理规定》《海南省国家赔偿费用管理规定》《黑龙江省国家赔偿费用管理规定》《广西壮族自治区国家赔偿费用管理规定》《内蒙古自治区国家赔偿费用管理规定》《北京市实施〈国家赔偿费用管理办法〉规定》《湖南省〈实施国家赔偿费用管理办法〉规定》《四川省国家赔偿费用管理实施办法》《浙江省国家赔偿费用管理办法》。

经对行政追偿当事人资格进行了明确的规定，但是，由于行政追偿主体的界定尚不足够严谨，使得追偿程序启动的动力不足；行政追偿对象的界定过于抽象，进一步确定被追偿人仍存在一定的困难。所以，为了使行政追偿当事人资格界定更加科学，我们需要在以下方面进一步进行完善。

1. 行政追偿主体的界定现状

在我国，国家赔偿义务机关一般是指对特定赔偿案件具体履行与受害人协议、参与诉讼、给付赔偿费等义务的机关。① 根据我国《国家赔偿法》第16条之规定，具有行政追偿主体资格的是赔偿义务机关，赔偿义务机关在对受害人赔偿损失后，有权作为行政追偿主体对有故意或者重大过失的工作人员或者受委托的组织或者个人进行行政追偿。同时，根据该法第7条和第8条之规定，不同情形中行政赔偿义务机关的确定规则也有所不同，总的来说是“谁侵权，谁赔偿，谁追偿”。这种确定规则，客观上导致追偿主体与被追偿对象之间存在千丝万缕的内部关系，大概率会出现行政追偿主体因碍于同事情面、上下级关系，而不愿追偿的情形。更何况关于追偿权的行使问题，即便是具有丰富立法经验的专家都未能制定出完善的法律，受过专业训练的法官在裁判具体案件时都不可能保证其作出的裁判是完全客观、公正的，所以，对于法律专业经验欠缺、追偿动力不足的行政赔偿义务机关，从理性经济人的角度，不启动追偿似乎是最好的选择。可见，改变行政追偿主体界定的内部化现状，实现行政追偿主体的外部化，是我们面临的主要立法任务。

2. 行政追偿对象的确定现状

根据我国《国家赔偿法》的规定，被追偿人是具有故意或者重大过失

① 参见肖峋：《中华人民共和国国家赔偿法的理论与实用指南》，中国民主法制出版社1994年版，第197页。

的公务人员,也就是说,是执行职务的具体执行人。这一规定当然没有不当之处,但是,并不能完全涵盖所有在职务侵权行为中,存在故意或者重大过失的人。因为在我国行政行为的作出通常要经过复杂的程序,在政府内部实际上经历了许多步骤,由许多相关联的行为组成。一个对外发生法律效力的行政行为往往要经过行政系统内部的层层审批。换言之,公务人员作出的行政行为或许是经过向上级的请示,接受上级命令后的结果。那么在确定追偿对象时,就应该针对不同情况,明确规定追偿对象的确定规则。所以,现行法在概括性规定行政追偿对象的基础上,仍需结合行政机关内部的工作实际情况,进一步明确具体的确定标准,以便解决行政追偿对象确定困难的问题。

(二)我国行政追偿主观要件的规范现状

公务人员具有主观过错,是行政追偿对象要承担追偿责任的法律基础。从世界各国的立法来看,在确立了行政追偿制度的国家和地区,大都将公务人员主观存在故意或重大过失,作为行政追偿成立的必备要件之一。同样,我国《国家赔偿法》第16条也将“故意或者重大过失”确定为行政追偿的主观要件。但是由于立法规范对“故意或者重大过失”的内涵未作进一步的明确解释,导致行政赔偿义务机关在实践中对“故意”和“重大过失”难以把握,难以确定工作人员是否存在主观过错、应否启动行政追偿,这对行政追偿制度的落实造成了一定的困难。

(三)我国行政追偿程序的规范现状

程序规范是落实行政追偿制度的路径和阶梯,行政追偿制度的落实,不仅要有科学严谨的实体规定,还要具备科学细致的程序规定。

1. 行政追偿的程序规范考量

行政追偿程序是指行政赔偿义务机关在被追偿人的参与下,代表国家行使追偿权,实施追偿活动应遵循的有关步骤、方式与时限等的总称。其核心内容至少要包括行政追偿启动程序、决定程序、执行程序、救济程序等步骤。行政追偿程序是落实行政追偿制度的必要条件,如果没有程序保障，无论多么先进的制度也只是空中楼阁。但是目前我国《国家赔偿法》并没有规定行政追偿程序，并且下位法的立法例中，从国务院及各部委、地方政府及其所属部门的法规规章到行政规范性文件，也鲜见关于行政追偿程序的规定。[①] 这种立法状况直接导致在行政追偿中，行政赔偿义务机关因缺乏可供操作的程序规范而无从入手，出现对有故意或者重大过失的行政公务人员客观追偿不能的局面。

(1)追偿救济途径中央立法的规范现状

"有权利必有救济。"根据行政法的基本原理，行政追偿制度作为对被追偿人的财产权益减损的制度，给予被追偿人相应的救济途径，应当是行政追偿程序规范中的必备内容。目前在我国中央立法中，尚没有赋予行政追偿救济途径的规定，客观上形成了救济真空，所以，未来中央立法有必要赋予被追偿人法定的救济途径，以便更有效地保护被追偿人的财产权，防止行政追偿主体滥用追偿权，促进我国法治政府建设。

(2)追偿救济途径下位法的规定现状

目前，虽然我国《国家赔偿法》中还没有规定行政追偿的救济途径，但是地方已经开始了立法实践工作，这种立法尝试对我国行政追偿制度的完善起到了积极的推动作用，只是美中不足的是，由于缺乏中央统一标准，出现了地方立法不统一的情况，这当然在意料之中。比如，《重庆市渝中区人民政府实施〈国家赔偿法〉行政追偿试行办法》第 13 条[②]规定，被追偿人可向作出追偿决定的行政机关的上一级行政机关申请复

---

① 根据检索，笔者发现山西省晋城市财政局于 2006 年曾发布《晋城市财政局执法过错行政追偿暂行办法》，载 http://www.sxjccz.gov.cn/contents/8/16455.shtml，最后访问时间：2019 年 2 月 10 日。

② 《重庆市渝中区人民政府实施〈国家赔偿法〉行政追偿试行办法》第 13 条规定："被追偿的个人或组织对追偿决定不服，可在收到追偿决定书之日起 15 日内依法向作出追偿决定的行政机关的上一级机关申请复查。"

查;而《沧州市质量技术监督行政赔偿追偿制度》第12条①规定,受理申诉的主体有局错案追究领导小组或上一级质量技术监督行政部门2个。根据《国家赔偿法》的相关规定,被追偿人不仅包括行政机关的公务员,还包括不具有公务员身份的被委托组织和个人等执行公务的人员,这些"事实上的公务员"与行政机关并没有行政职务关系,仅仅因为受委托行使了特定的行政职务行为,在规定被追偿人救济途径时,应当考虑对这类"事实上的公务员"进行行政机关内部救济的正当性。

2. 行政追偿时效的规定考量

行政追偿时效是追偿权的存续期间,是指行政追偿主体必须在该法定的期限之内行使追偿权,否则即丧失该权利的制度。

(1)行政追偿时效的中央立法现状

目前,我国《国家赔偿法》以及相关法律法规已经对行政追偿的产生时效作出了规定,但是没有对追偿的消灭时效作出规定,国家赔偿法(试拟稿)曾提出追偿的消灭时效为一年,自赔偿义务机关向赔偿请求人赔偿损失之日起计算,但是后来经过修改,最终出台的《国家赔偿法》删除了这一规定。因此,在我国国家追偿权(包括行政追偿权和司法追偿权)不发生因时效届满而消灭的问题。② 这种立法现状,并不利于行政机关积极履行追偿职责,也会影响行政工作人员的工作积极性和工作效率,③客观上会使赔偿义务机关与其所属工作人员之间处于一种不稳定状态,公务人员也会一直处于随时被追偿的不安状态。所以,行政追偿

---

① 《沧州市质量技术监督行政赔偿追偿制度》第12条规定:"违法行政责任人对处理决定不服的,可以在收到处理决定后15日内向局错案追究领导小组或上一级质量技术监督行政部门提请申诉。""受理申诉的质量技术监督行政部门应在收到申诉申请后30日内作出申诉复议决定,申诉复议决定为最终裁定。"

② 参见肖峋:《中华人民共和国国家赔偿法的理论与实用指南》,中国民主法制出版社1994年版,第276页。

③ 参见石佑启、彭江红:《对行政追偿中几个问题的探析》,载《法律适用(国家法官学院学报)》2001年第2期。

时效的立法规范中,需要进一步增加追偿的消灭时效的相关规定,这样不仅有利于行政追偿制度的落实,也有利于保护被追偿人的合法权益。

(2)行政追偿时效下位法的规定现状

针对中央立法未对追偿的消灭时效作出具体规定的现状,下位法在制定实施国家赔偿法办法时,为了落实行政追偿制度,有 11 部下位法(其中有 1 部目前已失效)根据本地方本部门的实际需求,将追偿时效具体化。

在规定时效的下位立法中,作者将其具体的规定进行了比对,见表 2-1。

表 2-1　规范性文件中追偿时效的规定

序号	文件名称	相关条文规定	时效起算点	时效规定
1	《中华人民共和国海关行政赔偿办法》	第 53 条	在赔偿决定、复议决定作出或者行政赔偿判决、裁定、行政赔偿调解书等法律文书发生法律效力之日起	2 个月内
2	《安徽省国家赔偿费用管理规定》	第 13 条	行政赔偿的赔偿义务机关自赔偿损失后	2 个月内
3	《重庆市渝中区人民政府实施〈国家赔偿法〉行政追偿试行办法》	第 11 条	行政赔偿义务机关在向受害人实际支付行政赔偿金之日起	60 日内
4	《浙江省国家赔偿费用管理办法》	第 13 条	行政赔偿义务机关自财政部门告知已支付国家赔偿费用之日起	60 日内

续表

序号	文件名称	相关条文规定	时效起算点	时效规定
5	《内蒙古自治区国家赔偿费用管理规定》	第11条	赔偿义务机关赔偿损失后	1个月内
6	《吉林省财政部门国家赔偿费用管理办法》	第13条	赔偿义务机关实施赔偿之日起	30日内
7	《宁夏回族自治区国家赔偿费用管理办法》	第12条	赔偿义务机关自向赔偿请求人支付国家赔偿费用后	
8	《四川省国家赔偿费用管理办法》	第11条	赔偿义务机关向赔偿请求人支付国家赔偿费用之日起	
9	《云南省国家赔偿费用管理规定》	第7条	赔偿义务机关自国家赔偿费用支付之日起	
10	《吉林省国家赔偿费用管理规定》	第11条	赔偿义务机关实施赔偿之日起	10日内

续表

序号	文件名称	相关条文规定	时效起算点	时效规定
11	《湖南省实施国家赔偿费用管理办法规定》(已失效)	第9条	赔偿义务机关自赔偿完毕之日起	7日内

从表2-1中可以清晰地看出,11部规章等规范性文件中,除《湖南省实施国家赔偿费用管理办法规定》已失效外,其他10部现行有效的规范性文件对行政追偿时效均作出了明确规定,但是具体规定又有所不同。

(1)时效的起算点。关于时效的起算点,条文中表述各异,将语义相似列为一类大概分为在赔偿决定、复议决定作出或者行政赔偿判决、裁定、行政赔偿调解书等法律文书发生法律效力之日起,赔偿义务机关实施赔偿之日起,赔偿义务机关自赔偿完毕之日起和行政赔偿义务机关应当自财政部门告知已支付国家赔偿费用之日起等不同的起算点,共4类规定。

(2)时效的期限。关于时效的期限规定,可谓百花齐放。11部规范性文件中,关于追偿时效的规定就有5种类型,大致分为2个月、60日、1个月、30日、10日和7日,甚至同在一个省,地方标准和行业标准的时效规定都不一致。如《吉林省国家赔偿费用管理规定》和《吉林省财政部门国家赔偿费用管理办法》。

关于行政追偿时效的规定,下位法立法并不一致,亟须中央立法将追偿时效明确下来。

可见,为了顺利落实行政追偿制度,改变地方立法和行业立法随意性强的局面,我国中央立法需要进一步完善,以便更好地实现行政追偿规范的法定化、客观化。

(四)我国行政追偿标准的规范现状

1.行政追偿标准的中央立法现状

关于行政追偿标准,我国《国家赔偿法》和《国家赔偿费用管理条例》均以"部分或者全部赔偿费用"进行表述。其中,"全部"赔偿费用明确具体,但是对"部分"赔偿费用并未进一步明确规范。这样就会产生地方立法对"部分"界定的自由裁量空间过大,行政追偿的地方标准相差悬殊的问题。① 相应地,在实务操作中有可能导致两种情况的出现,一种是追偿数额超出了被追偿人经济能力的承受范围,严重影响被追偿人及其家庭成员的正常生活,导致他们的生存权难以保障;另一种是追偿数额过少,不能引起被追偿人及其他工作人员的重视,难以达到行政追偿制度督促被追偿人和警示其他工作人员的立法目的。

2.追偿标准的下位法规定现状

关于行政追偿标准的下位法设定,存在地方立法和部门立法,相应地,形成了部门标准和行业标准。

笔者在北大法宝法律数据库以"追偿国家赔偿费用"为检索词,查询得知,先后共有19个地方政府规章制定了国家赔偿费用管理办法,其中,11部地方政府规章现行有效,8部已经失效。在现行有效的11部地方政府规章中,有6部对追偿标准进行了细化规定,对追偿标准未作细化规定的有5部。可见,下位法对追偿标准的具体操作细节具有较大诉求。

从内容上看,在6部有细化规定的地方政府规章中,关于追偿标准和执行的相关规定,可谓各有千秋。

具体如表2-2所示(表格空白部分,指下位法中对中央立法没有作出相关细化规定)。

---

① 参见陈亚军、谢祥为、陈小凤:《我国国家追偿制度的困境与对策分析》,载《江西社会科学》2011年第4期。

表 2－2　地方政府规章中行政追偿标准及相关规定

序号	文件名称	追偿标准条文	追偿数额标准	最低限额	最高限额	缴纳方式条文
1	《湖南省国家赔偿费用管理办法》	第9条	国家赔偿费用＋湖南省上年度城镇非私营单位在岗职工平均工资	15%的国家赔偿费用	个人不得超过湖南省上年度城镇非私营单位在岗职工年平均工资	第11条：一次性上缴确有困难的，经赔偿义务机关批准，可以在1年内分期上缴
2	《四川省国家赔偿费用管理办法》	第13条	国家赔偿费用＋当年工资收入	30%的国家赔偿费用	不得超过其个人在作出赔偿决定时的当年工资收入的2倍	第14条：可以采取一次或者多次缴纳的方式。对个人进行分次缴纳的，可从每月工资收入中扣缴，但每次扣缴额不得超过其月工资收入的30%，个人主动认缴的除外
3	《内蒙古自治区国家赔偿费用管理规定》	第11条	责任者的月基本工资	责任者1个月的基本工资	责任者的10个月基本工资	

续表

序号	文件名称	追偿标准条文	追偿数额标准	最低限额	最高限额	缴纳方式条文
4	《云南省国家赔偿费用管理规定》	第7条(个人)、第8条(组织)	国家赔偿费用+本人基本工资	故意:个人,国家赔偿费用的30%和本人12个月基本工资,以较低的为准;组织,国家赔偿费用的30%和2万元,以较低的为准	故意:个人,国家赔偿费用的70%和本人2个月的基本工资,以较高的为准;组织,国家赔偿费用的70%和2000元,以较高的为准	
				重大过失:个人,国家赔偿费用的10%和本人8个月的基本工资,以较低的为准;组织,国家赔偿费用的10%和1万元,以较低的为准	重大过失:个人,国家赔偿费用的50%和本人1个月基本工资追偿,以较高的为准;组织,国家赔偿费用的50%和1000元,以较高的为准	

续表

序号	文件名称	追偿标准条文	追偿数额标准	最低限额	最高限额	缴纳方式条文
5	《吉林省国家赔偿费用管理规定》	第12条	本人月工资收入总额（含基础工资、职务工资、级别工资、工龄工资+赔偿费用）	故意：本人8个月的工资收入总额和赔偿费用以较低的为准 重大过失：本人4个月的工资收入总额和赔偿费用以较低的为准		第12条：追偿费应当一次性缴付。确有困难的，可以在1年内分期缴付
6	《安徽省国家赔偿费用管理规定》	第15条（个人）、第16条（组织）	工资收入，是指造成国家赔偿当月责任人员职务工资、级别工资、基础工资、工龄工资和职务津贴的总和+国家赔偿费用	国家赔偿费用总额	故意：个人，本人18个月的工资收入；组织，国家赔偿费用总额 重大过失：个人，本人12个月的工资收入；组织，国家赔偿费用的60%	

在下位法中，有7部法律位阶不等的规范性文件对追偿标准有所规定，分别是《吉林省财政部门国家赔偿费用管理办法》《中山市国家赔偿

费用管理规定》《晋城市财政局执法过错行政追偿暂行办法》《工商行政管理机关行政赔偿实施办法》《海关行政赔偿办法》《重庆市渝中区人民政府实施〈国家赔偿法〉行政追偿试行办法》《沧州市质量技术监督行政赔偿追偿制度》,其中5部对中央立法的追偿标准进行了细化,相关具体规定如表2-3所示:

表2-3 规范性文件中行政追偿标准及相关规定

序号	文件名称	追偿标准条文	计算基准	最低限额	最高限额	缴纳方式条文
1	《晋城市财政局执法过错行政追偿暂行办法》	第12条(个人)、第13条(组织	本人月基本工资(含基础工资、职务工资、级别工资和工龄)	故意:个人,2个月工资;组织,2000元	故意:个人,12个月工资;组织,2万元	第17条:数额大的可在2个月内分批上缴
				重大过失:个人,1个月工资;组织,1000元	重大过失:个人,6个月工资;组织,1万元	
2	《工商行政管理机关行政赔偿实施办法》	第29条	月工资	追偿金额为其1个月工资	追偿金额为其10个月工资	
3	《海关行政赔偿办法》	第52条	月基本工资	1个月工资	10个月工资	

续表

序号	文件名称	追偿标准条文	计算基准	最低限额	最高限额	缴纳方式条文
4	《重庆市渝中区人民政府实施〈国家赔偿法〉行政追偿试行办法》	第8条对个人的追偿的,不得超过其月基本工资的24倍	国家赔偿费用+月基本工资	故意:赔偿总额的50% 重大过失:赔偿总额的20%	故意:100%的赔偿费用 重大过失:80%的赔偿费用	第9条:被追偿人可以一次性缴纳,也可以分期缴纳追偿金。对个人分期缴纳的,可从每月工资中扣缴,但每次扣缴额不得超过其月基本工资总额的30%。个人主动认缴的除外
5	《沧州市质量技术监督行政赔偿追偿制度》	第7条、第8条(职责不清的,单位主要负责人和分管负责人承担1%~5%)、第9条(个人最高追偿数额不超过5万元)	行政赔偿数额		故意:全额追偿 重大过失:行政赔偿数额的20%~50%	第11条:追偿金缴纳方式:一次性缴纳全部赔偿费用;分期分批不定期缴纳,但要由责任人作出承诺,由本局过错责任追究领导小组组长签署意见;定期扣缴工资款

从以上表2－2、表2－3中，我们可以清晰地看出，地方政府规章和其他规范性文件中，关于行政追偿金的规定思路，可谓是大异小同。在解释中央立法中追偿金的“全部”和“部分”规定中，大多数规范性文件对“全部”进行了限缩性的规定，有6部地方政府规章和5部包括部门规章在内的规范性文件规定了追偿金的最高限额，体现了下位法对被追偿人的生存照顾理念。但是在追偿标准的计算基准、追偿金的最低限额、最高限额和追偿金的缴纳等方面的具体规定中，又存在以下不同。

(1)各地制定的追偿数额计算基准的情况。目前各地地方规章或者地方规范性文件中，追偿数额的计算基准规定不尽相同，主要有混合式和单独式两种方式的计算基准。

第一种方式：混合式。以工资＋国家(行政)赔偿数额作为计算基准。这是多数规范性文件采用的计算基准方式。如《安徽省国家赔偿费用管理规定》《湖南省国家赔偿费用管理办法》《四川省国家赔偿费用管理办法》《云南省国家赔偿费用管理规定》《吉林省国家赔偿费用管理规定》《重庆市渝中区人民政府实施〈国家赔偿法〉行政追偿试行办法》《沧州市质量技术监督行政赔偿追偿制度》等规范性文件。

第二种方式：单独式。单独式又可细分为以国家(行政)赔偿费用为计算基准和以工资为计算基准两种形式。采用以国家(行政)赔偿费用为计算基准的规范性文件有《沧州市质量技术监督行政赔偿追偿制度》。采用以工资为计算基准的规范性文件有《内蒙古自治区国家赔偿费用管理规定》《晋城市财政局执法过错行政追偿暂行办法》《工商行政管理机关行政赔偿实施办法》《海关行政赔偿办法》。

在以上规范性文件中关于“工资”的界定分为两种标准。其一，以上年度城镇非私营单位在岗职工年平均工资为标准，如《湖南省国家赔偿费用管理办法》。其二，以责任者本人月基本工资为标准，其中《内蒙古自治区国家赔偿费用管理规定》和《云南省国家赔偿费用管理规定》未具体规定基本工资所包括的范围;《吉林省国家赔偿费用管理规定》和《晋城市财政局执法过错行政追偿暂行办法》中明确规定了追偿数额的计算基准,为本人月工资收入总额(含基础工资、职务工资、级别工资、工龄工资);《安徽省国家赔偿费用管理规定》中的工资收入范围最广泛,是指造成国家赔偿当月责任人员职务工资、级别工资、基础工资、工龄工资和职务津贴的总和。

可见,由于中央立法的疏阔,造成了下位法自由裁量权过大,地方立法和行业规范各行其道,亟须中央立法作出统一规定,扭转局面。

(2)追偿标准是否应依被追偿人的类型加以区别,各地的规定有所不同。在行政追偿中,被追偿人分为公务员和被委托的组织或个人,也就是说,从主体类型上看,被追偿人分为个人和组织两种类型,针对这两类不同的被追偿人,追偿标准应否加以区别?对此,《国家赔偿法》和《国家赔偿费用管理条例》并未明确,下位法也规定不一。其中《云南省国家赔偿费用管理规定》《安徽省国家赔偿费用管理规定》《晋城市财政局执法过错行政追偿暂行办法》中,根据被追偿人的主体资格,按照不同个人或者组织,对追偿标准进行相应细化;其余生效的地方立法和部门规范未将被追偿人进行个人或者组织的分类。

(3)地方追偿标准和行业追偿标准之间的差距比较大,缺乏可比性。以对故意的最高追偿限额为例,湖南省规定追偿限额为湖南省上年度城镇非私营单位在岗职工年平均工资;四川省规定追偿限额为作出赔偿决定时的当年工资收入的2倍;内蒙古自治区规定追偿限额为责任者10个月的基本工资;云南省规定被追偿人为个人的追偿限额为本人12个月的基本工资,被追偿人是组织的,追偿限额为2万元;吉林省规定为本人8个月的工资收入总额;安徽省规定的最高限额为本人18个月的工资收入;山西省晋城市财政局规定的最高限额规定为:被追偿人是个人的本人12个月工资,组织2万元。可见,针对同一类主观过错,最高追偿限额规定的差距明显。

(4)追偿金的缴纳方式和期限规定不一致。相比追偿标准,规章和其他规范性文件对追偿金的缴纳立法意愿不明显,13 部现行有效的规范性文件中,仅有 4 部具体规定了追偿的执行,而具体的执行内容又不尽相同,山西省晋城市财政局规定 2 个月内分期上缴,湖南省和吉林省规定 1 年内分期上缴,四川省规定了分期上缴的方式和分期扣缴的最高限额,但是没有规定分期上缴的期限。

上位法赋予下位法的自由裁量权过大,虽然使下位法更能结合自身具体情况进行灵活立法,但是地方立法和行业规范的不一致,难免在全国范围内会出现相同情况不同的追偿金额,为了保证对被追偿人的追偿金额的相对公平性,中央立法机关需要进一步完善规范。

(五)我国行政追偿制度的实施现状

行政追偿作为国家赔偿法中的重要制度构成,早在 1995 年第一部《国家赔偿法》中已经确定下来,总体来看,我国行政追偿制度是具有中国特色、符合中国道路的制度,但是,为了更好地落实行政追偿制度,仍然需要在信息公开、监督机制等方面进一步强化。

1. 我国行政追偿制度的执行现状

根据对我国 26 个省(市、区)各级财政部门的调查,2002 ~ 2004 年,全国范围内包括行政追偿在内的国家赔偿追偿费用合计约 217 万元,仅占财政核拨的赔偿费用总额的 3%,部分地区追偿赔偿费用数额为 0。[①] 关于河南省的国家赔偿费用管理情况,笔者向该省财政厅申请了从 1995 年《国家赔偿法》实施至 2017 年河南省省级发生国家赔偿费用数额、国家追偿案件和追偿数额等情况的信息公开,笔者根据该省财政厅的回复,制作了表 2 - 4。

---

① 参见《江苏省高院激活休眠条款落实国家赔偿追偿制度》,载新浪财经网 2005 年 8 月 20 日,http://finance. sina. com. cn/g/20050820/15011904049. shtml? from = wap。

表 2－4　河南省(1995～2017 年)省级国家赔偿费用管理信息

年份	国家赔偿费用/元	国家追偿案件/件	国家追偿数额/元
2009	103, 610, 020	0	0
2014	896, 520	0	0
2015	500, 480.09	0	0
2016	1, 177, 860.52	0	0
2017	18, 715.62	0	0

从表 2－4 中可以看出,河南省自 1995 年《国家赔偿法》实施至 2017 年的 20 余年,共有 5 年发生了省级国家赔偿费用,其他年份省级没有发生国家赔偿费用。截至 2017 年,河南省省级未发生国家追偿案件,也没有产生国家追偿数额。可见,行政追偿制度的落实情况并不尽如人意。

2. 我国行政追偿信息的公开现状

国家赔偿费用管理包括国家赔偿金额的支出和国家追偿金额的收入,根据我国《国家赔偿法》和《国家赔偿费用管理条例》的相关规定,国家赔偿金额的支出列入财政预算,属于一般性财政支出;国家追偿金额上交国库,列入财政收入。只是在 1995 年我国《国家赔偿法》实施之初,国家和社会公众的注意力主要集中在国家赔偿案件的落实,还未顾及国家赔偿费用的管理情况。但是随着近年我国对人权司法保障的重视程度加大,国家赔偿案件日益增多,国家赔偿金额也随之越来越大。2016 年 3 月 13 日第十二届全国人民代表大会第四次会议上,最高人民法院时任院长周强在最高人民法院工作报告中提到,仅 2015 年一年,各级法院审结国家赔偿案件 5439 件,决定赔偿金额 2.4 亿元。在严格公正司法、加强人权司法保障基本进入常态化以后,面对天价赔偿金,人们的关注点也逐渐后移到国家赔偿之后的国家追偿情况,社会公众急切地想了解对有故意或重大过失的公务员进行追偿的落实情况和追偿数额。

根据行政追偿的“公法之债”的法律属性，行政追偿金具有“公共属性”，应当纳入公共预算、公共财政、公共收入的视野和范畴，遵守信息公开的原则要求。目前，国家赔偿费用管理信息公开的渠道并不十分顺畅，突出表现在以下两点。

第一，国家赔偿费用信息公开的范围情况。

在主动公开方面，笔者曾经登录我国财政部和地方财政部门的官方网站。在信息公开专栏中，财政部门根据《政府收支分类科目规定》，将国家赔偿费用归为一般预算支出，公布了国家赔偿费用支出的查询路径：功能科目一般公共服务支出——其他一般公共服务支出——国家赔偿费用支出，至于国家赔偿费用的金额、具体支出流向等有效数据和信息并没有显示；国家追偿的数额和追偿落实情况的信息，笔者在各个财政网站中也没有找到对应科目。

第二，国家赔偿费用信息回复的内容情况。

在依申请公开方面，向有关部门申请政府信息公开，是法治社会的一个正当渠道，北京律师蔺某某就曾经进行了有益的尝试。2014 年蔺律师针对轰动全国的王某某案、赵某某案和张氏叔侄案，曾分别向内蒙古、河南、浙江三地的财政厅发出申请，要求公开国家赔偿费用和案件责任人追偿落实的情况，三地财政厅虽然处理方式有所不同，但结果却是一样的，均未提供相关信息，其中，河南省财政厅回函称，针对赵某某案的申请不属其信息公开范围，至于为什么不属其信息公开范围，并未说明原因。①

笔者曾经向几个省财政厅申请了信息公开，得到的回复也是结果不一。具体情况如表 2－5 所示。

---

① 参见《律师申请公开国家赔偿追责情况 专家称责任难裁定》，载央广网 2014 年 5 月 19 日，http://china.cnr.cn/xwwgf/201405/t20140519_515544584.shtml。

表 2 –5　向部分省财政厅申请信息公开情况

受理部门	申请时间	申请内容	是否申请成功	回复内容
河北省财政厅	2018 年 3 月 6 日	1995 ~ 2017 年河北省省级国家赔偿费用数额、河北省省级国家追偿情况和数额	将邮件发送至《河北省财政厅政府信息公开指南》中所指定的邮箱，显示为“收件人域名不存在，邮件无法发送”	无
福建省财政厅	2018 年 3 月 6 日	1995 ~ 2017 年福建省省级国家赔偿费用数额、福建省省级国家追偿情况和数额	未能获取查询密码	无
山西省财政厅	2018 年 3 月 6 日	1995 ~ 2017 年山西省省级国家赔偿费用数额、山西省省级国家追偿情况和数额	无法进入信息公开页面，无法查询	无
湖北省财政厅	2018 年 3 月 6 日	1995 ~ 2017 年湖北省省级国家赔偿费用数额、湖北省省级国家追偿情况和数额	无法获得“所需信息的索引号”无法提交	无
河南省财政厅	2018 年 1 月 17 日	1995 ~ 2017 年河南省省级国家赔偿费用数额、河南省省级国家追偿情况和数额	是	分项回复
山东省财政厅	2018 年 3 月 6 日	1995 ~ 2017 年山东省省级国家赔偿费用数额、山东省省级国家追偿情况和数额	是	没有相关信息

可见,国家追偿的信息仍需要进一步实现公开、透明,以便更好地回应社会公众对国家赔偿数额和国家追偿制度落实情况的关注,更好地实现社会公众对国家赔偿费用管理的社会监督。

3. 我国行政追偿制度的监督机制现状

有权力必有监督,行政追偿权的"公权力"属性,决定了行政追偿权的行使,必然应当接受监督。

(1)我国行政追偿的监督机制现状

根据《国家赔偿法》及《国家赔偿费用管理条例》的规定,国家赔偿费用由国库开支,国家追偿费用上缴国库。为此,行政追偿制度运行的全过程都属于"公权力"行使的范畴,应当纳入权力制约与社会监督的视野和范围。

对行政追偿权的监督可以分为两个方面:一方面,是对行政追偿主体对应受追偿的国家公务人员是否依法进行追偿的监督,即监督行政追偿权是否行使、行政追偿程序是否启动;另一方面,是监督和制约行政追偿权的正确行使,防止行政追偿权的滥用。

考察有关行政追偿督促程序的立法规范可知,我国《国家赔偿法》并没有规定行政追偿的监督机制。被废止的《国家赔偿费用管理办法》第8条,①曾有将监督权赋予财政机关的立法倾向,根据该办法的规定,赔偿义务机关向财政机关申请核拨国家赔偿费用或者申请返还已经上交财政的财产时,必须同时提供赔偿义务机关对有故意或重大过失的责任者依法实施追偿的意见或决定。也就是说,财政机关有权知悉赔偿义务

---

① 《国家赔偿费用管理办法》(已失效)第8条规定:"赔偿义务机关申请核拨国家赔偿费用或者申请返还已经上交财政的财产,应当根据具体情况,提供下列相应的有关文件或者文件副本:(一)赔偿请求人请求赔偿的申请书;(二)赔偿义务机关作出的赔偿决定;(三)复议机关的复议决定书;(四)人民法院的判决书、裁定书或者赔偿决定书;(五)赔偿义务机关对有故意或者重大过失的责任者依法实施追偿的意见或者决定;(六)财产已经上交财政的有关凭据;(七)财政机关要求提供的其他文件或者文件副本。"

机关进行行政追偿的相关信息。根据该办法第 8 条第 7 项的规定，财政机关还有权要求赔偿义务机关提供其他文件或者文件副本。可见，根据第 8 条，财政部门能够掌握行政追偿的所有材料，对赔偿义务机关的行政追偿进行审核监督，可以说是顺理成章的。但是，该办法并没有对审核监督的程序作出具体规定。并且，2010 年的《国家赔偿费用管理条例》第 8 条[①]又将这项规定删除。所以，目前财政机关并没有对行政追偿事项的审核督促权。根据该条例第 12 条的规定，赔偿义务机关在作出对有关工作人员、受委托的组织或者个人承担或者向有关工作人员追偿决定后，应当书面通知有关财政部门；并依照财政收入收缴的规定将被追偿的国家赔偿费用上缴财政。第 13 条的第 5 项、第 6 项中规定了未依照规定向有关工作人员追偿国家赔偿费用和未依照规定将被追偿的国家赔偿费用及时上缴财政的赔偿义务机关、财政部门及其工作人员，财政部门及审计部门有权依照《财政违法行为处罚处分条例》的规定予以处理、处分。所以，根据现行《国家赔偿费用管理条例》的规定似乎也能推导出财政部门及审计部门对国家追偿费用的督促权。

可见，中央立法仅规定了财政机关享有行政追偿的审核监督权，却没有规定行政追偿的监督主体。针对这一情形，下位法虽然也进行了有益的探索，但是从以上规范性文件来看，对于行政追偿的监督仍然大多囿于财政部门，即便赋予其他部门监督权，也是行政赔偿义务机关的上级机关，总的来说，还是属于内部监督模式，至于这种监督模式是否切实有效，笔者持保留意见。

行政赔偿义务机关和财政部门、上级行政机关都属于国家机关系统，在国家财政已经给受害人或其亲属填补损失的情况下，若没有来自

---

① 《国家赔偿费用管理条例》第 8 条规定："赔偿义务机关应当自受理赔偿请求人支付申请之日起 7 日内，依照预算管理权限向有关财政部门提出书面支付申请，并提交下列材料：(一)赔偿请求人请求支付国家赔偿费用的申请；(二)生效的判决书、复议决定书、赔偿决定书或者调解书；(三)赔偿请求人的身份证明。"

外部的足够压力，单凭行政系统内部很难去究问赔偿义务机关履行追偿责任的状况。① 所以，对行政追偿的监督机制进行外部化设计，能够更好地克服我国行政追偿制度不足的问题。

(2)我国行政追偿其他监督权的现状

根据我国《人大常委会监督法》、《行政监察法》(已失效)和《审计法》等的相关规定，我国各级人大常委会、监察机关和审计机关有权对行政追偿进行监督，但是现实中，各级人大常委会很少通过执法检查和质询问责来对个案的追偿情况进行监督，行政监察机关和审计机关仍然属于行政系统的内部机关。② 更何况，随着监察委员会的成立，行政监察机关的职能已经并入监察委员会，《行政监察法》已经被废止，而根据新的《监察法》，并没显示监察委员会有行政追偿监督的职能，可以说，行政监察机关的行政追偿监督权正逐渐走向消失。

一言以蔽之，通过对我国行政追偿制度的立法和执行现状的考察可知，应进一步完善我国行政追偿法律规范，为行政追偿制度的有效启动提供充分的法律依据，进一步强化行政追偿的配套监督机制，为落实行政追偿制度提供强有力的外部监督。我们有理由相信，如此内外合力，我国行政追偿制度执行难的局面就能够得到彻底解决。

三、落实我国行政追偿制度的时代意义

行政追偿制度在其产生之初，就具有巨大的多元的立法价值，在我国社会主义发展的新时代，除却行政追偿制度的责任自负、减轻国家财政负担等立法价值外，在我国推进法治国家、法治社会和法治政府一体建设，惩治腐败的关键时期，落实行政追偿制度具有更加现实的重大意义。

---

① 参见张杰：《我国行政追偿制度的困境与出路》，载《法学杂志》2017 年第 10 期。

② 参见张杰：《我国行政追偿制度的困境与出路》，载《法学杂志》2017 年第 10 期。

（一）有利于倒逼公务人员依法行政

建立行政追偿制度有利于提高行政机关工作人员的法治观念，促使其恪尽职守，依法行使国家赋予的权力，防止滥用职权和超越职权。行政追偿制度的价值，就在于弥补绝对免责的行政赔偿模式造成的公务员执行职务时应责性的缺乏，增强公务员在履行行政职务时的责任感，促进其依法行政。

行政追偿的悬置，使工作人员在履职中，因经济压力较小而难以具有很强的责任感，客观上增加了违法行政行为发生的概率。目前在我国行政执法中，因领导干预造成行政行为违法的现象时有发生。比如，2005 年广东某市国土局原副局长何某某为了执行上级命令，在某房地产企业未缴清土地出让金的情况下，在一块土地登记审批表上签署了同意办证意见，①作出了违法的行政行为。但是从立法上看，无论是 2005 年的《公务员法》还是 2019 年的《公务员法》都明确规定了公务员的拒绝权，赋予公务员对上级领导说“不”的法定权利。公务员不愿行使抵抗权，与行政追偿制度闲置不无关系。试想如果行政追偿制度真正推行，领导干部一般情况下不会将自己的意志强加到下属身上，而让下属承担不利的经济后果；反之，公务员是自己利益最大化的“经济人”，为了防止自己的利益遭受实际损失，他们也会对领导说“不”。如此，必将大大推进依法行政的进程。②

（二）有利于公务活动的顺利进行

我国改革开放以来行政法制监督虽然有了长足发展，行政机关的职权划分、行政执法程序、行政机关及其工作人员责任的规范有了很大提升，但是，某些行政机关工作人员还存在官僚主义作风，行政管理活动的

---

① 参见孙瑞灼、李丽：《“执行上级命令”就能违法犯罪》，载《大众日报》2011 年 5 月 20 日，第 5 版。

② 参见张杰：《我国行政追偿制度的困境与出路》，载《法学杂志》2017 年第 10 期。

执法规范性不足，以致在某些情况下相对人的合法权益还不能得到充分保障。而行政追偿制度的落实必然能够扭转这一现象，对公务活动的顺利进行具有重大的推进作用。

行政追偿制度的落实还有利于调整行政机关内部工作人员之间的关系。在行政机关内部，因个别人员的违法行为受到影响的首先是行政机关，包括声誉、经济利益等方面受到不利影响。另外，还会间接影响行政机关内部的其他人员，此所谓“一荣俱荣，一损俱损”。我国《国家赔偿法》规定，国家赔偿费用列入各级财政预算，但事实上许多赔偿费用都是从赔偿义务机关的预算外资金中支出的。① 因此，其他人员的经济方面的利益必然会受到影响。所以，落实行政追偿制度，让在行政职务侵权行为中有故意或者重大过失的公务人员“向国家支付金钱，是治疗某些顽症的特效药，也可以产生‘前车之鉴’的作用，使所有行使同类职权的人吸取教训，制止同类事件的发生”，②以利于之后的公务活动顺利进行，从而形成良性循环。

（三）有利于反腐工作的全面展开

反腐败是一项艰巨的任务，需要各种法律规范和多种力量相互配合打组合拳。为了扎紧制度的笼子，我国已经建立了多层次、多元化、全方位的公务员行政执法责任体系，并且在逐步完善和落实。其中，通过《监察法》《公务员法》《中国共产党纪律处分条例》的衔接，行政机关工作人员的行政处分和政务处分等责任形式得以落实；通过《刑法》、《国家赔偿法》以及相关司法解释和指导意见的辅助，执法人员的刑事责任、赔偿责任逐渐强化。可以说，公务员执法责任体系中，行政责任、刑事责任正在为反腐工作发挥其应有的制度功能。然而，作为公务员执法责任体系

① 参见徐静村主编：《国家赔偿法实施程序研究》，法律出版社2000年版，第201页。

② 肖峋：《中华人民共和国国家赔偿法的理论与实用指南》，中国民主法制出版社1994年版，第271页。

重要组成部分的行政追偿制度，基本上处于静态的制度设计层面，成为公务员执法责任体系中的短板，导致制度的笼子出现缺口，不利于反腐工作的全面展开。正所谓“政府官员如需用自己的钱包赔偿受自己侵权行为损害的人，他应会较少发生侵权行为，如果他觉得自己只不过是非个人的政府代表，那就会较多地发生侵权行为”。[①] 所以，落实行政追偿制度，使腐败分子承受必要的行政追偿金，就必然会迫使官员在作出超越职权和滥用职权等职务侵权行为时，有所顾忌，有利于将贪腐现象彻底根除。

(四)有利于社会矛盾的有效化解

行政追偿制度的难以落实，易使公务人员滋生一个错误的观念，那就是在执行公务行为中，只要自己的行为没有导致犯罪，违法职务行为就应该是“公家事，公家买单，和自己无关”。比如，河北省安平县程油子乡某村村民李某某被河南省滑县公安局无故定为“诈骗犯”而被刑拘两天后，要求办案民警道歉而对方一直避而不答，只问他要多少钱。[②] 这种错误认识，很可能会引起受害人的不满，引发连锁反应。

比如，针对目前纠纷比较多的土地征收过程中的强制拆除行为，被拆迁户往往能清晰地指出具体实施暴力拆除行为的行政执法人员，在切身感受层面，被拆迁户对给其人身和财产造成损害的直接责任人员的“怨愤”，可能比对强制拆除行为本身更加强烈。更何况，随着法治社会的健全，法治观念的深入，行政诉讼立案登记制的实施，针对违法强制拆除提起行政诉讼对于相对人来说，并不是件很难的事。作者在裁判文书网上查到，行政机关在行政强制拆迁中的败诉率较高，可见，合法的诉讼请求能够充分得到司法审查机关的支持，相对人能够得到较为满意的结果，得到公平公正的对待。但是，如果对具体责任人不进行相应的追偿，

---

① ［美］伯纳德·施瓦茨：《行政法》，徐炳译，群众出版社1986年版，第532页。

② 参见新京报：《道歉赔偿追偿一个都不能少》，载凤凰资讯网2008年1月6日，https://news.ifeng.com/opinion/200801/0106_23_354469.shtml。

在受害人对具体责任人员的“怨愤”得不到有效的疏解时，就会积累发酵，造成社会层面的不良后果。所以，落实行政追偿制度，畅通受害人的“宣泄”渠道，能够有效回应公民的诉求，正面解答社会公众的疑惑，及时化解社会矛盾。

综上所述，改变行政追偿制度的休眠状态，实现行政追偿制度的立法价值，使行政追偿制度真正成为我国法治政府建设的强大助力，是新时代法治国家建设的必选项。

事实上，关于行政追偿制度乃至国家追偿制度的改进和完善，法学家已经进行了理论探讨。总的说来，学界和实务界大概有三种不同的思路：一是建议制定专门的国家追偿法，将追偿制度从国家赔偿中剥离出来；二是修改现行《国家赔偿法》，设专章规定国家追偿制度；三是通过法解释的立法技术将现行《国家赔偿法》确立的国家追偿制度具体化，增强其可操作性，推进其实际运作。[①] 以上三种思路均有其科学性和合理性，但是笔者认为，出于维护法律的安定性考量，第三种思路似乎更加稳妥。因此，本书拟在现有立法例的框架下，根据行政追偿公法之债的性质，运用公法之债的基础理论，对行政追偿制度存在的规范疏漏，进行理论分析和制度构建，以便激活这一具有多重重大立法价值的制度。

---

① 参见姜明安：《完善国家追偿制度　推进国家治理现代化》，载《人民法院报》2015年1月7日，第005版。

第三章 行政追偿实体要件的界定

在实在法中,对包括行政追偿当事人资格和行政追偿过错等实体要件进行科学明晰的界定,是落实行政追偿制度的前提和基础。

一、行政追偿主体的确定

(一)行政追偿主体立法分析与学界探索

鉴于行政追偿的主体设计关系到行政追偿制度启动的关键第一步,所以,《国家赔偿法》对行政追偿主体资格进行了明确规定。

1. 我国行政追偿主体的立法分析

根据我国《国家赔偿法》第16条之规定,赔偿义务机关在赔偿损失后,有权作为行政追偿主体,对有故意或者重大过失的工作人员或者受委托的组织或者个人进行行政追偿。也就是说,根据我国法律规定,行政赔偿义务机关就是行政追偿主体。被追偿人中,虽然也有一些"事实上的公务员",但大多还是来自行政赔偿义务机关的工作人员。在委托行政中,受委托的组织或者个人,也往往是行政赔偿义务机关的兄弟单位。不难看出,在行政追偿中,无论是工作人员还是受委托的组织或者个人,都与行政追偿主体有着天然的内部联系,客观上形成行政追偿主体的"内部化",这种"内部化"对行政追偿主体的追偿动机和动力都会有所影响。

(1)行政追偿的动机方面

根据法律规定,赔偿义务机关具有启动行政追偿程序的权力,但是由于行政赔偿义务机关与被追偿人之间往往存在"行政职务关系""同事关系""上下级关系""业务协作关系"等特殊关系,在面对有故意或重大过失的公务人员,依法应当启动行政追偿程序时,赔偿义务机关因为不愿意破坏这种千丝万缕的管理从属关系,往往不追偿,以保持一团和气的工作状态。

(2)行政追偿的动力方面

从立法价值上看,行政追偿的金钱追偿客观上减轻了财政压力,这也是行政追偿的动力之一。但是在我国,国家赔偿的真正赔偿主体是国家,赔偿费用由国库统一支出,设定"赔偿义务机关"的立法意图只是为了便于受害人寻找索赔对象,代表国家对特定赔偿案件具体履行如与受害人协议、参与诉讼、给付赔偿费等义务。① 根据我国财政管理规定,作为行政追偿主体的行政机关本身并没有独立可供支配的财产,其财政来源是政府预算。也就是说,用于进行国家赔偿的国家赔偿金是出自国库,和行政机关没有直接的经济关系,追偿金不会也被不允许成为行政机关的可供支配的资金,在整个国家赔偿中行政机关不是"经济人"只是"经手人",赔偿无须行政赔偿义务机关"自掏腰包",追偿金也与行政机关毫无经济关系。根据理性经济人理论,这种与本单

① 参见肖峋:《中华人民共和国国家赔偿法的理论与实用指南》,中国民主法制出版社1994年版,第197页。

位经济利益脱节的制度设计，客观上也会导致行政追偿主体的追偿动力不足。

2. 行政追偿主体内部化的学界探索

行政追偿主体内部化对行政追偿制度落实的羁绊，早已引起了学界的广泛关注，学者也从不同的角度提出了解决方案，可概括为以下两种路径。

其一，加强对行政追偿主体的监督。

有学者要求设立行政追偿启动程序，由国家财政机关监督赔偿义务机关追偿权的行使，以保证追偿制度能够落到实处。① 有学者主张从法理层面规制行政追偿权的滥用。② 还有论文建议补充追偿人的法律责任，对追偿人违反职责行使或放弃追偿的法律责任加以规定。③

其二，确定新的行政追偿主体。

有学者认为应当细化追偿权行使的主体，主张在《国家赔偿法》中规定履行赔偿义务的国家或地方自治团体为追偿人，同时规定具体行使求偿权的机关是法务部长官或地方自治团体行政首长。④ 有学者建议确定财政机关作为统一的追偿机构，⑤有学者主张成立一个专门的机构——国家赔偿委员会，作为全国人大的下属机构，专门负责国家赔偿和追偿事项。⑥ 还有人主张在全国范围内依行政区划分设置国家赔偿委员会，直接隶属于同级人民政府，将国家赔偿与追偿

---

① 参见顾永忠：《国家追偿制度的理性思考》，载《当代法学》2015 年第 5 期。

② 参见刘润发：《行政公诉权滥用规制论纲》，载《湖南社会科学》2013 年第 2 期。

③ 参见彭亮：《国家赔偿法中行政追偿问题探讨》，复旦大学 2011 年硕士学位论文，第 20～21 页。

④ 参见闫越：《国家追偿权及其立法完善》，载《法制与社会发展》1998 年第 6 期。

⑤ 持这种主张的学者有叶卫平：《惩罚性赔偿的制度思考》，载《上海财经大学学报》2009 年第 5 期；陈亚军、谢祥为、陈小凤：《我国国家追偿制度的困境与对策分析》，载《江西社会科学》2011 年第 4 期。

⑥ 参见寇枫阳：《我国国家司法追偿制度之构建》，载《长江丛刊 · 理论研究》2017 年第 20 期。

衔接起来,以便解决我国以赔偿义务机关作为追偿机关的弊端。①

以上种种思路,都颇有可取之处,但是似乎都有值得商榷之处。

第一种设想实际上并未触及行政追偿主体本身的规定,而是试图通过加强监督促使行政追偿主体积极行使行政追偿权。当然,加强外部监督机制对落实行政追偿制度必不可少,在强大的外力威慑下,行政追偿主体应当不敢懈怠。但是,仅靠外部监督,恐怕不能从根本上改变行政追偿制度难以启动的现状。毕竟,内外兼治才是根本,不打破行政追偿主体的内部性,没有行政追偿主体的主观能动性,单纯借用外力监督作用就想要达到落实行政追偿的目的,恐怕只是美好的愿景。

第二种设想试图确定新的追偿主体,从根本上改变行政追偿主体制度设计上的内部性的主张,笔者较为赞同。毕竟,扬汤止沸不如釜底抽薪,重新确定地位超脱的追偿主体无疑是釜底抽薪的有效路径。但是这类设想似乎还需要解决路径设计的理论基础,以便解决路径选择不统一的问题,所以,在尝试确定新的追偿主体之前,恐怕首先应探寻行政追偿主体设计的理论基础。

(二)公法之债理论下行政追偿主体的制度设计

1. 公法之债中的债权人资格

公法之债中的债权人,是指在公法之债法律关系中享有债权的主体,从理论上说,国家是公共利益的代表者,当然也就是公法之债的债权人。但是,由于国家是一个抽象的实体,其具体职能由其职能部门来完成,所以,公法之债的债权人是能够代表国家向债务人行使债权请求权的主体。

其一,由于行政追偿的法律属性为公法之债,根据债的原理,债权人和债务人必须是具有完全责任能力的主体,作为公法之债的行政追偿当

---

① 参见甘洋洋:《国家赔偿中追偿制度的研究》,华中师范大学2011年硕士学位论文。

事人，行政追偿主体就应当具备公法人资格，根据公法人理论，所谓公法人首先是由国家直接依法或者依照法律授权所创设的权利主体，其次是该主体具有独立的人格，得行使权力负担义务。换言之，在行政追偿中，只有公法人才是唯一的追偿主体。公法人的本质特征是“公法人的财政独立”，①也就是说，公法人要有独立的财产，在财政管理上有独立的预算，即享有实施行政职务的权力，也能够负担由于实施行政职务而产生的权利、义务和责任的主体。根据公法人理论，在我国的国家赔偿制度和行政追偿制度中，应当把具有公法人主体资格的国家或地方公共团体作为唯一的追偿主体——债权人，而国家赔偿义务机关作为国家法人或地方公共团体的机关，则不能作为追偿主体。

其二，从法的安定性角度考虑，尽管采用在行政机关内部进行同体追偿的模式，会导致行政追偿的动力不足，但是，不能因为这一不足就断然修改现行法律规范，而全盘否定我国现行的追偿模式。毕竟，这种模式具有两个方面明显的合理性：一是体现出公务人员与所属机关之间的职务法律关系；二是体现出国家赔偿后，违法行使职权的公务人员与承担赔偿责任的赔偿义务机关之间法律上的利害关系。鉴于上述两个方面的原因，利弊权衡之后，我们还是应当肯定现有同体追偿模式的合理性，不应当全然将行政追偿权划归行政系统以外的主体享有。

总体而言，从理论上重新审视我国“行政主体”的概念，将具备公法人资格作为“行政主体”的资格条件，进而明确行政追偿主体的范围，或许是在不必生硬地打破我国现行立法体制的基础上，便能从根本上解决我国行政追偿主体的内部化的最便宜的中国方案。

2. 行政追偿主体的理论修正

行政主体作为我国行政法理论中的基础性概念，其行政主体资格的

---

① 王名扬：《王名扬全集①：英国行政法、比较行政法》，北京大学出版社 2016 年版，第 84 页。

内在逻辑矛盾已受到行政法学界的质疑，修正我国行政主体理论可以说是大多数公法学人的主张。① 并且从前述分析可知，从根本上解决我国行政追偿主体的内部性问题，也有赖于对我国目前行政主体理论的修正。是故，修正行政主体理论，将公法人作为行政主体的界定标准，进而确定行政追偿主体的资格范围，使行政追偿主体适当外部化，不仅不存在学界障碍，也是落实行政追偿制度所必需。

更何况，根据我国《国有资产产权界定和产权纠纷处理暂行办法》和《行政事业单位国有资产管理办法》中国有资产管理的规定，国家机关并不享有财产权，而仅是对一定的国有资产的占有和使用。也就是说，国家机关没有可供履行债务的财产，要履行债务，一律是以国有财产进行。这本身就存在逻辑上的困难。② 并且，在立法例上，虽然中央立法关于追偿主体并未予以明确，但是下位法已经迈出了一步。例如，1999 年《安徽省行政执法过错责任追究暂行办法》第 4 条就规定追偿主体为县级以上人民政府，承担行政执法过错责任的日常事务的是县级以上人民政府法制工作机构。③ 虽然该法规已经失效，但是将县级以上人民政府

---

① 参见吕友臣：《行政主体理论评析》，载《研究生法学》1998 年第 2 期；薛刚凌：《我国行政主体理论之检讨——兼论全面研究行政组织法的必要性》，载《政法论坛》1998 年第 6 期；李昕：《中外行政主体理论之比较分析》，载《行政法学研究》1999 年第 1 期；杨解君：《行政主体及其类型的理论界定与探索》，载《法学评论》1999 年第 5 期；李洪雷：《德国行政法学中行政主体概念的探讨》，载《行政法学研究》2000 年第 1 期；沈岿：《重构行政主体范式的尝试》，载《法律科学（西北政法学院学报）》2000 年第 6 期；薛刚凌：《行政主体之再思考》，载《中国法学》2001 年第 2 期；沈开举、王红建、程雪阳：《国家与地方行政主体定位——一个中法行政主体比较的视角》，"中央与地方关系的法治化"国际学术研讨会论文集，2007 年 1 月 6 日于北京。

② 参见葛云松：《法人与行政主体理论的再探讨——以公法人概念为重点》，载《中国法学》2007 年第 3 期。

③ 《安徽省行政执法过错责任追究暂行办法》第 4 条规定："县级以上人民政府负责本级人民政府所属行政执法机关、下级人民政府的行政执法过错责任的追究工作。县级以上人民政府法制工作机构承担本级人民政府追究行政执法过错责任的日常事务。"

作为追究主体的规定,却是无形之中和大陆法系传统的行政主体资格相契合。现行有效的2006年实施的《舒城县行政执法过错责任追究暂行办法》第8条同样将县人民政府作为县行政执法责任追究机关,负责本级所属的行政机关、乡镇人民政府的行政执法过错责任的追究工作。①

所以,我国应以公法人理论为突破口,摒弃国家机关的私法人化理论,即仅承认国家为特殊的民事主体,国家机关原则上不具有独立的法律主体地位,其只能以国家名义从事法律行为。同时按行政地区划分,将省级、市级、县级人民政府设置为公法人,由本行政区划的地方政府代表其管辖地区享有公法人地位。

3. 行政追偿主体的制度设计

根据行政主体的公法人资格要求,我国目前具有行政追偿主体资格的是县级以上人民政府,解决这一问题以后,下一步就面临行政追偿主体的具体确定问题,也可以理解为行政追偿的管辖,即具体行政追偿中,行政追偿主体的确定,关于这一问题,我国公法学界现有的研究成果,为我们打下了坚实的理论基础。

(1)确定行政追偿主体的理论思辨

一般情况下,关于行政追偿主体的确定理论,要追溯到行政赔偿主体的确定理论,关于行政赔偿主体的确定理论,目前学说上分为管理者说及费用负担说两种立场,②管理者说认为由公务员的管理者承担行政赔偿责任并行使相应的追偿权;费用负担说认为因为费用负担者所负担

① 《舒城县行政执法过错责任追究暂行办法》第8条规定:"县人民政府(以下称责任追究机关)负责本级所属行政机关、乡镇人民政府的行政执法过错责任的追究工作。国家、省垂直管理的行政执法单位及其工作人员的行政执法过错,由县政府向其上一级机关提交追究责任的建议,由上一级机关负责追究;县政府法制工作部门承担县人民政府追究行政执法过错责任的日常事务。"

② 参见宇贺克也:《国家赔偿法费用负担者概念》,载《自治研究》第66卷第7号,1990年7月,第42页。转引自辛年丰:《论共有公共设施国家赔偿责任赔偿义务机关的认定:日本法的考察》,载《东海大学法学研究》2013年第41期。

的费用中也包含了赔偿金，所以由承担国家赔偿费用的负担者对有故意或重大过失的公务员行使追偿权。

管理者说虽然从理论上具有了解行政侵权行为中是否存在故意或者重大过失的可追偿情形，便于落实追偿的优点，但是也存在可能因为费用负担额不充分而无法请求的情形，此时损害的发生与费用负担之间是否有足够的因果关系存疑，甚至其间的因果关系只是间接的，再加上以法定比例的计算方式机械地算出管理者所要支出的额度，分配最终损害赔偿责任费用也会有不小的困难，所以，该说在具体运作上将产生相当的困难的质疑一直存在。① 有人认为，管理者说是“目前极为少数而几乎没有人主张的说法”。② 而费用负担说则有利于提升追偿者的主观动力，从而更好地落实行政追偿制度，并且从实质上说，能够独立承担经济责任的公法人，更可能成为承担国家赔偿费用的费用负担者，从逻辑自洽的角度，费用承担说和公法人理论更加融洽，所以，笔者赞成将费用负担说作为行政追偿主体的确定理论。

（2）行政追偿主体的资格确定

探索行政主体的渊源可知，行政主体的资格确定依据具备公法人资格的主体，应该从公法人的角度来确定赔偿义务机关，只有具备公法人主体资格的主体才能成为行政赔偿义务机关。有学者认为：对于当前的国家和地方而言，其各自已经在财政分权和公务分权的基础上形成了自身独特的利益，并形成了相互分离而相对独立的公务，因而它们应该成为独立的行政主体。地方行政主体在我国具体包括省、市、县以及自治州、自治县等，乡镇由于没有自己的财权故不具备行政主体地位。③ 对

---

① 参见西埜章：《国家补偿法概说》，劲草书房2008年版，第1007～1008页。

② 辛年丰：《论共有公共设施国家赔偿责任赔偿义务机关的认定：日本法的考察》，载《东海大学法学研究》第41期。

③ 参见沈开举、王红建、程雪阳：《国家与地方行政主体定位——一个中法行政主体比较的视角》，“中央与地方关系的法治化”国际学术研讨会论文集，2007年1月6日于北京。

此，笔者深以为然。我国赔偿义务机关应该确定为国家，具体为中央人民政府和地方各级人民政府，相应地，追偿主体应确定为国务院和地方各级人民政府，这样不仅从理论和立法例上和世界接轨，更重要的是可以从根本上解决行政追偿的内部性、追偿主体的权威不足、追偿主体与自身经济利益分离的问题，避免形成该追不追的局面。

①县级以上各级地方政府

随着我国政府机构改革的推进，地方分权制改革使地方政府的人事权和机构设置权逐步扩大；地方分税制改革使地方政府获得了财政上的独立性。在这些改革之中已经显现出国家侵权赔偿责任主体多元化的趋势。故应将地方政府纳入国家侵权赔偿责任的主体范围。

②公权力团体

随着我国政府管理职能的转化，基层群众自治组织、行业协会、社团等代表群众利益的非政府组织或者中介组织越来越多地得到法律的主体确认和资格授权，其参与社会治理的范围越来越广泛。这些得到法律上授权和负责特定事项的公权力主体资格确认的公共团体，也应成为国家侵权赔偿责任的承担主体之一。① 这些法律法规授权组织的国家赔偿，根据我国国家赔偿法的相关规定，行政赔偿义务机关和行政追偿主体是一致的，即由公权力团体行使行政追偿权。这难免会带来行政追偿内部性、主体权威不足、该追不追等问题。

建议行政追偿权由行政机关各部门全部集中至县级以上人民政府，政府作为行政追偿主体集中统一行使行政追偿权，基本上可以从根本上解决行政追偿主体内部性的问题。

③行政追偿机构的确定

行政追偿机构是具体进行行政追偿的组织，鉴于在行政追偿主体

---

①　参见唐先锋、王洪宇、赵春兰、郑侠、鲁勇睿、侯帆：《特殊领域侵权行为专题研究》，法律出版社2008年版，第160页。

中，公权力团体的成立条件、资金运作和人员管理都不同于行政机关，大多不仅仅依靠行政法调整，所以，从行政法研究层面，关于行政追偿机构的确定，主要涉及县级以上地方各级人民政府。

首先，行政追偿主体的机构设置。

在各追偿主体中，设立行政追偿委员会作为专门办理行政追偿案件的内部机构，具体负责行政追偿权的行使。行政追偿委员会下设追偿办公室和专案追偿委员会。追偿办公室是行政追偿委员会的常设机构，由行政追偿主体内部的正式工作人员组成。专案追偿委员会是临时机构，设专职秘书，负责日常行政事务，联络各委员组织召开专案追偿委员会会议。

追偿办公室负责行政追偿案件的调查取证，接受被追偿人的陈述意见及相关资料，针对案件争议焦点收集所有对被追偿人有利或不利的证据，以及法律法规依据。对于案件涉及的重大疑义或重要争点，先予归纳及厘清并作成审议意见，同时参考涉及的法律规定、行政规则、实务见解、法院判例或判决理由、学说理论及类似案件过去的处理先例，进行资料整合分析，编写初步结论报告，供专家委员小组审议；如果案情简单，能够认定是否行使追偿权，提出初步处理意见；如果案情复杂不易判断，将资料整合分析后，供专案追偿委员会审议。简言之，追偿办公室负责行政追偿案件的调查取证、资料整合分析、编写结论报告，并提出初步处理建议。

其次，行政追偿机构的人员组成。

行政追偿机构的人员组成，是行政追偿公开公平公正的保障，所以，人员的选配非常重要。目前我国有些地区成立的行政复议委员会已经运行多年，专家委员制度取得了良好的社会效果，可以为行政追偿机构所借用。此外，各地按照2016年11月7日《关于建立法官、检察官惩戒制度的意见（试行）》要求设立法官、检察官惩戒委员会的成功经验，也颇具参考价值。

借鉴行政复议委员会和法官、检察官惩戒委员会的组成设计，行政追偿委员会应当由主任委员、副主任委员、专门委员、专家委员组成。为保证行政追偿委员会的权威性，设主任委员 1 名，由政府主管领导担任；至于副主任的名额及人选，考虑到我国行政体制改革中政府法制办并入地方司法局，并根据《国家赔偿费用管理条例》的有关规定，财政部门对国家赔偿费用预算、申请、支付、追偿等情况直接掌握，所以，应设副主任委员 2 名，分别由司法局负责人和财政机关负责人担任。为了与行政追偿权相对集中到各级政府的设计相衔接，应当在各行政机关中遴选行政追偿委员会专门委员（原则上，一个机关不超过 1 人），组成专门委员库；还应从大学法学院高级职称（副教授、教授）、研究机构（法学研究所副研究员及其以上）等法学专家学者和资深律师中选聘专家委员，组成专家库，鉴于各地专家资源不尽相同，故而，对专家委员的具体数量不宜统一规定。

追偿委员会委员必须忠于法律，认真负责，没有道德瑕疵。其中，主任委员、副主任委员连任不得超过两届；专门委员任期 5 年（与政府任期相同），可以连选连任；专家委员聘期 5 年，无续聘次数限制。

至于委员在任期内委员的身份变动，应当区别不同情况作出处理。追偿委员会中主任委员、副主任委员如遇工作变动，不再符合担任追偿委员会中相关职务的条件时，由其接任领导自然替补。至于追偿委员会中专门委员和专家委员，在其委员任期内身份变化，不再符合委员条件时，可通过设置退出或者辞职程序使其不再担任追偿委员会委员，并及时补充专门委员和专家库人员。

最后，行政追偿委员会的工作模式和职能安排。

行政追偿委员会实行“一案一会”的工作模式，针对每一个行政追偿案件成立专案追偿委员会，专案行政追偿委员会成员由主任委员、副主任委员、专门委员若干名、专家委员若干名组成。其中，专门委员和专家委员从专门委员库和专家委员库中随机抽取，但本案中的行政赔偿义务机关的专门委员应当回避。为了保证追偿的中立性、专业性和公正性，专案追偿委员会中，全体委员的总数应为奇数，并且专家委员的数量应当多于主任委员、副主任委员和专门委员的数量之和；换言之，专家委员人数应为专案委员会委员的1/2强。

专案追偿委员会采取书面无记名投票方式表决，一人一票，所作追偿意见须经2/3以上出席会议的委员同意后，方为通过。

二、行政追偿对象的确认

根据违法行为的一般特点，法律责任的构成要件通常包括主体、过错、违法行为、损害事实和因果关系5个方面。行政追偿对象的确定，是行政追偿法律责任的构成要件之一，除受委托的组织或者个人外，行政追偿所指向的对象通常是具体的公务员，这就需要在行政追偿案件中，对公务人员责任的认定具体到每一个个体，需要厘清每一个个体公务人员行为的违法性和过错的大小。但是实践中行政赔偿案件的发生通常涉及多方面的因素，"行政批示""领导责任制"等制度，造成了被追偿人责任认定的困难和复杂化。

（一）公法之债视野下行政追偿对象的界定

所谓公法之债中的债务人，是指在公法之债法律关系中负有给付义务的主体。行政追偿中的债务人，就是行政追偿对象，作为公法之债，债法中关于债务人的身份界定，势必会对行政追偿对象的界定产生重要的影响。

1. 债法理论层面行政追偿对象的确定

行政追偿作为公法之债，追偿对象属于追偿法律关系的债务人，根据"债"的理论，债务人是实施侵权行为的、能够独立承担责任的完全行为能力人，至于实施主体的具体身份，并不是确定债务人时考虑的因素。因此，公法之债的债务人就是职务侵权行为的执行人。具体到行政追偿债权债务中，追偿对象就是行政行为的执行主体，包括行政机关中实际执行行政行为的公务员，行政委托关系中，实施行政行为的受委托组织和个人，至于执行主体是否具备公务员身份，则在所不问。

可见，在行政追偿中，追偿对象的界定并非依据身份标准，而是所有具备权利能力的实际执行职务行为的主体。

2. 行政追偿制度渊源下追偿对象之确定

在作为行政追偿制度渊源的雇主追偿制度中，被追偿人的界定，就是依照债法原理确定的。雇主追偿权中追偿对象范围是被雇佣人，被雇佣人是指经由雇佣人选任，在其指挥、监督下从事雇佣人所经营业务的人，此处的被雇佣人无论是否有劳动报酬，也无关乎雇佣期限的长短。一般情况下，雇主追偿权中的雇主和雇员之间存在雇佣关系，但这种契约关系并不是追偿权的构成要件，只要雇主与被雇佣人存在事实上的"指挥、监督"关系就可以，不管这种关系是一时的还是持续的，指挥、监督关系也不需要是具体的、现实的，只要从客观上看，雇佣人对被雇佣人处在指挥、监督的地位即可。

在义务帮工的情形下，比如，某人盖房子时邻居义务帮忙，邻居就属于事务辅助人，因为某人可以决定邻居应当以何种方式完成哪些工作，在这种情况下，某人就要为邻居在帮工过程中造成他人损害的行为承担责任。

由欧洲一些学者组成的非官方的欧洲侵权法小组在其制定的"欧洲侵权法原则"中规定，雇主应当为辅助人的致害行为承担责任。该原则明确规定，辅助人包括长期和临时帮工，无论行为是否有偿。①

所以，民事求偿权的追偿对象包括和雇佣人签订契约的存在雇佣关系的正式雇员，也包括因某一项业务一时被雇佣的临时"被雇佣人"。可见，从制度缘起开始，追偿对象的界定重点仅仅是从事工作任务的实际人员，而该人员与追偿人之间是否存在正式的身份关系，抑或是否接受

---

① 参见全国人大常委会法制工作委员会民法室编：《侵权责任法立法背景与观点全集》，法律出版社 2010 年版，第 422 页。

报酬,均不是确定被追偿人的重点。

(二)行政追偿对象的范围

1.我国行政追偿对象的有关规定

在行政追偿中,追偿对象或者被追偿人必须是实施加害行为的人,根据我国《国家赔偿法》的相关规定,被追偿人主要包括:(1)在执行职务中有故意或重大过失的行政人员;(2)接受委托行使行政职权时,有故意或重大过失的受委托的组织或个人。至于行政人员的范围,我国《国家赔偿法》并没有具体规定。而明确界定行政人员的范围,是行政追偿制度落实的关键环节之一,也是我们进一步完善行政追偿制度规范所必须面对的问题,

鉴于目前《国家赔偿法》中没有对行政人员进行范围界定,为了保证我国法律规范体系中规范概念的一致性,有必要考察我国其他部门法中关于行政人员的法律规范。

2.我国其他部门法对"公务员"的界定

"国家工作人员"是我国《刑法》中的一个重要概念,根据《刑法》及其司法解释的相关规定,"国家工作人员"是指国家机关工作人员,国有公司、国有企业、事业单位、人民团体中从事公务的人员,以及国家机关、国有公司、国有企业、事业单位委派到非国有公司、企业、事业单位、社会团体从事公务的人员和以国家工作人员论的其他依照法律从事公务的人员。

我国《监察法》规定的被监督人员的范围更为广泛,包括公务员和公务员以外的所有行使公权力的公职人员。而行政追偿中的公务员仅指行使行政权力的公职人员,属于监察对象的一部分,但和监察对象的范围并不重合。

综上所述,在其他部门法中,对于"公务员"的范围不应以公务员身份为限而应以实际行使公权力的人员为对象进行扩大解释。有学者指

出，国家赔偿法中的公务员并不是身份上的概念，而是职务上的概念。[①]所以，为了推进国家治理体系和治理能力现代化，推动国家赔偿法与我国其他部门法的衔接，对行政追偿中“公务人员”的范围应进行扩大解释。根据我国的实际情况，行政追偿对象应理解为包括借用人员、事业编制人员、临时工、辅助人员，或者是义务劳动的志愿者等在内的“事实上的公务员”。

（三）行政追偿对象的确定规则

对于被追偿人的具体确定，我国现行立法例中仅作了概括性的规定，实践中引起行政赔偿的情形多种多样，被追偿人的确定也不能一概而论，需要针对不同情形明确规定行政追偿对象的确定规则。

1. 经上级决定或命令的行政行为的追偿

遵照上级决定或者命令而为的行为造成损害的，应根据上级决定或者命令的违法与否，来确定被追偿人。这类行为又可细分为违法的上级决定或者命令、合法的上级决定或者命令两种情形，针对以上情形，国家赔偿法未作详细规定，学界对此进行了颇为深入细致的研究。

其一，针对上级合法的决定或者命令的执行。因为我国《公务员法》中规定了公务员的服从和执行的义务，以及对公务员不执行上级依法作出的决定或者命令的惩戒条款，所以，公务员在执行合法的决定或者命令时，必须遵照执行，没有发挥其主观意志的制度空间，不会存在“故意或重大过失”。由此造成国家赔偿或者补偿的，被追偿人不应当是具体执行的公务员，而是作出决定或者命令的上级。

其二，针对上级违法的决定或者命令的被追偿人确定，大致有两种观点。

一种观点认为，如果公务员明知上级命令违法，自己也有条件不执行或变通执行，但考虑到其他因素仍然予以执行，致使他人合法权益受

---

① 参见西埜章：《国家赔偿法概说》，劲草书房 2008 年版，第 38 页。

到损害，并引起国家赔偿，则应确定该行政人员有故意，对其应行使追偿权；如果行政人员应当理解或发现上级命令违法而没有理解或发现，从而执行上级的违法命令造成了国家赔偿，则属重大过失，应被追偿；如果行政人员不知或无法判断上级命令是否违法而执行了，导致侵权和赔偿后果的，应属于一般过失或无过错行为，不能被追偿。①

另一种观点认为，由于执行上级违法的命令而引起国家赔偿，执行命令的公务员不应承担赔偿责任，国家不能对其行使追偿权，而应向作出命令的上级追偿。如果上级命令是由个人作出，则向个人追偿；如果命令是由合议制机关作出，则应由投票赞成同意该命令的人员承担赔偿责任。② 这种观点的理由是：首先，行政人员对上级命令负有服从和执行的义务；其次，行政人员是否"明知"上级命令违法，又在什么条件下"应当理解或发现"其违法，难以一定的客观标准去测量，只有行政人员内心才会明白；最后，如果要求执行命令的人员都应"明知、理解或发现"命令的违法性，则作出命令者就没有理由不明知、不理解和不发现。

总的来说，本书较为倾向于第一种观点。因为根据我国《公务员法》的相关规定，公务员服从义务仅指服从上级合法的决定或者命令，针对上级违法的命令或者决定，任何人都有权拒绝，同样公务员当然有权行使抵抗权。在此情况下，如果公务员明知违法仍然执行，那么对于因违法的命令或者决定造成行政赔偿的，执行的公务员应当成为被追偿人，承担相应的责任。当然，第二种观点也有可取之处，毕竟，引起行政赔偿的行政决定或命令是由上级下达的，作为常识，上级应具备比下级更加高深的法治素养和更加丰富的法律知识，在对决定或者命令的违法性具

---

① 参见应松年主编：《国家赔偿法研究》，法律出版社 1995 年版，第 143 页；姚锐敏：《行政追偿与公务员的赔偿责任》，载《行政论坛》2006 年第 1 期。

② 参见皮纯协、冯军主编：《国家赔偿法释论》，中国法制出版社 1996 年版，第 155 页。

备“明知、理解或发现”的能力的前提下，仍然作出违法的决定或者命令，应当推定为具有主观故意或者重大过失。因此，下达违法决定或者命令的上级，也应当作为共同被追偿人，一并承担追偿责任。具体来说，如果上级命令是由个人作出，则由个人和执行公务员承担连带追偿责任；如果由合议制机关作出，应由投票赞成同意该命令的人员与执行公务员承担连带追偿责任。只有这样，才能既保证上级依法作出决定或者命令，也能督促下级公务员大胆行使拒绝权，从而保障依法行政，切实发挥行政追偿制度的立法价值。

2. 对于集体决定的追偿

对于集体决定情形下被追偿人的确定，首先根据集体决定正确与否，加以区分：其一，集体决定本身是正确的，而具体执行人没有严格遵照执行造成损害的，应由具体执行人承担责任，具体执行人应被认定为被追偿人。其二，集体决定本身是错误的，具体执行人不应被追偿。一般情况下，作出集体决定的参加人是被追偿人，但是现实中错误集体决定形成有几种原因：集体决定的形成按照少数服从多数的原则，多数为错误意见时，形成的错误集体决定；在集体决定形成前，有关人员故意违反法律规定或者歪曲事实、曲解法律导致集体决定错误；主持人违反民主集中制原则导致集体决定错误等。针对以上不同情形，被追偿人的确定也应有所不同，可以按照以下规则进行确定：集体形成决定时，仅投赞成票者为被追偿人，持反对意见的人员，不应列为被追偿人；在集体决定形成前，故意违反法律规定或者歪曲事实、曲解法律导致集体决定错误的，导致错误集体决定的人为被追偿人；主持人违反民主集中制原则导致集体决定错误的，主持人为被追偿人；合议制机关的决议与处分导致侵权行为时，因相关资料不完整或错误，致对待决议或处分事项认识错误或不明确的，投票赞成者不负赔偿责任。

三、行政追偿过错的认定

研究过错，应当追溯其制度起源。过错在赔偿责任领域中的起源地是侵权行为法。行政赔偿责任就是脱胎于民事侵权责任的赔偿责任,行政追偿规则也是借用民事追偿的规则,这种天然的联系决定了民法中过错的认定是我们首先考察的内容。

(一)民法学界关于过错理论之探讨

作为行政追偿制度渊源的民事求偿制度,对故意和过失也没有明确一致的界定。事实上民法有关过错的学说,应当说都是从刑法中移植而来的。① 民法学者在司法实践中适用有关过错的理论时,通常都会有意或无意地直接借用刑法中关于过错的法律规定。当然,这些源自刑法法定解释的词句,经过民法学者和司法判例的不断研讨探索,已经逐渐自成一体,有了新的内涵。相对而言,故意的判断较为显而易见,关于重大过失的界定,却是一个难题。作为起源于民法的行政追偿制度,借用民法中故意尤其是重大过失的成熟的研究成果,以便解决这一"难题",可以说是一条切实可行的捷径。

作为民法研究中的显学,学者对侵权过错理论进行了不懈的探讨,出现了两种针锋相对的理论,即主观性过错理论和客观性过错理论。

1. 主观性过错理论

主观性过错理论认为,所谓侵权,顾名思义就是做错事,赔偿责任就是因侵权人做了某种错事而对其进行的惩罚。假如其无法避免做错事,那么就不应该对其进行惩罚。一句话,侵权责任是以道义责任为前提的。② 根据该理论,过错的划分依据,是以侵权人的意志为标准。故意强调侵权行为实施者具有实现侵权行为的主观意愿,过失则强调侵权行为实施者主观上并不想实现某种后果,并且没有作出以实现这种后果为目的的行为,但是,其对此后果是否会发生持漠不关心或者疏忽态度,所

① 参见江平顾问,李显冬主编:《侵权责任法经典案例释论》,法律出版社 2007 年版,第 328 页。

② 参见[英]彼得·斯坦、约翰·香德:《西方社会的法律价值》,王献平译,中国法制出版社 2004 年版,第 125 页。

以没有抑制自己的行为。

主观性过错理论通过分析人们在实施侵权行为时的主观状态，来对行为人的行为进行道德上的责难和社会上的谴责，有助于实现侵权法所践行的惩罚功能和教育功能。但是，在案件中必须考虑行为人个人的诸多因素，如行为人的知识、经验、技能和教育等，随后才能确定行为人是否在道德上有过错以及在法律上有过错，这会导致实际操作中，根据主观性过错理论对行为人的过错进行认定时，存在要求难度太大，主观因素太大，自由裁量权太大，容易造成滥用或者不用等方面的问题，从而使该理论日渐式微，被后来的过错客观性理论占据了上风。

2. 客观性过错理论

尽管主观性过错标准理论确实更能充分考虑个案的具体情况，但是，主观性标准因为自由裁量空间过大，不仅缺乏可操作性，更会由于过度的自由裁量权，反而可能导致更多的不公平。所以，越来越多的意见认为可以放弃考虑内心注意这一因素，去探索其他更为直观的、便于操作的过错判断标准。于是，客观性过错理论应时而生。随着违反外在注意要求即指示出没有尽到内心注意的观点①在理论界和实务界达成了共识，客观过错说开始占据优势并成为关于过错的通说。“20 世纪 70 年代以后，过错的主观性分析方法不再被人所坚持而过错的客观性分析方法已取得了绝对的统治地位。”②

关于客观过错的判断标准，主要有两种观点：危险理论说和理性人判断标准说。

第一，危险理论说。

危险理论说认为，某种行为要成为一种过失行为，那么此种行为所

---

① 参见[德]马克西米利安·福克斯：《侵权行为法》，齐晓琨译，法律出版社 2006 年版，第 4～5 页。

② 张民安：《过错侵权责任制度研究》，中国政法大学出版社 2002 年版，第 229 页。

涉及的危险必须是非常大的、极不合理的。如果人们实施了带有极为不合理危险的行为,并且侵害了他人的合法权益,则该行为就构成了过错。行为所具有的危险性是否合理取决于对如下因素的考量。其一,危险的巨大性,危险越大可能就越不合理,“明知不可为而为之”即可推定存在过失。其二,法律所保护的主要目标的价值或重要性,危险的合理性意味着有关主要目标的合理性,如果“小题大做”,就应存在过失。其三,次要目标的价值或重要性,在实施行为时必须得到考虑,应该兼顾的利益没有得到实现,就存在过失。其四,对主要目标构成危险的行为是否能够实现次要目标以及危险的必要性,实现主要目标如果“杀鸡取卵”,就应当构成重大过失。其五,危险出现的必要性越低,过错就越可能得到确认,“弄巧成拙”造成不必要的危险,应构成重大过失。

第二,理性人判断标准说。

理性人判断标准说认为,过错是侵权行为实施者从事了一个有理性的人在当下不会从事的活动,或者没有从事一个有理性的人在当下会从事的活动。理性人判断标准实际上是抛开了具体行为人的个性化特征,而假定每一个完全民事行为能力人都具有最低限度的认知能力和注意力,并以此作为判断标准。如果行为人欠缺这些最基本的常识,实施了致人损害的行为,就应当承担过错责任,并不能因为其无知而免责。所谓理性人的注意义务,是指一个正常的公民应当尽到的注意义务,而不考虑行为人的自身状态是弱于常人还是超乎常人。一般来说,注意义务至少是指法定的义务,此处的“法”应当作广义理解,不仅包括成文法,还应包括非制定法。简言之,理性人判断标准说就是指,如果行为人实施了一般正常公民都不会实施的违反法定义务的行为,即存在过错。

一般而言,确立行政追偿制度的国家和地区基本上都是将重大过错(故意和重大过错)作为行政追偿的主观要件。重大过错在各国法制中均有其独特的法律地位和意义,①是法学理论和实践均须面对的重要问题。所以,私法中关于过错认定标准所取得的成果,对于具有民法血统的行政追偿制度来说,有着巨大的贡献。

(二)行政追偿的过错认定标准

虽然在确定是否构成行政追偿的过错要件时,主观标准确实更能充分考虑个案的自身情况,但是,主观标准自由裁量空间过大,不仅缺乏可操作性,更会由于过度的自由裁量权,产生行政追偿主体不追偿、乱追偿或者追偿混乱的情形。所以,行政追偿与民事追偿的演进结果一样,也经历了从主观标准到客观标准的过程。目前,大多数国家都逐渐支持依照"过失客观化"和"从违法结果之发生推定有过失"的标准来界定行政追偿的主观要件。

1. 学界的认定标准

根据民法的理性人判断标准说,在进行过错认定时,首先将忠于职守的一般公务员应当尽到的注意义务确定为一般标准,公务人员在作出职权行为过程中,如果未能达到这个一般标准,即可认定其存在过错,从而对其进行追偿。

大陆法系很多国家都将"意识到自己义务的中等水平的公务员",②作为行政赔偿案件中特定公务人员是否存在过错的判定标准。在法国,公务过错"指公务活动欠缺正常的标准","任何公务活动都应当达到某种中等水平,低于这个水平就是具有公务过错"。③ 在日本,"所谓过失,是指怠于履行公务员通常被要求的义务的情形。不是指每个公务员的具体性过失,而是将过失客观化,意味着怠于通常对公务员要求的注意

---

① 关于重大过错的一般性论述,参见叶名怡:《重大过失理论的构建》,载《法学研究(西北政法大学学报)》2009 年第 6 期;叶名怡:《侵权法上故意与过失的区分及其意义》,载《法律科学(西北政法大学学报)》2010 年第 4 期。

② [德]马克西米利安·福克斯:《侵权行为法》,齐晓琨译,法律出版社 2006 年版,第 210 页。

③ 王名扬:《法国行政法》,中国政法大学出版社 1988 年版,第 722 页。

义务。所以,这里所说的'过失',是指以可以预见可能性为前提的预见注意义务违反,以及以结果回避可能性为前提的结果回避义务违反"。[①]我国也有学者认为:"在认定有无故意过失时,不以公务员个人之知识能力,而以公务员是否有违反职务上标准注意义务,亦即以忠于职务之一般公务人员在该具体情况下,所应注意且可期待其注意程度加以判断,公务员是否预见损害之发生,则非所问。"[②]可见,行政追偿过错归责原则中的"过错",一般来说是客观形式下的过错。

2. 过错的本土化解读

我国的国家赔偿制度包括行政追偿制度,是立足本国国情凝聚中国智慧的法律规则。

第一,过失客观化标准。

在我国行政法学界,一般也认为过错就是没有尽到应当尽到的注意义务,"以公务员是否尽到合理注意义务为标准来判断过错的构成,并不关注公务员是否预见到损害后果",[③]亦不用考虑行为人的主观个性特性,不以公务员个人的知识能力和注意能力能否预见该损害的发生为标准。可见,我国行政追偿主观要件的确定,也是采用过失客观化标准。

第二,过错认定中"法"的内涵解读。

对公务人员过错认定的基础,是被追偿人违法行使职权中存在故意或者重大过失,其中"法"的内涵,就起到了是否进行行政追偿的关键作用。本书认为公务人员在行使行政职权作出行政行为时,不仅应依照法律(如各机关组织法、公务员服务法、公文程序条例等),并且还要依照行

---

① [日]南博方:《行政法》(第6版),杨建顺译,中国人民大学出版社2009年版,第145页。

② 叶百修:《国家赔偿法》,载翁岳生编:《行政法》,中国法制出版社2000年版,第156页、第1613页。

③ 马怀德主编:《完善国家赔偿立法基本问题研究》,北京大学出版社2008年版,第91页。

政规则(处务规程、办事细则及其他作业性规则〕,如果违反了法律规范或者行政规则和领导指示,就可能具有故意或重大过失。

(三)行政追偿主观要件的内涵明晰

通过对国内外理论界和实务界关于故意和重大过失认定标准的梳理,可以对行政追偿主观要件作以下界定。

1.故意的确定

第一,故意的概念。

按照刑法学的阐释,故意是指行为人明知自己的行为会发生危害社会的结果,并且希望或者放任这种结果发生的一种主观心理状态。从《国家赔偿法》的角度而言,所谓故意,是指行政机关工作人员明知自己所执行的职务行为违法并且会对被执行人的人身权或者被执行的财物发生损害,仍然希望或者放任这种损害结果发生的主观心理状态。也就是说,损害结果的发生并不违背公务员本意。① "希望"在法律上称为直接故意,"放任"则称为间接故意。在行政追偿中,对"希望"和"放任"不必严格区分,无论是直接故意还是间接故意,都是构成追偿权的主观要件,行政机关都可以向有关责任人员进行追偿。例如,公安机关工作人员在执行行政拘留时,明知拘留对象错误而坚持执行,导致被害人的人身受到伤害就属故意行为,至于损害结果的发生是公安机关工作人员"希望"抑或"放任",并不影响行政追偿的启动。

第二,故意的客观表现。

故意是指行政机关工作人员明知违法执行职务会造成损害仍希望或放任这种结果的发生,行政追偿中的"故意"在客观表现上,至少应包括如下几类。

其一,"有目标的恶意"的行为,并且这种不正当的意图就是要导致他人受伤害,或者说采取不法行为时明知行为已经在其授权范围之外

① 参见古崎庆长:《国家赔偿法》,有斐阁昭和48年版,第152页。

了。如以权谋私、利用职权打击报复等[①]职务犯罪行为，显然属于超越了授权范围的恶意行为。其二，事实存在的不当行为，并且这种不当行为在公众看来是非常残忍的，并且遭到公众谴责。如"麻某某案"中，蒋路派出所的干警王某某、派出所聘用司机胡某某和派出所所长彭某在对麻某某进行讯问时，对麻某某进行威胁、恫吓、猥亵、殴打等事实行为。

2. 重大过失的确定

重大过失是指法律在某种情况下，对行政机关工作人员应当注意和能够注意有较高要求，但行为人不但没有遵守这一要求，甚至连一般应当注意并能够注意的基本要求也未达到，因而导致公民或组织合法权益受损害的情况。[②] 也有观点认为，重大过失是指公务员对于违法加害行为的发生，应注意并能注意而不注意，或对于构成违法加害行为的事实，虽预见其可能发生仍相信其不会发生；换言之，即指尽管对一定结果的发生及其系属违法应有认识，但由于存在应予非难之不注意，以致未能认识之心理状态。[③] 与民事追偿一样，重大过失的认定标准在行政追偿中也是一个有争议的难题。

第一，重大过失的认定标准。

一般说来，国家公务人员是通过严格、公正的招考筛选出来的社会精英，应当具有超越一般人正常理性的社会认知和管理能力。国家追偿中的"中等程度""一般标准"应当是法律对公务人员的基本合理要求。如果公务人员的行为明显低于社会公众期待的"中等程度"或者"一般标准"的社会认知和管理能力，由此所导致的国家赔偿就应当属于"重大过失"的范畴。今后应当在《国家赔偿法》的修改完善中，直接把国家公

---

① 参见杨海坤：《中国公民被国家机关侵权时的权益保护》，中国经济出版社1999年版，第235页。

② 参见杨海坤：《中国公民被国家机关侵权时的权益保护》，中国经济出版社1999年版，第235页。

③ 参见古崎庆长：《国家赔偿法》，有斐阁昭和48年版，第152页。

作人员明显低于“中等程度”或者“一般标准”水准的行为界定为“重大过失”,并由此启动国家追偿权。当然,在《国家赔偿法》修改完善之前,当下亟待解决的是对“重大过失”的法律解释问题。根据《立法法》第45条规定的“法律的规定需要进一步明确具体含义的”情形,应及时启动法律解释工作。所以,尽早廓清“重大过失”的标准内涵,以便国家追偿条款能够更好地适用。

第二,重大过失的客观表现。

我国行政追偿的主观要件采用过失标准客观化为宜,也就是说,在审视公务人员过错的严重程度是否构成应予追偿的主观要件时,应当从行政侵权行为的内容或过程以及相对人遭受的损害结果方面来认定。如果公务人员的职务侵权行为造成了应予进行行政赔偿的损害后果,就可以反推出公务员个人的主观恶性极其明显。①

其一,违反法律法规等规范的行为。公务员在执行公务时应当遵守现行有效的法律法规等规范性文件,被追偿人存在重大过失的判断标准,就是行为与现行法令不符合。在我国法律体系中,宪法、法律、法规、自治条例和单行条例、规章、正式有效的法律解释、国际条约和惯例均属于行政法的渊源。在行政法规范中,还有数量众多的规范性文件,也发挥着重要的作用。根据我国《立法法》的规定,不与上位法相抵触的下位法,都具有效力,公务人员在执法中均应遵守。否则应认定为存在“重大过失”。

其二,违反行政规则的行为。公务员在执行公务时当然应该遵守法律适用原则,除此之外,行政机关内部工作秩序和工作流程等内部工作制度和工作规则等“行政规则”,虽然是行政机关的“内部法”,但是公务员在执行职务过程中也需遵守。如行政管理要点,标准作业流程等规

① 参见杜万松:《公务员重大过错行政侵权赔偿责任探析》,载《行政与法》2003年第12期。

定。如果公务员在执行公务时违反了相关法律和工作规定，应认定为存在“重大过失”。

其三，违反领导合法指令的行为。我国行政体系是由上至下的官僚体系，存在下级机关服从上级机关法令、下级公务员服从上级长官指令的“行政伦理”，对于长官在监督范围内所发出的命令，根据《公务员法》之规定，公务员必须服从领导指示，因此“领导指令”就属于公务员执行公务时应当遵守的。在公务活动中常见的指导、指正、要求、禁止等，领导口头或书面的指示和命令，公务员均应当遵守。当然，根据《公务员法》的相关规定，如果上级命令明显违法，公务员对此有抵抗权，公务员有权拒绝。这一观点，在我国规范性文件中已有成例。比如，我国《工商行政管理机关行政赔偿实施办法》第 27 条①就规定，未经县级以上工商行政管理局局长批准，采取扣押、查封、暂停支付等强制措施，给相对人造成经济损失的，属于故意或重大过失的情形之一。

（四）行政追偿的行为样态

1. 司法追偿行为样态的国内立法例参考

根据我国国家赔偿法之规定，我国国家赔偿包括行政赔偿和司法

① 《工商行政管理机关行政赔偿实施办法》第 27 条规定：“有关个人或组织由于故意或重大过失，造成公民、法人或其他组织人身伤害或财产损失，有下列情形之一的，应当承担相应的经济赔偿责任：

（一）滥用职权、越权执法造成经济损失的；

（二）未经县级以上工商行政管理局局长批准，扣押查封、暂停支付等强制措施，给相对人造成经济损失的；

（三）复议机关决定原办案机关停止强制措施，执行机关拒不执行，由此引起经济损失的；

（四）扣押、查封的物品遗失的；

（五）超期暂停支付相对人的银行存款而不补办手续，以及冻结金额超过违法金额造成损失的；

（六）扣押、查封的财物经查与违法行为无关，没有解除扣押、查封措施而造成损失的；

（七）违反办案程序给相对人造成损失的。”

赔偿,[①]司法赔偿的范围又有刑事司法赔偿范围与民事、行政司法赔偿范围之分。[②] 相应地,我国国家追偿也就包括行政追偿和司法追偿。[③]我国将国家赔偿分为行政赔偿和司法赔偿,是以引起国家赔偿的权力来源和行为性质为划分标准的,行政赔偿是基于行使行政权引起的行政侵权行为,司法赔偿是基于行使司法权引起的司法侵权行为。自然地,行政追偿针对的是行政侵权行为,司法追偿针对的是司法侵权行为;行政追偿主体是行政机关和被授权组织等行政主体,司法追偿主体是侦查、检察、审判机关和看守所、监狱管理机关等司法办案机关;行政追偿的被追偿人是行政机关的工作人员、法律法规规章授权组织的工作人员、受委托行使职权的组织或个人等事实上的行政公务人员,司法追偿的被追偿人是公安、国家安全等机关、检察机关、法院、看守所、监狱管理机关中对外履行司法职能的人员。但是,同属国家赔偿的范围,行政追偿和司法追偿也在追偿的主观要件、追偿的时效、追偿的标准等诸多方面存在相通之处。所以,我国司法追偿行为样态的立法例可以作为行政追偿在确定行为样态时的参考。

根据我国《国家赔偿法》第 31 条的规定,司法追偿的主观要件,采用主观过错客观化的立法技术,通过列举式对应予追偿的行为加以规定:

---

① 司法赔偿是指国家机关及其工作人员在行使司法职权过程中侵犯公民、法人或者其他组织合法权益造成损害,国家应予赔偿的范围。

② 其中,刑事司法赔偿是指国家对国家机关及其工作人员在行使刑事司法职权过程中侵犯公民、法人,或者其他组织合法权益造成的损害承担赔偿责任的范围。民事、行政司法赔偿是指国家对国家机关及其工作人员在民事诉讼、行政诉讼过程中侵犯公民、法人,或者其他组织合法权益造成的损害承担赔偿责任的范围。

③ 其中,行政追偿的法律依据是:我国《国家赔偿法》第 16 条第 1 款规定,“赔偿义务机关赔偿损失后,应当责令有故意或者重大过失的工作人员或者受委托的组织或者个人承担部分或者全部赔偿费用”。司法追偿的法律依据是:我国《国家赔偿法》第 31 条第 1 款规定,“赔偿义务机关赔偿损失后,应当向有下列情形之一的工作人员追偿部分或者全部赔偿费用:(一)有本法第十七条第四项、第五项规定情形的;(二)在处理案件中有贪污受贿,徇私舞弊,枉法裁判行为的”。

(1)刑讯逼供或者以殴打、虐待等行为造成公民身体伤害或者死亡的;(2)违法使用武器、警械造成公民身体伤害或者死亡的;(3)在处理案件中有贪污受贿、徇私舞弊、枉法裁判行为的。这种便于操作的立法技术,对于行政追偿要件的确定,颇有启发和实用性。

2. 行政追偿行为样态的国内立法例

我国下位法对行政追偿行为的界定作出了积极的尝试,积累了有益的经验。其中,最具意义的当属《工商行政管理机关行政赔偿实施办法》中专章规定了行政追偿。该实施办法第27条规定:"有关个人或组织由于故意或重大过失,造成公民、法人或其他组织人身伤害或财产损失,有下列情形之一的,应当承担相应的经济赔偿责任:(一)滥用职权、越权执法造成经济损失的;(二)未经县级以上工商行政管理局局长批准,采取扣押、查封等强制措施,给相对人造成经济损失的;(三)复议机关决定原办案机关停止强制措施,执行机关拒不执行,由此引起经济损失的;(四)扣押、查封的物品遗失的;(五)超期暂停支付相对人的银行存款而不补办手续,以及冻结金额超过违法金额造成损失的;(六)扣押、查封的财物经查与违法行为无关,没有解除扣押、查封措施而造成损失的;(七)违反办案程序给相对人造成损失的。"通过列举的方式将行政追偿行为样态确定下来,虽然是行业规定,但是却开创了我国行政追偿制度构建的先河。从第27条规定可以看出,行政追偿的行为样态包括滥用职权、超越职权、违反法律规则上级命令行为、不作为、事实行为。

3. 应予启动行政追偿的行为列举

第一,超越职权造成经济损失的行为。

从我国《国家赔偿法》关于行政追偿的归责原则可知,公务人员的行为违法是予以追偿的基本前提,即公务员在行使公权力执行职务时,其行为违背法律的强制或禁止规定。例如,公务员对于税费或其他款项,明知不应征收而征收,触犯刑法规定的,应当认定该公务员有主观故意,对其行使行政追偿权。超越职权固然会导致行政行为违法,那么一般而言,超越职权是否必然意味着公务人员具有主观上的过错,从而应予追偿呢?如果公务员内心善意确信其拥有职权而采取行动,那么如果一概认为其存在主观过错而进行行政追偿,似乎也不甚公平。

职权范围应当包括明确存在于该职位范围的那部分职权,也包括对实现创设该职位的主要目的来说必不可少的那部分职权,也包括虽然仅仅是附属的、次要的,但却有利于促进这些主要目的的实现的那部分职权。和职权范围问题是密切相关,而又时常与之混淆的是滥用职权问题。一位公务员可能超越公务权限却没有滥用职权,同样,一位公务员可能滥用职权却没有超越权限。滥用职权和超越职权范围之间的差别是:滥用职权是不适当的行为,原因在于动机,而不是其他。①

第二,滥用职权的行为。

一般而言,对裁量行政行为不应该进行行政追偿,因为在裁量行政行为做出过程中,需要公务员对政策进行考量,只有针对羁束行为才会产生追偿问题。也就是说,对在职权范围内的行政行为,不应认为公务员有客观过错,不应对其进行行政追偿。但是,合法性原则也要求公务人员在执行职务时,其行政行为不能逾越权限,而且公务人员审度案情的性质及事物的范围,不能滥权专擅从事,如果公务员在做出滥用职权的行政行为时,得到了直接的利益或好处,应当认为其存在滥用职权的主观故意,其行为应当受到审查。根据我国《行政诉讼法》的相关规定,行政违法行为的构成要件之一就是滥用职权,而滥用职权存在强烈的个人意志,可见,对于滥用职权的行为,应认定该公务员具有行政追偿的主观要件,应当负个人责任。

比如,在“王某某案”中,原告王某某因未交养路费上路,被被告中牟县交通局强制扣车。因原告车辆装有生猪,且天气炎热,原告请求先把生猪卸下再扣车,被告对此置之不理,仍然强制扣车,生猪因未能得到及

---

① 参见[美]切斯特·J. 安提奥、迈洛·R. 梅彻姆:《公务员的豁免权与侵权责任》,苌宏亮译,中国社会科学出版社 1997 年版,第 47～48 页。

时处理而死亡。法院认为,县交通局工作人员不考虑该财产的安全,“不满足合理、适当行政的要求,是滥用职权”。行政机关在执行扣车时,中牟县交通局的执法人员存在“无论暂扣车辆的决定是否合法,被告县交通局的工作人员准备执行这个决定时,都应该知道在炎热的天气下,运输途中的生猪不宜受到挤压,更不宜在路上久留”的常识,在该起行政赔偿案中,执法人员具有主观过错,应当作为被追偿人承担部分或者全部的赔偿费用。再如,“冲凉死”①事件、“麻某某事件”等行政赔偿案件中,针对滥用职权的公务人员,应当依法予以行政追偿。

第三,怠于行使职权的行为。

我国现行《国家赔偿法》并未将行政不作为列入国家赔偿的范围,但是由最高人民法院制定的《最高人民法院关于审理行政赔偿案件若干问题的规定》(法释〔2022〕10号),在第1条中将“不履行法定职责行为”纳入国家赔偿的受案范围。目前,无论是理论界还是实务界,均已经为将该类行为纳入国家赔偿范围做好了准备,可以肯定地说,将行政不作为纳入《国家赔偿法》的受案范围只是一个时间问题,该结论的详细论证见第一章。因此,在此类行政行为中,如果公务员主观上存在重大过错,比如,市政部门具体负责施工的公务员,对于道路中央的坑洞怠于修补或未设置警告标识,致使行人遭受伤害,应认定该公务员具有重大过错并对其进行追偿。再如,在行政许可中,依照相关法律法规规定,应在规定期限内做出核发注册许可证等许可行为,公务员无故拖延或束之高阁,导致申请人的合法权益受到损害,应对该公务员进行行政追偿。

第四,适用法律法规政策决策计划等错误的行为。

适用法律法规错误,是我国违法行政行为的一个判定标准,根据我国行政执法的实际情况,公务员在执行公务时,不仅要遵守法律法规,而

---

① 参见《“冲凉死”追踪,涉嫌渎职犯罪,开封劳教所二大队长被刑拘》,载《京华时报》2010年5月7日,第A20版。

且要遵守国家政策或者命令、有权机关的文件等相关规定，这些工作规则是公务员在行使职权中不可逾越的红线，也是公务员入职培训的必修课。所有公务员都应当知道依法行政的基本要求，如果公务员在行政执法中，存在适用法律法规等规范性文件的错误，应当认定其主观上存在过错，其应当承担行政追偿责任。

根据行政合法性原则，证据确实充分是行政行为合法的要件之一，这就要求公务员在执行职务的过程中，在充分查明事实的基础上做出行政行为；反之，如果行政行为事实不清、证据不足而被法院判决撤销，就应当推定该公务员具有主观过错，应对其进行行政追偿。

比如，我国司法实践中，在"公安局警员追截车辆行为违法案"①中，在决定对市公安局交巡警警员田某等人是否进行行政追偿时，就需要确定在侵害行为中，警员是否存在故意或者重大过失，所谓故意或重大过失，是指违反一般人应当注意的事项，对于公务人员的要求会更高一些，不仅要求其具有一般人的常识，还要求其遵守相关的工作规范，包括法律法规规章和内部工作制度，对相关的规范性文件，应推定公务员了解并熟知。该案中是依照省公安厅制定的《交通巡逻警察道路治安管理暂行办法》对违章停靠的车辆进行检查和处理的，该规范性文件规定"交通巡逻警察履行道路治安管理职责时，对犯罪嫌疑人堵截不受管辖区域限制"。被告警员在非道路上对已离开违禁区域的车辆进行追截，故被告的行为与该办法规定的内容不符，属于违反工作规范的重大过失行为，所以，市公安局有权对有重大过错的警员在赔偿范围内进行追偿。

再如，在苏某某申请铜梁县公安局行政赔偿案②中，铜梁县公安局城

① "朱新一等诉启东市公安局警员追截车辆行为违法并申请行政赔偿案"，载最高人民法院中国应用法学研究所编：《人民法院案例选》2002 年第 1 辑（总第 39 辑），人民法院出版社 2002 年版，第 427 页。

② 参见柳富华主编：《国家赔偿名案点评：怎样索赔与应诉》，人民法院出版社 1997 年版，第 114 ~ 115 页。

南派出所所长粟某某在阻止打架纠纷中，违反《人民警察使用武器和警械的规定》，在不应使用武器的情况下，向参与打架的农民罗某某连开两枪，其行为构成故意伤害罪。法院判决认定，在职务侵权案件中，粟某某在执行公务的过程中，具有故意的主观过错。铜梁县公安局在向罗某某的法定继承人作出10万余元的国家赔偿后，有权依法向具有主观故意的粟某某进行部分或者全部追偿。

第五，行政事实行为。

行政事实行为，是指行政机关及其工作人员在履行行政职责过程中作出的不产生法律效果，但事实上损害公民、法人或者其他组织人身权、财产权等合法权益的行为。可见，行政事实行为的损害后果，与行政机关工作人员有直接的因果关系，在行政事实行为中，工作人员存在主观错过。

比如，《法制日报》曾报道过这样一个案例：1997年3月26日晚7时许，一辆农用车冲过广西桂林地区恭城县莲花镇税费征收点，车篷顶将用于拦截车辆的栏杆坏。该点工作人员见状立即驾车追赶，要求驾驶员曾某下车检查并赔偿损失，双方发生肢体冲突，曾某被打伤，车被扣押至莲花镇人民政府院内。驾驶员曾某遂以该镇人民政府为被告，提起行政诉讼。二审法院经审理查明：被上诉人的工作人员扣押车辆，未办理任何法定手续，属于滥用职权；该工作人员故意损坏车辆、打伤驾驶员侵犯了其财产权和人身权，依法应予赔偿，遂作了有利于上诉人曾某的赔偿判决，同时判决被上诉人负担诉讼费用。① 在该案中，由于执法人员存在故意的主观过错，应当对其进行追偿。

---

① 参见杨海坤：《中国公民被国家机关侵权时的权益保护》，中国经济出版社1999年版，第215~216页。

第四章　行政追偿程序之构建

行政追偿权的“公法”性质，决定了行政追偿权的行使原则上应遵循行政法的基本原则和规定，依照行政程序具体设计行政追偿程序。当然，作为“公法债权”，根据债法原理，债务人仍然具有自由和尊严，所以，被追偿人享有的基本程序权利，在行政追偿程序设计中也应当予以体现和保障。

一、行政追偿程序制度考量

行政追偿是公法之债，其与民法债权最重要的区别就在于行政追偿权不是单纯的债务请求权，而是具有公法性质的行政职权行为。在法律定位上，行政追偿制度仍然属于典型的公法，是故，行政追偿主体应当依照行政程序的原则和规定进行追偿。但是鉴于行政追偿的“公法之债”的特殊性和行政追偿与其他制度的牵连，在设计行政追偿程序之前，应当对一些特殊情况进行一番斟酌考量，似乎更为严谨。更何况，行政追偿权作为行政权力，“不仅与公民权利之间的强度存在差异悬殊，而且非常容易直接影响甚至侵害公民权利”。[①] 即使行政追偿以“责令”的命令形式作出，也要将行政机关执行命令之手续，作为合法性要件。

(一)公法之债视野下行政追偿协商制度的正当性

基于行政追偿公法之债的法律属性，尽管行政追偿权属于行政权，从行政法的角度看，行政追偿权应当依法行使，行政追偿主体很少有自行斟酌、选择、裁量的余地。另外，作为公法之债，行政追偿的债权债务关系的核心仍然是债，债权人享有的债权请求权是“一个人可以迫使另外一个人某种作为或者不作为”，[②]而不是“通过某种作为或不作为来改变某种法律关系的能力”。[③] 基于此，追偿主体在行使追偿权时，实际上也是在行使对被追偿人的债权请求权，因此要体现“债”的基本原则和精神。再者，从债法的原则来看，由于债的关系原则上仅涉及两方特定当事人的利益而不涉及他人的利益，更有贯彻当事人私法自治精神的空间。所以，允许甚至鼓励当事人采取和解方式，协商解决当事人双方的债权债务事宜也是法律所允许的。

详言之，行政追偿作为具备“公法”性质的债权，在公法之债的视野下，必然要求在行政追偿程序中将协商作为必经程序，允许追偿主体和被追偿人在法治框架内，就行政追偿金的具体确定及实现方式等问题进行协商。未经协商而径行作出行政追偿决定的应属程序违法。故而，在设计行政追偿程序时，将协商制度纳入行政追偿程序的“必选项目”或者“前置程序”，就是我们要考量的问题之一。

---

① 孙笑侠：《法律对行政的控制》(修订2版)，光明日报出版社2018年版，第54页。

② 吕世伦主编：《现代西方法学流派》(上卷)，中国大百科全书出版社2000年版，第182页。

③ 吕世伦主编：《现代西方法学流派》(上卷)，中国大百科全书出版社2000年版，第182页。

1.行政追偿中的协商制度

(1)协商的历史文化基础

关于行政追偿程序中是否有协商制度的生存空间,首先应当从历史的视角考证协商的渊源。作为具有深厚历史文化积淀的国家,和合文化是我国古代哲学宇宙观的根本观点,也是我国思想文化的首要价值和精髓,“所谓和合,是指自然、社会、人际、心灵、文明中诸多元素、要素相互冲突、融合,与在冲突、融合的动态过程中各元素、要素和合为新结构方式、新事物、新生命的总和”。[1] 和合强调和而不同,既承认冲突,又融合冲突,这种以和谐为核心的冲突融合文化传统与行政追偿制度中的协商有着异曲同工之妙。在行政追偿程序中,行政追偿主体与被追偿人各自所代表的利益不同,其中的矛盾和冲突客观存在,可以通过当事人双方充分协商、交流互动,采取折中、调和的方式化解冲突,从而达致行政追偿当事人之间关系的不断融洽和谐。

(2)协商的现实意义

协商是一切参与者依照理性和无偏私性的原则,经自由和公开的说理形成决策的过程,[2]在这个自由的说理过程中,双方都有机会表达自己的主张并提出理由加以论证,都会积极搜集对对方不利的信息来驳斥其主张,信息的公开流动缓解了信息偏在和信息不充分,经过协商的说理过程达成的最终方案并不一定是最优方案,但是在自主对话、充分协商的沟通交流过程中增加了双方对解决方案的可接受性,能够使追偿主体和被追偿人的关系最大限度地恢复到正常和谐的状态。

可见,行政追偿制度中嵌入协商制度,在我国有着深厚的传统文化基础和鲜明的时代意义,在不违背法律和社会公共利益的前提下,以和

[1] 张立文:《和合学概论——21世纪文化战略的构想》,首都师范大学出版社1996年版,第71页。

[2] 参见翟小波:《为了达成正当决策》,载罗豪才等:《软法与协商民主》,北京大学出版社2007年版,第249页。

合文化为最高逻辑层次，通过协商解决行政追偿争议，符合构建社会主义和谐社会的时代要求。

2. 我国行政追偿中协商制度存在的可能性

第一，协商存在的价值。

协商是基于相互承认和尊重的双向互动，虽然行政追偿权的法律性质属于公法之债，涉及公共利益，追偿金额的确定应当依照法律规定，追偿金也应上缴财政，行政追偿主体在行使追偿权时应当严格依法进行，不存在与被追偿人协商的私法上的意思自治的权力基础。但是，行政追偿权作为债权的一种，从债的本质上说，应当允许债权法律关系主体之间对具体的追偿金额进行协商。况且，根据比例原则和人权保障原则的要求，行政追偿金的确定和执行应当适度注意对被追偿人的生存照顾，以保障被追偿人及其家庭成员的基本生活水平，这要求行政追偿主体和被追偿人充分协商，交换意见以便达成共识。所以，为了既保证行政追偿权的顺利实现，又得到被追偿人的理解与配合，促进被追偿人勤勉谨慎执法，协商应当成为行政追偿中的必经程序。

第二，实定法中的参考。

协商制度在行政追偿程序中具有重要的价值，并且从实用的角度看，加入协商制度能够减弱行政追偿法律关系双方的对抗，提高追偿决定的权威性，降低追偿决定内容实现的阻力和执行难度，节约追偿资源，提高追偿效率。在立法层面上，2010 年《国家赔偿法》第四章就规定了国家赔偿中的协商事项，说明《国家赔偿法》并不排斥公权力主体和私权利主体之间进行协商。在我国《行政诉讼法》(2017 年修正)第 60 条中，也明确规定“人民法院审理行政案件，不适用调解。但是，行政赔偿、补偿以及行政机关行使法律、法规规定的自由裁量权的案件可以调解。调解应当遵循自愿、合法原则，不得损害国家利益、社会公共利益和他人合法权益”。可见，在行政赔偿案件中，对具体的赔偿金额的确定，原被告双方可以依法进行协商，协商一致即可达成调解协议，协商不成的，由人民法院作出裁决。相应地，行政追偿作为行政赔偿的后续程序，也应当有协商制度的存在空间。

更何况，虽然目前我国立法中尚未规定行政追偿程序，但是现行法律也规定了行政追偿权的行使具有较大的自由裁量权。比如，行政追偿主观要件中"故意""重大过失"的认定，追偿金额的"部分"的界定等，都存在协商的余地。所以，原则上，应当允许行政追偿主体在法定裁量空间内，与被追偿人"讨价还价"。

综上，我国行政追偿程序中应将协商作为追偿决定的前置制度。这样在执行时有利于缓解双方因追偿问题而引起的矛盾，消除被追偿人的抵触情绪，同时有利于追偿的有序化，实现行政追偿制度的立法价值。

3. 协商制度的具体操作

行政追偿的公法属性，决定了协商仍应符合合法性原则要求，正所谓"当事人之间进行对话交涉的理由并不仅仅是对利益的追逐，有效的对话和交涉必须以对原则和规则的认同和尊重为基础"。[①] 行政追偿主体在协商时，对行政追偿金额的确定不能像民事主体那样拥有完全的自主决定权，而是应当在自由裁量范围内，就具体行政追偿金额和追偿金的支付方式，与被追偿人进行协商。对我国行政追偿中协商制度的设计至少应包括以下方面。

其一，关于行政求偿金额范围的确定主体。确定求偿金额的范围需要大量的前期准备工作，主要是行政赔偿后对启动求偿程序的论证，包括调查取证，分析求偿权的构成要件，划分责任，根据划分的责任确定求偿数额的范围等求偿权行使的预备阶段。由于行政赔偿案件中追偿情形的复杂化和个性化，不可能由法律统一规定行政追偿的具体金额，故法定自由裁量空间不可避免。这些复杂的专业事务只有交给专业水平

① 王锡锌：《行政程序法理念与制度研究》，中国法制出版社 2007 年版，第 298 页。

高和地位相对超脱的主体，才能保证追偿金额范围的确定相对更加公平合理，由县级以上各级政府成立的行政追偿委员会无疑是最合适的选择。

其二，关于与被追偿人进行协商的主体。由于协商的内容是在充分考虑被追偿人的经济状况下确定具体追偿数额和支付方式，那么就要求与被追偿人协商的主体对这些情况充分熟悉和掌握，才能真正实现对被追偿人的生存照顾。赔偿义务机关作为被追偿人的所在单位，对于被追偿人的工资水平和家庭状况可谓是了如指掌，更具备与被追偿人进行充分协商的条件。

所以，我国行政追偿程序中协商制度的具体设计为：由专案追偿委员会确定行政追偿金的范围，行政赔偿义务机关在专案追偿委员会确定的追偿数额范围内，与被追偿人进行协商，赔偿义务机关无权超越追偿委员会确定的范围；至于追偿金的支付方式，赔偿义务机关可以自主和被追偿人协商。协商成功后，由行政赔偿义务机关与被追偿人签订追偿协议；协商不成的，由行政追偿委员会作出追偿报告书，报追偿主体径行作出追偿决定。

（二）行政赔偿审判中司法建议的可行性

1. 司法建议的制度保障

第一，职能依据。

人民法院司法建议制度根植于中国本土的司法实践，是具有重要法治意义的、中国独有的法律现象，它为法院以非强制形式回应社会现实问题提供了空间。司法建议既是法律赋予人民法院的重要职责，也是人民法院依法延伸和拓展审判职能的重要途径。在国家机关的职权分工上，人民法院行使审判职能，是参与依法治国，促进国家机关和国家机关工作人员依法行使职权，推动治理能力现代化的“特殊”管道和重要途径。人民法院向有关机关发送司法建议书，向后延伸人民法院的审判职能，是人民法院工作的重要组成部分，是充分发挥审判职能作用的重要方式。所以,司法建议书越来越受到国家机关和社会各界的重视,最高人民法院先后两次印发《关于加强司法建议工作的意见》的通知,要求进一步加强和规范人民法院司法建议工作,依法延伸人民法院的审判职能,充分发挥人民法院的职能作用。

第二,法律依据。

司法建议有充分的法律依据,2015 年《行政诉讼法》第 64 条和第 66 条,均规定了人民法院在行使审判权过程中,可以向有关机关提出处理建议或司法建议的权力。人民法院对行政赔偿案件中适合追偿的案件,在作出行政赔偿判决的同时,向赔偿义务机关所属同级政府追偿委员会发送司法建议书,提出对有故意或者重大过失的公务人员进行行政追偿的建议,并不存在法律障碍。

第三,专业优势。

从法律适用的技术来看,对于是否应当进行行政追偿,不仅涉及事实认定问题,还涉及法律适用问题。不言而喻,从专业层面,法律适用这一要求对于行政机关来说,存在现实困难。与之相反,作为专门的法律适用机关,人民法院具备认定被追偿人是符合故意或者重大过失的追偿构成要件所需要的法律专业知识。尽管人民法院在审理行政赔偿案件中,对诉讼标的违法性的审查内容和行政追偿的故意或重大过失的审查内容不完全吻合,但是,在对行政行为的违法性进行审查时,也会涉及相关人员的行为的合法性。比如,行政事实行为,对直接责任人员行为的审查至关重要且不可避免。事实上,司法实践中,已经存在人民法院在审理行政赔偿案件中,对公务员的过错进行审查的判决。[①] 所以,经过行政赔偿案件的审理之后,人民法院对相关公务人员的过错责任也会有

---

① 原告聂某贵不服被告怀化市公安局鹤城分局确认行政强制措施行为违法及行政赔偿案,湖南省怀化市鹤城区人民法院(2017)湘 1202 行初 121 号行政判决书;柳某平与通城县公安局因行政管理及行政赔偿上诉案,湖北省咸宁市中级人民法院(2018)鄂 12 行终 14 号行政判决书。

一个清晰的判断,由人民法院就应否进行行政追偿提出专业的司法建议,是人民法院的审判职能的延伸。

2. 司法建议的实践保障

事实上,人民法院已经在行政赔偿案件中,对公务人员是否符合故意或者重大过失的追偿构成要件进行了审查和认定,对是否应当进行行政追偿的事实已经查明。比如,在“张某某诉儋州市房产管理局案”①中,法院认为,被上诉人办理产权过户登记手续时疏于审查,没有履行维护房地产交易安全的责任,将人民法院依法查封的涉案房产在查封期间办理产权过户,给上诉人颁发房屋所有权证,由此造成上诉人支付的各种税款及交易手续费、测绘费、工本费共计人民币14,544元,这些应认定为被上诉人行为所造成的直接财产损失。其中的“疏于审查,没有履行维护房地产交易安全的责任”,指的就是具体经办人在实施职务行为时,存在重大过失,应予追偿。

再如,在“李丁、张成诉乙办事处、郭甲故意伤害刑事附带民事诉讼案”②中,法院经审理查明,原告李丁、张成的身体损伤,是由被告乙办事处的值班保卫人员被告郭甲殴打所致,故判决被告乙办事处应对其工作人员执行职务造成他人损害的行为承担赔偿责任。也就是说,在法院审理该案的过程中,已经审理查明的两原告的伤情是郭甲直接的殴打行为造成的事实,足以证明郭甲在致害行为中存在故意或者重大过失。行政追偿主体根据法院判决认定的事实,就可以在承担赔偿责任后,对郭甲进行行政追偿全部或部分赔偿数额。

在“董某某请求被告酉阳土家族苗族自治县公安局(以下简称酉阳

---

① 海南省海南中级人民法院行政赔偿判决书,(2006)海南行终字第44号。

② 《郭泽宇故意伤害刑事附带民事诉讼案》,载最高人民法院中国应用法学研究所编:《人民法院案例选》2000年第1辑(总第31辑),人民法院出版社2000年版,第14页。

县公安局)行政赔偿”一案中[①],法院在审理中已经查明,造成原告受伤的,是值班民警张某某对原告的殴打行为。所以,法院在审理案件的过程中,在已经查明的事实基础上制作司法建议书,对符合追偿情况的案件向赔偿义务机关释明,并不会给法院带来很大的负担,不会过多增加法院的工作量。并且立法机关已经充分注意到人民法院在行政赔偿诉讼审理中发现被追偿人的可能性,实定法中已经明确将“人民法院已经发生法律效力的行政案件的判决或裁定”作为发现行政执法过错的途径之一。[②]

可见,从国家机关的职权分工上,人民法院作为审判机关,发掘其司法建议功能,并不缺乏理论支撑和法律依据。由人民法院通过司法建议的形式对在行政案件审理过程中认定的行政执法人员的故意或者重大过失的情形提出追偿建议,是人民法院参与依法治国,推动治理能力现代化的“特殊”管道和重要途径,向后延伸人民法院的行政赔偿审判工作,进一步发挥职能作用,是促进国家机关和国家机关工作人员依法行使职权的有益探索。

(三)行政追偿程序与相关程序的制度安排

1.行政追偿程序与国家赔偿诉讼间的关系安排

根据国家赔偿制度,行政追偿权的行使是在国家业已对被害人履行行政赔偿责任之后。这就有可能形成同一行政赔偿案件需要先进行被害人的国家赔偿请求程序,即行政赔偿诉讼程序,之后再进行赔偿义务机关对应负责的公务员的追偿程序,前后要进行两次审查程序,不免有浪费国家资源之嫌。从诉讼经济的角度,似乎可以将两个程序合并为一个程序加以处理。但是,根据我国《国家赔偿法》的规定,立法将行政追

---

① 重庆市秀山土家族苗族自治县人民法院行政裁定书,(2017)渝0241行赔初2号。

② 《安徽省行政执法过错责任追究暂行办法》第6条和《舒城县行政执法过错责任追究暂行办法》第10条规定。

偿权作为行政权赋予了行政机关,如果由法院在行政赔偿诉讼中,直接判决认定,似乎有司法权侵犯行政权的越权行为。从归责原则上看,通说认为国家赔偿诉讼的归责原则是违法原则,①并没有将公务员的主观过错作为国家赔偿的构成要件。而行政追偿中,公务员的主观过错是行政追偿的归责要件,归责原则就不相同,不仅不会缩减司法成本,反而会使审判变得更加错综复杂。即便在国家赔偿诉讼中认定公务员具有故意或重大过失,其既判力也不能及于其后的求偿诉讼,此乃因国家赔偿诉讼与求偿诉讼二者所指的过失本不相同,所以,应为不同的认定。②

综上所述,在我国行政追偿的制度设计上,应充分考虑上述不同之处,不宜将两个程序合并在一起进行。但是,在司法实践中,又确实存在法院在进行国家赔偿案件的审理过程中,涉及公务人员是否存在故意或者重大过失的情形。比如,"公安局警员追截车辆行为违法案"③中,法院审理时,在确定被告公安局是否承担行政赔偿的过程中,就不可避免地涉及公务员是否存在故意或者重大过失的行政追偿构成要件。此类判决本书已经在"落实司法建议"中,进行了详细的叙述,此处不再赘述。

一言以蔽之,结合我国司法审判实践,在行政赔偿请求程序中,人民

---

① 关于国家赔偿的归责原则学界众说纷纭,有主张不法归责原则的,参见陈善哲:《国家赔偿法修改前瞻:赔偿标准提高范围扩大》,载《21世纪经济报道》2008年10月14日,第8版;有主张过错责任为主、无过错责任为辅的,参见朱新力、余军:《国家赔偿归责原则的实证分析》,载《浙江大学学报(人文社会科学版)》2005年第2期;有主张违法原则为主、过错推定原则和无过错原则为辅的,参见周友军、麻锦亮:《国家赔偿法教程》,中国人民大学出版社2008年版,第59~60页;有主张违法原则、过错原则、结果原则、瑕疵原则分别适用的,参见杨小君:《国家赔偿法律问题研究》,北京大学出版社2005年版,第126~131页;有主张违法原则、过错原则、过错推定原则、无过错原则分别适用的,参见马怀德主编:《完善国家赔偿立法基本问题研究》,北京大学出版社2008年版,第95~103页。

② 参见宇贺克也:《国家补偿法》,有斐阁1997年版,第87页。

③ 《朱新一等诉启东市公安局警员追截车辆行为违法并申请行政赔偿案》,载最高人民法院中国应用法学研究所编:《人民法院案例选》2002年第1辑(总第39辑),人民法院出版社2002年版,第427页。

法院可以通知可能被追偿的人于庭审阶段到场陈述意见,在行政行为的认定过程中,对公务员的责任进行附带认定,但是不宜直接在赔偿诉讼中作出行政追偿的判决。

2. 行政追偿与刑事诉讼的顺序安排

有些行政赔偿案件中,会涉及公务员承担刑事责任的情况,那么是否应待刑事案件审理终结之后再启动行政追偿程序?针对这一问题,还需要我们进行斟酌。根据行政追偿启动的构成要件,行政追偿主体行使追偿权是在行政赔偿之后进行,至于是否应在刑事案件审理终结后进行,法律并未明确规定。本书认为,依据实定法的规定,追偿权自支付赔偿金之日起行使,所以对有故意或重大过失的公务员进行追偿,并非等到刑事案件判决后才能启动,并且如果待刑事判决确定后再决定是否对公务员进行追偿,极有可能已经超过了追偿时效;何况公务员即便被判决无罪,也仅仅说明公务员的行为构不成犯罪,但不能说明公务员不存在行政追偿的主观过错,对于公务员是否满足故意或者重大过失的行政追偿构成要件,仍需要根据行政追偿的主观归责原则进行认定,因此行政追偿的启动和刑事诉讼没有必然的先后顺序。

二、行政追偿时效的立法填补

在立法中明确规定追偿时效,有利于赔偿义务机关在事实清楚、证据充分的基础上及时向有责任的工作人员追偿,以免时过境迁难以取得证据;同时可以及时有效地制裁有故意或重大过失的直接责任人员,克服工作中的弊端,提高行政工作效率。所以,落实行政追偿制度,构建行政追偿时效制度必不可少。

(一)行政追偿时效的确定

在我国,公法学界对于在行政追偿程序中建立追偿时效制度,基本达成了共识,只是对追偿时效的具体期限,存在不同主张。有学者认为,国家追偿在性质上属于一种请求权，其时效可规定为 2 年。[①] 有学者认为，行政追偿是在国家机关内部进行，追偿权较易实现，时效应短于受害人向国家请求赔偿的期限，主张从国家机关赔偿受害人损失之日起 6 个月内进行追偿。[②] 有学者建议追偿时效为一年，从行政机关履行行政追偿义务之日起计算，一年内行政机关有权作出追偿决定，超过一年的便丧失追偿权。[③] 也有学者主张我国对责任人员的追偿应在其履行行政赔偿的决定、判决或调解书所确定的内容之后，在一定时期内进行追偿。[④] 可谓众说纷纭，见解不一。与学界百家争鸣的局面交相辉映的是下位法的百花齐放。在现行有效的规范性文件中，行政追偿时效的规定可谓是五花八门。

(1)关于时效的起算点，大体有 4 种规定：有规定自赔偿决定、复议决定作出或者行政赔偿判决、裁定、行政赔偿调解书等法律文书发生法律效力之日起；有规定自赔偿义务机关实施赔偿之日起；有规定自赔偿义务机关赔偿完毕之日起；还有规定自财政部门告知已支付国家赔偿费用之日起等不同的起算点。

(2)关于追偿时效的规定有 5 种类型，大致分为 2 个月、60 日、1 个月、30 日、10 日和 7 日，甚至同在一个省，地方规定和行业规定都不一致。比如，《吉林省国家赔偿费用管理规定》和《吉林省财政部门国家赔偿费用管理办法》相关规定就有差异。笔者认为，规定行政追偿的时效，

---

① 参见马怀德主编：《完善国家赔偿立法基本问题研究》，北京大学出版社 2008 年版，第 179 页；周友军、麻锦亮：《国家赔偿法教程》，中国人民大学出版社 2008 年版，第 124 页；石佑启、彭江红：《对行政追偿中几个问题的探析》，载《法律适用（国家法官学院学报）》2001 年第 2 期；邹恒：《我国行政追偿制度研究》，中国政法大学 2010 年硕士学位论文。

② 参见金立琪、彭万林、朱思东：《国家赔偿法原理》，中国广播电视出版社 1990 年版，第 175 页。

③ 参见张弘：《国家行政追偿权探析》，载《辽宁教育学院学报》第 17 卷第 3 期。

④ 参见薛刚凌主编：《国家赔偿法》，中国政法大学出版社 2010 年版，第 180 ~ 181 页。

至少应当从以下几个层面进行考虑。

首先,国家追偿时效不宜过短,过短会出现大量因为超出时效而追偿责任被免除的情况,或者可能导致追偿双方没有足够的时间协商,给公务员带来经济和生活上的困难。

其次,国家追偿时效也不宜过长,国家追偿既是追偿主体的职权,也是追偿主体的职责,通常有专门的机构或人员负责,所以,行政追偿时效不宜过长。防止时过境迁而造成举证困难,使行政效率降低。

最后,国家公务人员是否存在故意或重大过失的追偿情形,国家赔偿决定作出时通常已经查明。上述情形似乎也决定国家追偿的时效不宜太长。但是,如果把国家追偿的诉讼时效规定为几个月,就使这一公法之债作为“债”的另类予以规定。从国家利益和社会公共利益保护的视角来看,刻意缩短公共债务的诉讼时效,似乎没有足够的理由;不仅如此,单纯缩短公共债务的做法还会破坏“债法”诉讼时效的统一性。反过来说,公共债务诉讼时效与私法债务诉讼时效一致,有利于保持债法的一致性。那么如果参照我国最新颁布的《民法典》有关 3 年诉讼时效的规定,将行政追偿的诉讼时效规定为 3 年,自赔偿义务机关承认国家赔偿或者自人民法院确定国家赔偿的判决生效之日起开始计算,是否妥当呢? 从法理上对民事诉讼时效和行政追偿的时效稍加分析可知,民法中的诉讼时效消灭的是权利人的诉讼权利,权利人的实体权利仍然存在,而行政追偿时效是一种请求权时效,超过请求时效消灭的是权利人的实体权利,两者在性质上有重大区别。所以,直接将《民法典》中的诉讼时效作为行政追偿时效,并不妥当。笔者认为,既然行政追偿在性质上属于公法债权,参照我国现行《行政诉讼法》中关于起诉期限的规定,似乎更为合理。

(二)行政追偿时效和重大决策终身追究制度的关系

重大决策终身追究制度是十八届四中全会《中共中央关于全面推进依法治国若干重大问题的决定》中提出来的,该制度的提出有其深刻的政治背景。中共中央提出重大决策终身追究制度,旨在规范行政决策行为,针对的是行政决策严重失误或者依法应该及时作出决策但久拖不决造成重大损失、恶劣影响的行政决策行为;针对的对象是行政首长、负有责任的其他领导人员和相关责任人员等;制度的性质属于问责制度,目的在于通过强化问责惩罚手握重权而不认真履职的人,形成威慑力进而起到预防决策失误的作用。可见,在制度产生背景、针对的行为、针对的对象和制度的性质等方面,重大决策终身追究制度都和规范行政决策执行权的行使的行政追偿制度截然不同,因此,行政追偿设定时效制度和重大决策责任追究终身制度并不矛盾。

三、行政追偿程序的本土化方案

将程序作为行政追偿权行使的保障,符合正当程序原则。我国行政追偿的程序应当包括行政追偿的督促程序、启动程序、行政追偿决定程序、行政追偿救济程序、行政执行救济程序和行政追偿监督程序 6 个部分。

关于行政追偿程序的设计,我国司法体制改革成果中的法官、检察官惩戒制度的运行程序可供借鉴。在我国司法责任制改革过程中,最高人民法院、最高人民检察院 2016 年联合印发了《关于建立法官、检察官惩戒制度的意见(试行)》(法发〔2016〕24 号),明确规定了法官、检察官惩戒工作的分工安排和程序设计。据此,2021 年最高人民法院印发了《法官惩戒工作程序规定(试行)》(法〔2021〕319 号),2022 年最高人民检察院印发了《检察官惩戒工作程序规定(试行)》,这些文件分别结合本系统实际,对法官、检察官的惩戒工作进行了细化规定,上述文件的具体规定,对未来行政追偿程序的设置至少有以下启发。

(1)分工明确。检察官惩戒工作由人民检察院与检察官惩戒委员会分工负责。法官惩戒工作由人民法院与法官惩戒委员会分工负责。具体为:各级人民法院纪委或承担督察工作的部门、人民检察院承担检务督察工作的部门分别是法官、检察官惩戒工作的受理、立案和调查部门,在司法管理、诉讼监督和司法监督工作中，发现法官、检察官有涉嫌违反审判、检察职责的行为时，负责对有关法官、检察官是否构成故意或者重大过失进行调查核实，在查明事实后，提请法官惩戒委员会、检察官惩戒委员会审议。惩戒委员会经过审议后，对当事法官、检察官构成故意违反职责、存在重大过失、存在一般过失或者没有违反职责提出审议意见。人民法院、人民检察院根据审议意见作出处理决定。

（2）程序正当。在进行惩戒工作的各个关键环节中，均能体现程序正当原则的要求。上述文件对各级人民法院、各级人民检察院的惩戒事项规定了管辖规则。对法官惩戒委员会委员、检察官惩戒委员会委员、人民法院、人民检察院参与惩戒事项调查、审查人员规定了回避制度。对法官惩戒委员会、检察官惩戒委员会作为独立的裁决机构审议惩戒事项规定了听证制度。在惩戒工作调查审议中，规定了当事法官、检察官享有进行陈述、举证和辩解的权利。对惩戒委员会的审查意见，当事法官、检察官有权提出异议，对惩戒决定不服的，当事法官、检察官有权申请复核、申诉，寻求救济。

（一）职权分离原则在行政追偿程序中的运用

行政追偿的公权力性质决定了行政追偿主体行使行政追偿权是行使行政职权的行为。并且从规范上看，我国《国家赔偿法》关于行政追偿的条文规定的“应当责令有故意或者重大过失的工作人员或者受委托的组织或者个人承担部分或者全部赔偿费用”属于命令式规定，其中“应当”意味着行政追偿权是行政追偿主体的职责，“责令”意味着行政追偿决定是带有强制性的近似于行政命令的行为，也就是说行政追偿是具有强制性的行政行为。根据行政法的基本原理，行政追偿权的行使必须依照行政程序进行。

1. 职权分离原则的必要性

鉴于目前立法仅明示了赔偿义务机关在行政追偿中的主体地位，如果在行政追偿程序设计中不进行必要的分权，极易形成赔偿义务机关包揽一切行政追偿事务，使行政追偿权成为其专有权力的局面。实际上，行政追偿程序包括收集证据、调查事实，启动追偿，听证协商，追偿决定，追偿执行等多个环节，相应地行政追偿权涉及多项子权力。为了防止行政追偿主体权力过于集中，专横独断，出现滥权侵权，根据分权制约理论，行政追偿程序首先应当依照职权分离原则对相关子权力进行分配，实现权利与权力之间的制度平衡。

2. 职权分离原则的具体运用

职权分离原则是行政程序中的基本原则之一，是指行政主体调查与审查、决定与裁决的职权分别由不同机构和人员行使的原则，也是我国行政体制改革的重要方向。职权分离原则的内涵有广义和狭义之分，广义上的职权分离建立在不同行政事务或管理领域的完全的职权分离或者职权分立的基础上，主要体现在行政体制改革下政府部门间的决策、执行、监督相分离，从而形成相对宏观的行政分权制约体制。狭义上的职权分离是相对微观的分工制约机制，要求行政主体内行政调查权与决定权、审查权与裁决权、决定权与执行权等相分离。

根据职权分离原则要求，行政追偿程序中，首先，要从广义上对行政追偿权进行切割，将不同的职权分配给不同的部门，将启动权、决定权、执行权和监督权进行分离。具体为：

对我国现行《国家赔偿法》中赔偿义务机关的追偿权作出进一步的明确解释，将赔偿义务机关的追偿权限定为启动权和有限协商职能；

关于行政追偿决定权的赋予机关，各国规定有所不同，多数国家赋予赔偿义务机关行政追偿决定权，但是也有一些国家和地区，将追偿决定权授予司法审判机关。我国与大多数国家相同，把行政追偿程序中的最终决定权交由行政追偿主体行使。

鉴于行政追偿的公法债权性质，行政追偿法律关系应当依据公法规定。对行政追偿决定的执行权，应当适用《行政强制法》的相关规定，由享有强制执行权的机关进行。具体为：被追偿人为公务员的，根据《国家赔偿费用管理条例》,由当地的财政部门在被追偿人工资中抵扣。被追偿人为不具有公务员身份的组织或者个人的,由行政追偿主体向人民法院申请强制执行。

其次,要将狭义的职权分离作为常态,也就是说,在行政追偿主体内部,职权配置和行使要在不同机构和人员之间进行分配,即执行行政追偿调查权的人员不得参与作出行政追偿决定。

最后,我国县级以上各级人大、监察委员会、检察机关、财政机关在各自的职权范围内,拥有对行政追偿机关的监督权。社会各界依照宪法有权对所有国家机关及其工作人员进行监督,当然包括对行政追偿主体的监督。

目前,正当法律程序已经成为法治的一大标志,正当法律程序的要求也转变为,在剥夺公民生命法益时,必须经过最为严格的刑事诉讼程序;在侵害自由或财产时,必须在事前给予相对人最起码的"通知并依案件性质适当的听证机会"等。也就是说,法律必须为达成合法目的的合法手段,并且必须对人民权利限制最少,并符合明确性原则。①

(二)正当法律程序原则的运用

行政追偿制度作为公法制度,是对被追偿人财产权利的侵害,为贯彻民主尊重程序,在实施过程中首先应当遵循正当法律程序原则。

1. 正当法律程序原则的含义

正当法律程序原则又称程序正当原则、自然正义原则,是指当政府要限制或剥夺人民生命、自由、财产权益时应当遵循正当程序。正当法律程序原则在两大法系中均被认为是公法的基本原则。正当法律程序起源于1215年英国大宪章中有关陪审制及人身保护令状的规定,后来又由自然法导出的"自然正义"(natural justice)原则,该原则要求,第一,

---

① 参见汤德宗:《论正当性质程序》,载汤德宗:《行政程序法》,台北,元照出版有限公司2003年版,第169~172页。

任何人不得为自己事件的法官及任何决定必须听取当事人陈述,以确保其"行为的公平"(acting fairly)。第二,在拟对当事人作出影响其利益的决定前,应当充分听取其意见,即要遵循听证规则。

美国在1791年宪法第5条增修条文中采用"正当法律程序"原则,明确规定了联邦非依正当法律程序,不得剥夺人民的生命、自由及财产(no person shall be deprived of life, liberty, or property, without due process of law);1876年又在第14条增修条款中规定该原则适用于各州。[①] 后经美国联邦最高法院的解释,此项宪法原则逐渐发展到对各州立法实质合理性审查,有段时间甚至成为宣告州法侵害人民财产权违宪的法宝,涵盖了"程序的正当程序"和"实体的正当程序"。[②]

2. 正当法律程序原则的要求

一般来说,正当法律程序具体包括以下要求。

第一,行政追偿信息公开。

国家追偿的公开程序,要求将国家追偿的理由(法律依据、事实依据及裁量理由)、结果对外公开,接受公众(包括国家公职人员和社会公众)监督,以防止行政恣意、滥权和腐败。在行政追偿制度中,必要的自由裁量空间不可避免,比如,对故意、重大过失、全部与部分追偿等的界定,必然要求追偿主体针对个案的具体情况作出具体认定,为了防止行政追偿权的滥用,必须要在行政追偿程序中,按照行政公开原则的自然要求,将行政追偿信息公开。

第二,行政追偿程序公正。

行政追偿程序公正的内涵至少应包括如下几点。

首先,在行政追偿法律关系中,要求行政机关设置相对独立的机构,裁决内部管理争议,组织主体处理成员的违法行为时,进行调查和提出

---

① 参见李惠宗:《宪法要义》,台北,元照出版有限公司2009年版,第157页。

② 陈宜倩:《正当法律程序》,月旦法学教室第25期,2004年11月,第126页。

指控的机构不能直接作出处理裁决,而要提请与之有相对独立性的机构裁决。

其次,行政机关在作出任何处理行为,特别是可能对公务员权利构成不利影响时,除有法定保密要求外,都必须说明理由。

最后,行政机关行政追偿行为的作出,应当听取当事人的陈述和申辩。在必要时,即涉及当事人重大权利处理决定时,还应当依当事人申请或依法主动举行听证,通过与当事人的当庭质证论辩,审视自身行为是否合法与合理。

第三,公众参与。

行政追偿内部化的定位,使行政追偿从启动到作出决定的整个过程都缺少社会公众和被追偿人的参与。根据程序公正的基本要求,从国家追偿程序启动至国家追偿决定作出的整个过程,都要保障公众和被追偿者的参与权。

(三)行政追偿的启动程序

行政追偿启动程序是指由行政追偿启动主体对行政赔偿案件进行甄别,对符合追偿条件的案件,收集拟被追偿人的工资情况和家庭经济情况,向追偿委员会提出书面追偿建议。根据职权分离原则,行政追偿启动主体是行政赔偿义务机关。在是否启动行政追偿程序的审查过程中,一般分为形式审查和实质审查两种类型,笔者认为,要求作为行政机关的赔偿义务机关对行政追偿的构成要件进行实质审查,无论从专业能力层面还是从业务范围角度,都是勉为其难。所以,启动程序为形式审查更为现实,详言之,在行政追偿启动程序中,行政赔偿义务机关只需要对行政追偿有关材料进行形式审查,材料齐全即可立案,行政追偿程序即可启动。

根据我国《国家赔偿法》之规定,行政赔偿的提出有两种途径:一是由申请人选择向赔偿义务机关提出;二是在申请行政复议或者提起行政诉讼时一并提出,相应地,行政追偿的启动也分为未经诉讼程序的追偿启动和经过诉讼程序的追偿启动。

1. 未经诉讼程序的行政赔偿案件的追偿启动

根据我国《国家赔偿法》的规定,赔偿请求人请求赔偿采用双轨制的途径。具体而言:受害人可以在单独提出程序和一并提起程序之间进行选择。单独提起程序也称先行处理程序,就是受害人先行直接向行政赔偿义务机关提出单独的行政赔偿请求,由行政赔偿义务机关先行处理,决定是否给予行政赔偿的程序,经过这一程序形成的行政赔偿案件就是未经诉讼程序的行政赔偿案件。在该类案件中,理论上,在行政赔偿阶段,赔偿义务机关就已经查明行政行为是否违法,违法的行政行为中是否存在公务人员主观过错的情形,才会作出是否进行行政赔偿的决定。换言之,一旦行政赔偿请求成立,造成行政赔偿的原因就已经被查明,那么在行政赔偿义务机关作出行政赔偿决定之后,对是否应当启动追偿程序就早已成竹在胸。所以,未经诉讼程序的行政赔偿案件,由财政部门在支付国家赔偿费用之后,赔偿义务机关就应当能够将是否进行行政追偿的建议,以书面形式提交给追偿委员会,由追偿委员会审查后决定是否进行追偿。在《国家赔偿费用管理条例》(送审稿)中,也已经有赔偿义务机关在申请支付国家赔偿费用时,应向财政部门提交国家赔偿费用申请、赔偿决定书或者调解书等财政部门要求的其他材料①的相关规定。在正式《国家赔偿费用管理条例》中更是明确规定了赔偿义务机关

---

① 《国家赔偿费用管理条例》(送审稿)第11条规定:"(赔偿义务机关申请要求)赔偿义务机关申请支付国家赔偿费用的,应当向财政部门提交申请文件,并根据不同情况,相应提交下列文件或者文件副本:

1. 赔偿请求人支付国家赔偿费用申请;

2. 生效的判决书、复议决定书、赔偿决定书或者调解书;

3. 应当支付的国家赔偿费用总额及赔偿项目和计算标准;

4. 财政部门要求提供的其他材料。"

在作出追偿决定后，应当书面通知有关财政部门。[①] 在地方政府规章中也有行政赔偿义务机关应当将作出追偿或者不予追偿的决定，抄送财政部门的规定。[②] 也就是说，财政部门有权掌握行政赔偿案件的所有资料，而作为追偿委员会委员的财政部门工作人员，也应当及时将这些案件资料提交给追偿委员会。对于行政赔偿义务机关建议不予追偿的案件，追偿委员会应当进行初步研究，如果认为应当追偿，应要求行政赔偿义务机关书面作出不予追偿的解释，认为解释不能成立，仍然需要追偿的，应当径行启动追偿程序。

2. 经过诉讼程序的赔偿案件的追偿启动

根据我国《国家赔偿法》的规定，国家赔偿案件的当事人双方是赔偿义务机关和受害人，行使行政职权的公务人员没有法律地位，国家赔偿案件的审判标的是行政行为的合法性，而不是公务人员的行为，所以，在行政赔偿诉讼中，公务人员是否具备被追偿情形并不是人民法院的审理范围。针对这种一并提起行政赔偿的案件，在行政赔偿诉讼开始时，赔偿义务机关接到法院应诉通知后，就应当立即向受理法院申请追加有可能受到追偿的公务员为第三人参加到行政赔偿诉讼中。人民法院进行调查后，在判决书中，对公务员的故意或重大过失的情形予以阐述。在作出行政赔偿判决书的同时，通过司法建议书的形式，对符合行政追偿情况的案件向赔偿义务机关释明，在这种情况下，赔偿义务机关就可以依据司法建议书启动追偿程序。

---

① 《国家赔偿费用管理条例》第 12 条规定："赔偿义务机关应当依照国家赔偿法第十六条、第三十一条的规定，责令有关工作人员、受委托的组织或者个人承担或者向有关工作人员追偿部分或者全部国家赔偿费用。赔偿义务机关依照前款规定作出决定后，应当书面通知有关财政部门。有关工作人员、受委托的组织或者个人应当依照财政收入收缴的规定上缴应当承担或者被追偿的国家赔偿费用。"

② 2017 年 3 月 1 日起施行的《浙江省国家赔偿费用管理办法》第 13 条规定："行政赔偿义务机关应当自财政部门告知已支付国家赔偿费用之日起60 日内，作出追偿或者不予追偿的决定，同时抄送有关财政部门和其他有权监督机关。"

（四）行政追偿的决定程序

行政法上债权债务关系首先属于公法关系，其法律关系应当依据公法规定，追偿主体与追偿对象之间的债权债务关系不是传统的民法的债权债务关系，追偿主体与追偿对象之间应遵循公法法理，双方的地位不是完全平等的，行政追偿主体必然享有一些公法上的优益权，比如，在行政追偿没有得到债务人自觉配合而协商不成的情况下，行政追偿主体可以依法作出行政追偿决定。

行政追偿的决定程序是指追偿主体作出行政追偿决定所适用的程序。在行政赔偿义务机关对行政赔偿案件进行初步筛选，启动行政追偿程序后，行政追偿就进入了决定程序。根据职权分离原则，行政追偿的决定权由行政追偿主体享有，至于行政追偿主体的确定，如前文所述，为了解决行政追偿主体内部性规定的弊端，本书建议应由县级以上各级政府作为行政追偿主体，处理本行政区域范围内的各个行政部门的行政追偿案件，由县级政府成立的追偿委员会具体负责行政追偿案件的处理。

在行政追偿决定程序中，追偿委员会需要完成下列工作：追偿办公室综合考量被追偿人主观过错的情形，确定是否具备故意或者重大过失的应予追偿的主观可归责性；召开专案委员会，邀请被追偿人列席说明并听取其意见；专案委员会按照行政追偿标准确定决定追偿数额的范围；依据事实和法律作出追偿报告书。根据正当法律程序原则，关于行政追偿的决定程序的具体设计，至少应当包含以下几个步骤。

1. 立案

立案是指国家赔偿之后，对赔偿案件的细节进行审视，看其是否符合追偿的有关条件，是否决定对有故意或重大过失的公务人员进行追偿的活动。行政赔偿义务机关在向受害人作出行政赔偿后，追偿委员会根据行政赔偿义务机关提供的追偿建议、追偿线索和司法建议，确定对拟被追偿人进行行政追偿后，制作书面的立案决定书，进入立案阶段。

在立案阶段确立追偿案件，一般源于以下 5 种途径：一是行政赔偿义务机关在处理行政赔偿案件时发现有应予追偿的事实,提出追偿建议,报请行政追偿委员会作出决定,追偿委员会认为应当追偿时,即予以立案;二是行政复议机关在处理行政复议案件的过程中,一并解决行政赔偿问题时,发现有应予追偿的事实,向追偿委员会提出追偿意见,追偿委员会认为应当追偿时,即予以立案;三是人民法院在审理行政诉讼案件过程中,一并解决行政赔偿问题时,发现有应予追偿的事实,以司法建议的形式提出追偿意见,追偿委员会认为应当追偿的,即予以立案;四是在行政败诉案件问责中,有关主体发现应予追偿的情况,向追偿委员会提出追偿意见,追偿委员会认为应当追偿时,即予以立案;五是追偿委员会委员自己掌握追偿线索,经追偿委员会研究后符合追偿条件,决定立案的。

2. 预告知

预告知是正当程序中受告知权的类型之一,受告知权包括预先告知、事后告知及救济途径的告知三种类型。所谓预告知,就是要求赔偿义务机关通知该公务员于协议期日到场参加协议,保障其有适当的时间陈述意见,并且在追偿委员会"行使追偿权事件"中,在认定该公务员是否应当被追偿以及追偿范围时,也应进行告知。由于行政追偿是以金钱给付作为主要形式,其涉及被追偿人的财产权,如果双方未能达成行政追偿协议,则行政追偿主体将依职权作出影响被追偿人宪法基本权利的行政追偿决定,行政赔偿义务机关在行使追偿权前必须预先告知,使被追偿人知道其将被进行追偿的情况。

行政追偿主体在接到受害人损害赔偿请求或接到法院诉讼文书后,应当将受害人请求的内容或诉讼内容告知有可能受到行政追偿的行政机关工作人员、受委托的组织和个人,以便其为维护自身合法权益做好各项准备,如根据有可能被追偿的金额安排家庭生活,调查、固定证据等。

3. 调查取证

根据职权分离制度,行政追偿的调查取证与审查决定的职权应当分别由不同机构和人员行使,在行政追偿委员会裁决启动行政追偿制度决定立案后,应由追偿委员会以外的司法行政机关负责调查取证工作。调查工作应主要针对有关追偿意见中提出的事实进行。调查取证的重点是行政追偿数额确定规则中的各个因素。针对公务人员应调查的事项包括:第一,核实被追偿人在实施违法行为时是否具有故意或者重大过失的过错;如果具有,区分过错程度是故意还是重大过失。第二,调查被追偿人的工资(含非工资福利)收入情况,经济承受能力、家庭生活状况。第三,调查被追偿人自身智力或身体上的特质。第四,核实行政赔偿义务机关是否具有选任过失、监管过失。第五,核实行政赔偿义务机关是否提供了合格的履行职责所需的办公条件。

4. 告知

追偿权的行使直接关系到被追偿人的合法权益,追偿人必须在行使追偿权前,履行告知的义务。调查完毕后,案件承办人应当以书面形式告知被追偿人有关追偿的事实、理由、依据和有关权利(包括要求听证的权利)等,并规定一个合理的期限,以便被追偿人进行抗辩准备,保证被追偿人申辩权的实现。在形式上,追偿主体应当记录这种告知过程,并请被追偿人签名,以供查用。

5. 听证

听证是指当事人就被指控或不利决定进行答辩或反驳,以便在行政机关作出决定前给予当事人答辩或说明的机会,具体分为听证和陈述意见。听证程序应符合行政程序原则的具体要求。具体而言,(1)听证程序中,为保障被追偿人的合法权益,可以设定代理人制度,由律师为被追偿人提供法律咨询、辩护、交涉协商、文书代撰及其他法律实务上的必要服务等法律上的协助。(2)为了确保判断公正,防止因存在预设立场而产生判断上的偏颇,对于与案件有利害关系的人规定了回避制度和禁止片面接触制度。(3)为了确保被追偿人和社会公众的知情权,实现被追偿人和社会公众对行政追偿过程的监督,行政追偿听证原则上实行公开制度,将行政追偿听证过程向社会公众公开,防止行政追偿主体暗箱操作。

6. 协商

关于协商程序,应先由行政追偿主体确定追偿数额的范围,再由行政赔偿义务机关在此范围内与被追偿人进行协商。协商的内容包括追偿金额的具体确定、追偿金的支付方式和支付期限。协商成功,将协商内容报送行政追偿主体,由追偿主体依据协商内容作出追偿决定;协商失败,由行政追偿主体径行作出追偿决定。在行政赔偿义务机关与被追偿人进行协商时,被追偿人可以根据自己家庭经济的实际情况,向赔偿义务机关阐述自己的合理请求。

协商制度使得被追偿人享有参与权,从而科学合理地确定行政追偿的数额,保障追偿的顺利进行,还能够起到对当事人的教育作用。而且由于行政追偿的公法之债的性质,行政追偿金实质上属于国家财政、公共财政,行政追偿金应上交国库,所以,协商内容必须符合合法性原则,协商双方是在追偿委员会已经确定的行政追偿数额范围内进行商谈,行政追偿数额不能超出法定的自由裁量范围,以便确保协商结果不会损害国家利益。

7. 作出追偿决定

行政追偿中的决定程序是整个行政追偿中的决定性环节,它决定着是否要对被追偿人进行最后的追偿,因此在这项程序上要特别注意的是效率和公平的统一,既要讲求程序上的效率,也要注重效果的公平。

行政追偿决定包括两个方面的内容:一方面,被调查人是不是应该被追偿;另一方面,追偿的金额及期限如何认定。鉴于我国行政追偿主体拥有行政追偿决定权,在协商未果时,追偿主体应当以调查核实的证据或事实为依据,参考相关责任主体的情况说明,作出追偿决定或裁决,并送达被追偿人和财政部门,由被追偿人直接向财政部门缴纳应负担的追偿费用。所以,经过协商后,无论是否达成一致,行政追偿主体均应作出行政追偿决定。其中协议一致的,依据协商内容作出行政追偿决定,未能达成一致的,由行政追偿主体依法径行作出行政追偿决定。

行政追偿决定的作出步骤具体为:行政追偿主体内部负责调查取证的追偿办公室完成调查取证后,对所有情况细节进行整合分析,形成一个全面明确的情况汇报,认真编写出结论报告,并提出对此项案件的初步处理建议,连同所有收集的材料一起呈交专案追偿委员会讨论。专案追偿委员会就是否予以追偿、追偿额度和追偿方式等问题进行集体讨论,专案追偿委员会委员应当充分考虑被追偿人造成损失的过错范围、过错的起因、损失的后果与严重程度、行为人对违法性质的认识程度以及是否采取补救措施等因素,同时要考虑被追偿人的经济承受能力、家庭生活状况等,既要起到惩戒作用,又要有执行的可能。如果追偿的数额过高,被追偿人无力承担,反而起不到惩戒作用。所以,专案追偿委员会意见既要尊重和保护被追偿人的合法财产权益不受侵害,也要避免追偿限额过于宽松。

在制度设计上,行政追偿专案委员会实行少数服从多数的原则,行政追偿委员会以专案委员会会议形成的专家意见为依据,作出追偿报告书,上报行政追偿主体法定代表人,法定代表人根据追偿报告书作出是否追偿的决定。如果行政追偿主体认为委员会报告书有问题,可以退回追偿委员会,委员会必须按照回避原则重新组织委员召开专案委员会会议讨论,如果新一轮委员会会议仍然坚持原来的决定,行政追偿主体必须依据报告书作出行政追偿决定。

8.送达

行政追偿决定应以书面形式呈现,即应制作行政追偿决定书,加盖行政追偿主体的印章,并将行政追偿决定书送达被追偿人。同时,还应将处理结果及时告知提出追偿意见或建议的有关机关,如行政复议机关和人民法院等。行政追偿决定书应当采取行政诉讼法规定的方式送达。

(五)公法之债视野下行政追偿的救济程序

行政追偿的救济程序,是对行政追偿决定的一种矫正和重新思考,是指受行政追偿的个人或组织,在不服行政追偿主体作出的追偿决定时,依法定途径诉请有权机关对行政追偿决定进行再审查,保护自身权益的程序。行政追偿因为涉及被追偿人的重大利益,违法滥用追偿权可能会给被追偿人带来巨大的损害。若被追偿人不服追偿决定,能否寻求救济,以及通过何种渠道获得救济,是我们必须解决的重要问题。

1. 行政追偿对象救济权的理论基础

行政追偿属于公法之债,行政追偿权属于公法债权,根据债的基本原理,在行政追偿法律关系中,作为债权人的追偿主体运用公权力单方决定行政追偿金额时,作为债务人的追偿对象,虽然没有相应的公权力与之抗衡,但是在行政追偿法律关系中,追偿主体和被追偿人之间本质上就是以追偿主体请求被追偿人给付一定金额为内容的权利义务关系。根据德国法学家萨维尼对于债的主体双方的关系配置,债务人在债的关系中始终没有丧失主体自由,“债的建立及其内容安排归根结底是债务人通过自己意志而决定的自己在某特定行为上的不自由,但其前提意义而言债务人仍然具有自由和尊严”。① 所以,对追偿主体的行政追偿决定,被追偿人也应该享有反驳权,法律应给予其救济途径,使其有表达异议的法定通道。

正如《世界人权宣言》所提倡的,“任何人当宪法或法律所赋予他的基本权利遭受侵害时,有权由合格的国家法庭对这种侵害行为作有效的补救。”②关于救济的一般含义,《现代汉语词典》中的解释为“用金钱或物资帮助灾区或生活困难的人”,而救济在法律上的含义是指权益受到侵犯后的恢复和补救,是一种制度的安排。

所以,尽管我国现行立法例中,并没有赋予被追偿人救济权,但是根

① 龙卫球:《债的本质研究:以债务人关系为起点》,载《中国法学》2005 年第 6 期。

② 《世界人权宣言》。转引自刘剑文主编:《税法学》(第 5 版),北京大学出版社 2017 年版,第 447 页。

据有权利必有救济原则，被追偿人对行政追偿决定有异议时，给予其必要的救济，已是学界共识，只是在救济途径的选择问题上尚不能统一。

2. 行政追偿救济模式选择

关于在被追偿人救济途径的选择方面，学者们有不同的主张。

第一种观点是应当为被追偿人提供司法救济途径。有学者认为行政追偿属于独立的法律责任，主张赋予追偿对象在不服追偿决定时向法院寻求救济的权利，由法院适用行政诉讼处理此类争议。① 有学者主张为保障追偿制度的公平合理，可以借鉴国外立法例，为被追偿人设定司法救济程序。② 有学者主张将行政追偿、行政处分、行政机关对其工作人员的奖惩等内部行政行为纳入司法审查范围。③

第二种观点认为被追偿人只能寻求申诉、控告等内部救济途径。有学者认为，在救济程序中，应允许被追偿人向有关机关提起申诉。④ 有学者主张可以参照《公务员法》中公务员惩戒基本程序和公务员申诉、控告基本程序。⑤ 还有学者主张应对申诉的具体期限作出特别规定。⑥

作者认为，救济途径选择的不同，根本分歧在于对行政追偿制度的法律性质认识不同。申言之，决定行政追偿救济途径的前提，是行政追

---

① 参见顾永忠：《国家追偿制度的理性思考》，载《当代法学》2015 年第 5 期。

② 参见林准、马原主编：《国家赔偿问题研究》，人民法院出版社 1992 年版，第 264 页。

③ 参见周维峰：《行政追偿制度研究》，载《行政与法（吉林省行政学院学报）》2005 年第 7 期。

④ 参见马怀德主编：《完善国家赔偿立法基本问题研究》，北京大学出版社 2008 年版，第 179 ~ 180 页；薛刚凌主编：《国家赔偿法》，中国政法大学出版社 2010 年版，第 181 页；吴春庚、龙凤兰、许利娟：《法国与中国行政追偿制度之比较》，载《华东经济管理》2007 年第 6 期。

⑤ 参见沈岿：《国家赔偿法：原理与案例》，北京大学出版社 2011 年版，第 418 页。

⑥ 例如，杨小君教授建议“被追偿的国家机关工作人员，对追偿决定不服，可以在追偿决定作出之日起六十日内向上一级国家机关提出申诉。上一级国家机关应在收到申诉书之日起两个月内作出复查决定”。杨小君：《国家赔偿法律问题研究》，北京大学出版社 2005 年版，第 358 页。

偿决定的行为性质。既然行政追偿决定是行政行为，而且行政追偿权是公法债权，行政追偿制度中对部分或全部赔偿费用的追偿，必然导致被追偿者财产权的损害，对被追偿人的利益有较大的影响。正所谓“在追偿实践中，国家机关对不能达成协议的，可以凭职权作出追偿决定……稍有不慎，就可能受到人的思想观念、见解认识等消极因素影响”。[①] 是故，为被追偿人提供司法救济途径应该顺理成章。将被追偿人的合法权益的救济途径囿于内部的救济，最大的壁垒应该是对国家与公务员关系的顾虑。

(1)国家与公务员关系的演变

从历史发展上看，公务员与国家之间的法律关系，分为4个阶段，相应的救济途径也有所不同。

第一，恩庇侍从关系。

在漫长的封建社会，皇帝代表国家，拥有绝对的支配权，国家的一切建构，包括公务员与国家之间的官僚体制，都是为了配合封建专制体制，协助皇帝树立和维护绝对的统治地位，公务员与国家的关系，基本上就是官吏与皇帝的关系，官吏的任命，直接或者间接是由于获得皇帝的恩宠，官吏获得奖赏或者升迁，基本上是因为得到皇帝的认可，官吏被革职或惩处，也是因为遭到了皇帝的憎恶，在此种恩庇侍从体制下，官吏的权利救济途径毫无制度可言。恩庇侍从关系的主要特点如下。

①公务员与国家的法律关系实质上是公务员与皇帝之间的关系，是一种人身依附关系，官员完全沦为皇帝的统治工具或者奴仆，也没有法律人格和独立从事公务行为的自由，其身份、报酬、荣誉以及罢免完全由君主决定。

②恩庇侍从关系是一种绝对不平等关系，君主对官员拥有绝对控制权，官员必须对皇帝或者君主绝对顺从和绝对忠诚，公务员的责任实质

---

① 黄正光:《浅议国家追偿权的几个问题》,载《人民司法》1996年第1期。

上就是服从君主的意志，是皇帝或者君主实现其主权统治的助手和工具。

③恩庇侍从关系中官员没有法律地位和法律保障，其权利得不到制度的规范和保护，尽管我国历史上也有一些所谓明君礼贤下士、爱护官员事例，但是根本谈不上构建公务人员的权利保障体系，更没有赋予公务员法定的权利救济途径。

中国古代的封建社会时期，公务员与国家的法律关系就是恩庇侍从关系，这种关系随着法治国家的建立已经被历史摒弃，被更加先进的委托代理关系和雇佣关系所替代。

第二，委托代理关系。

委托代理关系是在近代商品经济和对外贸易发展的基础上产生的“意思可以通过他人加以表述”①的法律关系，在公务人员与国家的委托代理关系中，公务员作为代理人接受国家的委托，担任一定的行政职务，代表委托人的利益行使行政权力执行行政任务。代理关系具有以下主要特点。

①在委托代理关系中，政府与公务员双方均拥有相应的权利和责任，政府有权选择代理人，有权对公务人员进行必要的管理和监督，进行奖惩和任免，公务员则有权获得报酬，有权要求执行行政职务行为所需要的行政权力和相应的保障条件。

②在委托代理关系中，委托人和代理人双方权利义务所指向的客体是国家公权力，具体而言是指行政权力，作为委托人的政府依法享有行政权力，承担行政责任，政府又通过任用的方式将行政权力委托公务员来行使。

③公务员受政府的委托，以政府的名义，按照政府的意志在授权范

---

①　[意]彼德罗·彭梵得：《罗马法教科书》，中国政法大学出版社1998年版，第353页。

围内行使行政权力，其法律后果由政府承担。委托代理关系中一个难以克服的弊端是，代理人的责任机制问题，如果责任机制不健全，公务员的个人责任不明确，就会导致公务员可能为了追求自身利益，作出违背政府意志、超越授权范围的行为，导致政府目标难以实现，客观上也造成了公务员管理制度的弊端。

第三，雇佣关系。

此处的雇佣关系是指国家与公务员之间是雇主和雇员之间的关系，公务员是作为雇主的政府在公务活动中所雇用的人员，这种关系模式不仅存在于英美法系国家，还存在于大陆法系主要国家的德国，雇佣关系的特点如下。

①双方的法律地位相对平等。政府与公务员之间的雇佣关系是建立在双方合意的基础之上，以雇佣契约形式加以确定的关系，当然从雇佣关系双方的权利义务的内容来看，政府作为雇主有权单方面制定规则，公务员作为雇员一方只有同意或者不同意的权利。

②雇佣关系将公务员的公务行为与个人行为进行区分。公务员作为雇员，只能按照作为雇主的政府的意志，执行雇主的命令，不得超越雇主的授权范围，否则，其行为就是个人行为。公务行为的法律后果由政府承担，个人行为的法律后果则由公务员自己承担。

③国家与公务员的雇佣关系忽视了行政管理与企业管理在管理目的、责任形式等方面的本质不同，企业管理是以营利为目的，行政管理是以公共事务为目的，企业管理中雇员仅对雇主负责，承担民事责任，行政管理中，公务员不仅要对政府负责，还要对社会公众负责，公务员不仅要依照雇佣关系承担民事责任，还要承担行政责任、政治责任、法律责任和道德责任等多种责任形式。

第四，行政公职关系。

在我国，一般认为，公务员与国家之间的法律关系是因公民担任公职、执行公务而与政府及国家发生的公职关系，这种公职关系既不同于委托代理关系,也不同于雇佣关系,委托代理关系是基于委托人单方意思表达而产生的公务员与国家之间的关系,而公务员与国家之间是经过合意产生,彼此互为权利义务关系的一种公法契约关系,是特别的权利义务关系。雇佣关系因系民事雇佣关系的翻版而不能满足行政管理的要求,公职关系则克服了雇佣关系这一弊端,公职关系具有明显的公法性质,公务员不仅要对政府负责,同样也必须对公民负责,要承担公共责任。公职关系主要有以下特点。

①公职关系包括两个层次的契约关系:第一层次的契约关系是公民与国家之间的基于公民同意将一部分权利转交出来成为政府的公共权力,政府对公民负有责任的权利义务关系;第二层次的契约关系是国家与公务员之间经过录用等严格法律规范形成的契约关系,政府将社会管理和服务的职能转移给公务员,政府责任与公务员责任实现了高度统一,公务行为的最终目的是实现国家和社会事务的管理,为公民服务。

②公职关系是依据公法体系中有关公务员管理法律规范形成的行政契约法律关系,公务员的权利义务清晰,保障机制和责任系统成熟。公务员产生的程序、行政职权的行为方式及范围、对公务员的奖惩任免等管理和公务员的救济途径均由法律明确规定,形成了与现代法治社会相适应的公务员的保障体系。

③公职关系的伦理定位是行政隶属性或特别权力关系,[①]在行政法学理论中,属于内部行政关系,根据特别权力关系理论和我国《行政复议法》《行政诉讼法》,内部行政法律关系被排除在受案范围之外,公务员只能根据《公务员法》的规定,寻求申诉、控告等内部救济途径。

行政职务关系是我国在对委托代理关系和雇佣关系进行充分考量的基础上,按照我国的政治历史背景和法律文化传统,形成的具有中国

---

①　参见肖子策:《公务员双重身份划分研究》,载《政治与法律》1999 年第 5 期,第 18 页。

智慧的公务员与国家之间的关系模式，很好地呼应了我国新时代对法治国家法治政府的要求。

(2)传统特别权力关系理论

根据特别权力关系理论，因特别权力关系引发的行政争议，相对人只能寻求内部救济。

①特别权力关系传统理论的源流

特别权力关系是大陆法系行政法学的一个特有概念，它与一般权力关系相对应，共同构成了行政法律关系的一种基本分类。特别权力关系理论最早形成于19世纪君主立宪时代的德国，首先是由德国著名公法学学者拉班德在其巨著《德意志帝国之国家法》一书中提出来的，这一概念产生之初就被用于解释国家公务人员相对于其任职机关的法律地位。特别权力关系理论认为，由于公民与国家之间的特别关系而被认为是一种行政内部关系，因而可以由行政机关自行制定的内部行政规定来调整，而不一定需要法律基础。尽管一种特别权力关系的确立本身需要有法定基础，但是在其内部具体关系的调整上则不受基本权利、法律保留和权利救济的约束，因此行政机关可以依职权自行制定调整特别权力关系的必要规则。这种规则在性质上是内部行政规定，不具有对外的法律性质，因而既不受法定授权的约束，也不受司法裁判的约束，行政权可以自行对特别权力关系进行规范。因此，所谓的“特别权力关系”基本上是不受任何法律监督的，行政机关在特别权力关系领域中拥有不受制约的权力。所以，以特别权力关系为理论基础的行政追偿制度，在本质上排斥外部制约，认为行政追偿是行政机关的“自留地”，对行政追偿制度的设计也应该是行政机关制定内部行政规定，行政主体可以直接对处于特别权力关系中的相对人施以惩戒。

②特别权力关系的修正

源自德国的特别权力关系理论曾经盛极一时，推广到世界很多国家，但是“二战”以后特别权力关系理论受到巨大的冲击，渐趋衰落，学界对传统的特别权力关系先后两次进行了重新定位修正。第一次修正中，著名公法学者乌勒提出的将特别权力关系分为“基础关系”和“管理关系”的折中说，逐渐取得通说的地位。① 在折中说中，特别权力关系限缩至“管理关系”，“基础关系”不再囿于特别权力关系，不能由行政权自行决定。因为折中说也存在明显缺陷，另一种被称为“重要性理论”的观点随之出现，即凡是涉及相对人基本权利的即视为“重要事项”，都必须由立法者以立法方式限制，不得由权利人自行决定，②后来，这一理论逐渐被学界和实务界所认可。目前，特别权力关系理论已经日渐式微，特别权力关系中对相对一方基本权利的限制应当具有法律根据，特别权力关系享受“司法豁免权”的时代已经结束，“只要相对一方的宪法基本权利或其特定的身份遭到来自权力方行为的侵害或剥夺时就应当享有诉诸法院获得救济的权力”。③

在行政追偿行为中，要求追偿人承担部分或者全部国家赔偿费用，客观上是对被追偿人财产权的侵害，财产权作为被追偿人的宪法基本权利，应当受到法律保护。所以，在行政追偿救济中，应当和税收法律关系的救济途径一样，将行政追偿决定纳入行政复议和行政诉讼的受案范围。被追偿人如果对行政追偿主体作出的行政追偿决定有异议的，可以按照行政法的相关规定，自行选择申请行政复议或者提起行政诉讼。

(六)公法之债视野下行政追偿的执行程序

行政追偿是行政追偿主体对被追偿人设定的给付义务。但现实中，追偿决定书送达后，当被追偿人在决定书规定的期限内消极履行或不履行其义务的情况出现时，采取一定的强制手段，迫使被追偿人履行义务，是必要的。根据职权分离原则，执行权由执行机关行使。具体为：被追

---

① 参见杨海坤、章志远：《中国行政法原论》，中国人民大学出版社 2007 年版，第 147 页。

② 参见陈新民：《中国行政法学原理》，中国政法大学出版社 2002 年版，第 55 页。

③ 章志远：《行政法学总论》，北京大学出版社 2014 年版，第 117 页。

偿人为公务员的,根据《国家赔偿费用管理条例》的规定,由当地的财政部门在被追偿人工资中抵扣。被追偿人为不具有公务员身份的组织或者个人的,由行政追偿主体向人民法院申请强制执行。

行政追偿执行程序的建立目的主要有三:一是明确执行权的主体及其执行权限;二是规定执行的依据和条件;三是规定执行措施及在执行过程中应遵循的程序。

1. 执行程序中的比例原则

基于行政追偿的公法属性,行政追偿制度作为国家治理的一个抓手,在行政追偿执行中,应严格遵循比例原则以便实现多元社会关系多种利益的平衡。比例原则的子原则——必要性原则要求,在行政追偿的执行阶段,首先,根据公务员的经济状况实行行政追偿金的减免和追偿金的分期支付等手段,都是符合必要性的指导精神,用"最温和手段"避免被追偿人因支付追偿金而丧失基本生活保障,致使家庭生计陷入困境。其次,执行追偿金应当以被追偿人的个人财产为限,不得向其亲属追偿。行政追偿是由于公务人员在行政职务侵权责任中存在故意或重大过失,而对其进行的追偿,归根结底属于公务人员的个人责任,其家庭成员并不存在过错。所以,应仅限于对其个人财产进行追偿,追偿金的执行只能针对被追偿人自己的薪金和津贴,其他个人财产和其他家庭财产不能作为追偿金予以执行。

2. 公法债权的实现规则

由于行政法上的债权债务关系的核心仍然是债,所以仍然要体现民法之债中给付的基本特征,应当将协商作为必经程序,未经协商而径行作出行政追偿决定的,应属程序违法。并且,关于债的履行,应当融入私法元素,要充分考虑被追偿人的实际情况,减免和分期支付追偿金额,而不是单纯按照公法规定依法行政。

至于行政追偿金的执行,根据"债"的相对性,"债权为对于特定人之权利,债权人只能向债务人请求给付,而不能向债务人以外之人请求给付”。[①] 也就是说，债权系指特定人得以向特定人请求特定行为的权利，不具有对抗第三人的效力。那么，在行政追偿债权债务关系中，作为债权人的追偿主体只能向作为债务人的追偿对象请求给付，而不能向债务人以外的人行使债权。具体到行政追偿金的执行中，行政追偿主体只能申请执行被追偿人自己的财产，而不能执行被追偿人以外的人的财产；否则，就属于执行错误，应当按照执行程序，进行执行回转。

并且，公法债权在实现中，应当按照“债”的责任类型，采取不同的执行措施。按照债务人应负责任的形态，债务人的责任分为无限责任和有限责任。具体到行政追偿法律关系中，债务人包括公务员、被委托的组织和个人，也就是说，在主体上，被追偿对象包括自然人和组织两类。自然人属于负无限责任的债务人，组织则属于负有限责任的债务人。针对这两类责任形态，执行措施也应有所不同。针对负无限责任的被追偿人，应当执行其全部财产，但是，不得执行债务人及其共同生活之亲属所必需之衣服、寝具、其他物品及职业上或教育上所必需之器具、物品等；不得执行的权利，系指债务人对于第三人之债权，为维持债务人及其共同生活之亲属生活所必需而保有部分财产不被强制执行的权利。针对有限责任的债务人，以其特定财产为限度负担清偿责任，即便该特定财产难以清偿全部债务，对于其他财产，包括被追偿人法定代表人的财产，均不能强制执行。

3. 执行程序中可借鉴的制度

第一，追偿金的分期支付和减免制度。

根据生存权照顾原则，在执行程序中，对追偿金实行酌情宽缓制度。有学者主张在行使求偿权时，应允许被追偿人分期给付或缓期偿还，并应酌情为其保留必要的家庭生活费用，如其无能力偿还状态持续存在，赔偿义务机关似得免除或抛弃求偿权，只是须向其上级机关报备。求偿

---

① 王泽鉴：《债法原理》，北京大学出版社2009年版，第8页。

时先进行协商,协商不成再提起诉讼。[①]

第二,被追偿人工资扣发的比例。

为了保障被追偿人及其家庭成员的生存权,不致因追偿金导致被追偿人生计困顿,影响基本人权。在行政追偿的执行中,确定扣发被追偿人工资的最高限额时可以借鉴《上海市企业工资支付办法》第22条[②]关于用人单位从劳动者工资中扣除赔偿费的要求,确定在行政追偿执行中,财政机关对被追偿人采取扣发工资的强制执行措施,最高扣发比例为被追偿人当月基本工资的1/5,扣除后的工资也应当在当地的最低工资标准之上。

第三,被追偿人死亡的追偿金执行。

在行政追偿执行程序中,被追偿人死亡的,对于追偿金额能否按照《继承法》的相关规定,对其遗产进行执行?针对这一问题,有学者认为,继承人对于遗产和债务均要继承,被继承人的债务,无论是私法上的债务还是公法上的债务,除被继承人自身专属的债务外,均得为继承的标的。[③] 那么,被追偿金额是不是专属债务呢?根据行政追偿的"公法之债"的性质,被追偿人之所以被追偿,其原因是在执行公务中有故意或重大过失的主观过错,被追偿的构成要件具有高度的属人性,追偿金被认定为具有人身专属性,不得成为继承的标的,不应成为执行标的。

4. 行政追偿执行种类

根据我国《行政强制法》的相关规定,行政强制执行分为有强制执行权的行政强制执行和没有强制执行权的申请强制执行,同样地,行政追

---

① 参见曹兢辉:《国家赔偿法之理论与实务》,台北,新文化彩色印书馆1981年版,第474页。

② 《上海市企业工资支付办法》第22条规定:"劳动者因本人原因给单位造成经济损失的,用人单位依法要求其赔偿的,并需从工资中扣除赔偿费的,扣除部分不得超过劳动者当月工资收入的20%,且扣除后的剩余工资不得低于本市规定的最低工资标准。"

③ 参见戴炎辉、戴东雄:《中国继承法》,台北,三民书局1999年版,第112页。

偿的执行,也可以参照我国《行政强制法》等相关法律规定,被追偿人为公务员的,根据《国家赔偿费用管理条例》的规定,由当地的财政部门在被追偿人的工资中抵扣。被追偿人为不具有公务员身份的组织或者个人的,由行政追偿主体向人民法院申请强制执行。根据强制执行主体的不同,行政追偿执行分为以下几种。

第一,行政强制执行。

追偿决定履行期限届满,被追偿人未履行义务的,由行政追偿主体将被追偿人的信息报送同级财政部门,由财政部门执行。具体程序应当适用《行政强制法》规定之督促程序:(1)首先对被追偿人书面发送限期履行的催告,督促其主动履行行政追偿决定。催告履行期满被追偿人仍未履行义务的,财政部门即可作出强制执行决定,扣发其工资。但是扣发工资,不得影响被追偿人的最低生活保障。(2)查询被追偿人的财产状况,可采取查封、扣押、冻结措施。对行政机关工作人员或者受委托的个人不得查封供其家庭生活的住所,也不得扣押其家庭生活所必需的生活用具。(3)赔偿义务机关可以根据实际情况,要求被追偿人提供担保。不能提供担保又不履行追偿决定的,赔偿义务机关可以采取其他强制执行措施。(4)执行过程中,可以允许被追偿人分期支付追偿金。

第二,申请法院强制执行。

被追偿人为公务员以外的组织或个人,在救济期限内被追偿人未行使救济权或者经过非讼救济后被追偿人仍不履行义务的,行政追偿主体应当根据我国《行政强制法》关于行政机关申请法院强制执行的程序规定,申请法院强制执行。

被执行人为个人的,执行其工资报酬时,可以由赔偿义务机关负责;对其工资报酬以外的其他个人财产的执行,应由人民法院负责。但执行对象只限于被追偿人的个人收入。行政追偿的强度应视被追偿人的经济承受能力,无论是对被追偿人的工资报酬还是对其他财产进行执行,都应根据具体情况决定执行数额,不得因行政追偿而影响被追偿人及其家人的基本生活。

在执行方式上,追偿金额小的,可一次性缴清;金额较大的,可以分期分批缴纳,在确定追偿金额大小的标准时,应当按照被追偿人所在地的平均收入并结合被追偿人自身经济状况来确定,并且,分期分批缴纳的具体方案,可以由执行人和被执行人协商确定。

第五章　行政追偿标准之确定

行政追偿标准是行政追偿制度中的核心因素，是行政追偿责任得到实现的重要标志。但是，我国《国家赔偿法》只是规定了“部分”或“全部”国家赔偿费用的追偿标准，自由裁量空间过大，需要进一步作出规范，来统一地方标准和行业标准。鉴于此，实现行政追偿标准的法定化、客观化是落实行政追偿制度的关键因素。一般而言，行政追偿标准包括最高限额的确定和追偿自由裁量部分的评定因素两项内容。

一、行政追偿标准确定的基本原则

行政追偿作为公法之债，首先具备公法属性，公法的基本原则自然应当遵循，在确定行政追偿标准时，应该符合比例原则的内涵要求。

（一）行政追偿标准中比例原则的内涵要求

比例原则作为宪法和行政法上的一个基本原则，不仅是行政法的“皇冠原则”，而且应当成为社会管理乃至国家治理一以贯之的基本原则。[①] 行政追偿制度作为国家治理的重要手段之一，在确定行政追偿标准时，应严格遵循比例原则以便实现多元社会关系多种利益的平衡。

1. 比例原则的概念

比例原则起源于德国，最初只适用于警察行政领域，后来被扩充至行政诸领域，比例原则作为社会管理和国家治理的基本原则，是指行政行为的实施应兼顾行政目标的实现和保护相对人的权益，实现行政目标可能对相对人的权益造成某种不利影响时，应将这种不利影响限制在尽可能小的范围和限度内，保持二者处于适度的比例，该原则具体由三个子项构成，即适当性、必要性和衡量性。

2. 适当性

适当性是从行政行为目的的角度对行政权作出的要求，指行政行为的作出要具有合目的性，要利于行政目的的实现。在面对多种可能选择的措施时，行政机关应择取确实能达到行政目的的措施，具体到行政追偿中，在确定行政追偿标准时，追偿主体对相关各方的利益要保持清醒的认识，并在平等对待的基础之上予以平衡，同时兼顾人权保护方面的相关要求。在确定行政追偿的标准时，避免使公务人员提心吊胆，[②]从而实现督促公务员谨慎执法和保障公务员人权的平衡，这是适当性在行政追偿制度中运用的典型体现。

3. 必要性

必要性是从手段上对行政行为作出的要求，指行政行为不能超越实现目的的必要程度，在多种手段均能达成目的的情况下，应尽可能采取“最不激烈手段”或者“最温和手段”，避免“小题大做”。

---

① 参见沈开举、程雪阳：《比例原则视角下的社会管理创新》，载《现代法学》2012年第2期。

② 参见沈开举、程雪阳：《比例原则视角下的社会管理创新》，载《现代法学》2012年第2期。

4. 衡量性

衡量性又称狭义比例原则或平衡原则，要求手段应按目的加以衡量，即干涉措施所造成的损害轻于达成目的所获得的利益，才具有合法性。行政行为作出时，面对多种可能选择的手段，要从目的上衡量选择的手段，确保目的与手段之间保持比例，不能为了实现行政目的而对公民权益造成过度损害，不得“杀鸡取卵”。根据衡量性原则，行政追偿中应规定最高追偿数额，以免被追偿人因巨额追偿金的经济压力，对执行职务丧失信心，出现“多做多错，不做不错”的消极心态，最终形成阻碍法治政府建设这种得不偿失的局面。

（二）行政追偿标准中比例原则的具体体现

比例原则作为行政追偿制度的基本原则，在行政追偿金额的确立中，根据比例原则，在确定行政追偿金额时，至少要作以下考量。

1. 行政追偿金额与行政赔偿金额相适应

行政追偿金额的范围，应以行政赔偿的金额为限。如果因赔偿请求人的过错减免一部分行政赔偿金额，那么行政追偿金额应当在减免后国家支付的赔偿金额限度内予以确定；对于赔偿义务机关在行政损害赔偿诉讼中支付的相关诉讼费用或律师费用，不得向被追偿人追偿；行政追偿金额的范围以赔偿义务机关正当支付的赔偿金额为限，对于因赔偿义务机关的过失造成的不当支付，不得向被追偿人追偿，不过，赔偿义务机关向被害人支付的损害赔偿金的法定利息，可以作为行政追偿金额进行追偿；由于赔偿义务机关怠于行使抗辩权，使得本应减免的赔偿金额未能减免，而向受害人支付过多赔偿的，不得作为行政追偿金额向被追偿人行使追偿权。

2. 行政追偿金额与被追偿人过错相适应

行政追偿权与民事追偿权的行使不同，民事追偿中仅须考量受害人的客观的受害范围，以损失填补为目的，而无须考量行为人的主观过错程度，行政追偿的主要目的通过对有重大过错的公务人员进行金钱追偿,督促其依法行政的同时警示其他公务员谨慎执法,而不是对支出的国家行政赔偿费用进行填补。所以,公务员主观过错的轻重程度是确定行政追偿金额的重要考量标准,主观过错的严重程度与追偿数额的大小成正比,故意的追偿数额要高于重大过失的追偿数额;在同为重大过失的情况下,过错重则追偿数额高,过错轻则追偿数额低,没有故意或者重大过失的主观过错则不应追偿。

3. 行政追偿金额与经济承受能力相当

在确定追偿金额时,要依照比例原则,考虑到我国实际上公务员的薪金并不丰厚,一旦进行数额较大的追偿,不仅实质上使公务员难以支付,而且使公务员丧失基本的生活保障,有违国家对公务员生存照顾义务的本旨。所以,在确定行政追偿金额时,要将公务员个人的实际收入、家庭经济状况和实际负担等作为参考因素,应仅限于对其个人财产进行追偿,追偿金的执行只能涉及被追偿人自己的薪金和津贴,对于其他个人财产和其他家庭财产不能作为追偿金来执行。

4. 行政、刑事及行政追偿责任综合考量

在行政追偿中,被追偿人往往要承担行政责任、民事责任甚至是刑事责任,在多种责任承担中,也应当依照比例原则综合考量。鉴于行政追偿是对在行政职权侵权中有故意或重大过失的公务人员进行金钱追偿,那么在行政追偿权的行使中,可以借用“一事不再罚款”的立法精神,被追偿人的过错行为已经违法构成犯罪,人民法院已经对其判处罚金的,在对该公务人员进行行政追偿时,应当将确定的行政追偿金中从罚金数额中扣除,以免被追偿人重复承担经济责任。

二、行政追偿最高限额的确定

在确定行政追偿数额时应把被追偿人的人权保障作为一个非常重要的考量因素。从法律性质层面,行政追偿权作为公共债权,国家在立法时,就应当自觉地平衡债务人的生存权与债务承受能力之间的关系,应充分考虑债务人的生存权和国家或地方公共团体债权请求权之间的平衡，而不能像私法之债那样，让债务人承担“一般责任财产”的债务承担责任，即债务人必须用自己的所有财产承担债务清偿责任。因此行政追偿标准在设定之初，应以明确最高限额的形式使债务人承担有限偿付责任。可惜的是，目前我国立法尚没有追偿数额的最高限额规定，有可能出现追偿数额超出了被追偿人经济能力的承受范围，严重影响被追偿人及其家庭成员的正常生活的现象，最终会对行政追偿的落实产生负面影响。所以，确定行政追偿最高限额，是落实行政追偿制度的重要任务。

（一）最高限额的行政法原则支撑

人权保障原则既是宪法的基本原则，也是行政法的基本原则，法治政府应当尊重和保障人权，切实维护公民人权不受非法侵犯。在行政追偿制度中，作为追偿对象的自然人，具有“公务人员”和“公民”的双重身份。被追偿人首先具有公民身份，享有我国宪法和法律赋予公民的各种权利，其中包括人权。所以，在行政追偿中，被追偿人的人权应当得到保障。

1. 人权保障原则的基本要求

关于人权的含义，古今中外的学者从不同角度、不同层次出发作出了不同的理解，最初，霍布斯论证了人的自然权利，认为“自然权利就是每个人按照自己所愿意的方式运用自己的力量保全自己的天性——也就是保全自己的生命——的自由”。[①] 到了当代，英国人米尔恩认为，“从严格意义上讲，最低限度的人权包括了生命权、公平对待的公正权、不受专横干涉的自由权以及儿童受照顾权等七项权利”。[②] 马克思主义的人权理论认为，人权是具体的，是一定历史条件下的产物，不是天赋和人类纯理性的产物，[③]从而解释了人权的国别差异。我国具有代表性的

---

① ［英］霍布斯：《利维坦》，商务印书馆1985年版，第97页。

② ［英］A. J. M. 米尔恩：《人的权利与人的多样性——人权哲学》，夏勇、张志铭译，中国大百科全书出版社1995年版，第7页。

③ 参见关今华：《人权保障法学研究》，人民法院出版社2006年版，第14～18页。

观点有:“人权是作为人应该具备的权利,是个人生存和发展所必须具备的权利。”①“人权是根据人具有的自然属性和社会本质而应该具备的权利。”②“人权是某个时代条件下,以人天生的自然属性为基础、以人的后天的社会属性为本质的作为人的权利。”③可见,尽管文字表述有所不同,但是关于人权首先是生存权,学者们已基本达成共识。所以,人权保障原则的一个基本要求就是生存权保障。因此在对被追偿人进行追偿时,要注意对被追偿人及其家庭的生存权加以保障。

2. 人权保障原则在行政追偿标准中的具体应用

尽管从理论层面,行政追偿应当按照行政追偿主体决定的追偿数额进行全额追偿。但是,从历史上看,以人为本、民惟邦本的民本思想一直是中华民族的优秀传统文化,当代中国更是把生存权、发展权作为首要的基本人权,建立了具有先进性和现实性的人权观。行政追偿请求权属于公债范畴,理应充分考量国家或地方政府的财政收入与被追偿人的生存权保障之间的平衡,因此从被追偿人及其家庭生存权保障视角来说,应当规定最高追偿限额。申言之,根据人权保障原则,在我国追偿标准的确定中,首先应当对行政追偿标准的上限作出明确规定,以避免追偿数额过高,导致实际执行中可能影响被追偿人及其家庭的生存权。

(二)最高限额的可行性

1. 国外最高限额的考察

从立法例上看,有些国家在国家赔偿法中追偿的最高限额作出了明确规定。比如,“捷克的国家赔偿法规定,国家追偿额原则上不能超过已赔偿额的六分之一,最高限额为1000克朗。俄罗斯国家赔偿立法也规定赔偿数额不得超过其月工资的三分之一。加拿大的则规定追偿费用

---

① 周叶中主编:《宪法》,高等教育出版社、北京大学出版社2000年版,第97页。

② 李龙主编、汪习根副主编:《法理学》,人民法院出版社2003年版,第149页。

③ 卓泽渊:《法的价值论》(第2版),法律出版社2006年版,第333页。

不能超过 250 加元"。[1] 可见,为了体现对公务人员的生存照顾,规定最高限额是一个有效的方式。从以上国家的立法技术层面看,有将赔偿额与最高金额相结合的;有以工资收入为标准的;有直接规定最高费用的。在司法实务中,日本法院在日本最高法院昭和五十一年的油罐车事故判决中,站在损害的公平负担的立场,以信义原则为依据,对用人者的追偿权进行了一定的限制,将追偿范围限制在用人者所蒙受的损害的 1/4 以内。[2] 可见,尽管国情不同,立法技术也有差异,但是规定最高限额却是多数国家一致的做法。

尽管国外对国家追偿最高限额作了明确规定,但是,在我国规定行政追偿数额时,更应该首先考虑我国国情,寻找适合我国社会发展的中国方案。鉴于我国各地经济发展水平不同,加上各个案件中被追偿人的过错严重程度也各有不同,直接规定最高追偿费用,不能与我国实际情况相贴合。

2. 我国下位法行政追偿限额的梳理

尽管中央立法关于行政追偿限额仍有待进一步明确,但是,已有的规范性文件已经确定了追偿限额的地方标准和行业标准,其中也不乏对行政追偿制度的有益探索和尝试。所以,对下位法进行梳理,能够为中央立法提供启发和经验。

关于行政追偿标准,在现行有效的 10 部地方政府规章中,有 5 部明确规定最高限额的,具体为:安徽对被追偿人为个人的,故意的追偿最高限额为 18 个月的工资收入,重大过失的追偿最高限额为 12 个月的工资收入;对被追偿人为组织的,故意的追偿最高限额为国家赔偿费用总额,重大过失的追偿最高限额为国家赔偿费用的 60% 。云南省对被追偿人为个人的,故意的追偿最高限额为被追偿人 12 个月的基本工资,重大过

---

① 林准、马原:《国家赔偿问题研究》,人民出版社 1992 年版,第 231 页。

② 参见[日]园古峻:《判例形成的日本新侵权行为法》,赵莉译,法律出版社 2008 年版,第 303 页。

失的追偿最高限额为被追偿人8个月的基本工资;对被追偿人为组织的,故意的追偿最高限额为2万元,重大过失的追偿最高限额为1万元。湖南追偿最高限额为湖南省上年度城镇非私营单位在岗职工年平均工资。四川省追偿最高限额为被追偿人个人在作出赔偿决定时的当年工资收入的2倍。内蒙古自治区追偿最高限额为被追偿人10个月的基本工资。

在法律位阶不等的规范性文件中,也有5部明确规定了行政追偿的最高限额:晋城市财政局制定的相关规范性文件对被追偿人为个人的,故意的追偿最高限额为12个月的基本工资,重大过失的追偿最高限额为6个月的基本工资;对被追偿人为组织的,故意的追偿最高限额为2万元,重大过失的追偿最高限额为1万元。原国家工商行政管理局和海关总署制定的相关规范性文件均规定,对责任人最高追偿金额为其10个月工资。重庆市渝中区人民政府制定的相关规范性文件规定,故意的追偿1%的赔偿费用;重大过失的最高限额为80%的赔偿费用;对个人的追偿的,不得超过其月基本工资的24倍。沧州市质量技术监督局规定,故意的全额追偿;重大过失的追偿行政赔偿数额的29%～50%;个人最高追偿数额不超过5万元。

可见,规范性文件中,关于最高限额的规定方式有如下几类。

其一,将过错细分为故意、重大过失两种情况,故意的追偿最高限额明显高于重大过失的追偿最高限额。

其二,关于最高限额的计算基准,又有两种规定方式:

(1)将被追偿人分为个人和组织两类,按照个人和组织分别规定不同的计算基准。其中,云南省制定的相关规范性文件规定,针对个人的追偿最高限额的基准为“国家赔偿费用+工资收入”;针对组织的计算基准为“国家赔偿费用+具体数额”。安徽省制定的相关规范性文件规定,针对个人的,以工资收入为计算基准;针对组织的,以国家赔偿费用为计算基准。山西省晋城市财政局制定的相关规范性文件规定,针对个人的，以个人工资为计算基准；针对组织的，直接规定最高限额。重庆市渝中区人民政府和沧州市质量技术监督局一样，针对个人采用“赔偿数额+最高追偿数额”的方式规定最高追偿数额，针对组织以赔偿数额为计算基准。

(2)被追偿人为组织的，没有规定最高限额，仅规定被追偿人为个人时的最高限额。比如，湖南省、四川省、内蒙古自治区、原国家工商行政管理局和海关总署。但是各地和部门对计算基准又有所不同。湖南省以平均工资为计算基准；四川省以被追偿人个人在作出赔偿决定时的当年工资收入为计算基准；内蒙古自治区、原国家工商行政管理局和海关总署则以被追偿人的月工资为计算基准。

其三，在10部规范性文件中，针对被追偿人为个人的，规定以工资为计算基准的文件有9部，只有1部以行政赔偿数额为计算基准(《沧州市质量技术监督行政赔偿追偿制度》)；规定被追偿人为组织的最高追偿限额的，共有5部文件，其中，以赔偿费用为计算基准的有3部，分别为《安徽省国家赔偿费用管理规定》《重庆市渝中区人民政府实施〈国家赔偿法〉行政追偿试行办法》《沧州市质量技术监督行政赔偿追偿制度》；以“赔偿费用+最高限额”的形式作为计算基准的有《云南省国家赔偿费用管理规定》1部文件；直接规定最高追偿数额的有《晋城市财政局执法过错行政追偿暂行办法》1部文件。

所以，在以上对我国国内10部地方立法和行业规范的最高限额的规定进行梳理后，可以得出以下可供参考的经验：①应当将过错程度作为基本标准，故意的最高限额要高于重大过失的最高限额。②被追偿人分为个人和组织两种主体，相应地将计算基准也分为针对个人和针对组织两种类型。③被追偿人为个人的，以工资为计算基准；被追偿人为组织的，以国家赔偿费用为计算基准。

(三)最高限额的立法建议

鉴于行政追偿制度的主要立法价值是警示，而不是弥补国家财政支出。为此,出于对各种公务行为的保护目的,应当规定最高追偿限额,以提高和保障国家公务人员的工作积极性。2010 年《国家赔偿费用管理条例》(送审稿)第 16 条曾经以"国家赔偿费用比例 + 基本工资"的方式,规定了行政追偿的最高限额。[①] 可谓行政追偿制度的重大突破,虽然正式条例中此条又被删除,但是这一明确行政追偿最高限额的理念,本书颇为推崇。鉴于行政追偿是对被追偿人财产权的剥夺,根据《立法法》的规定,国务院无权将国家追偿标准的制定权下放地方政府,我国还是应该通过中央立法制定行政追偿的最高限额,而不应该存在地方标准和行业标准。

1. 行政追偿标准的考量指标

第一,按照过错程度分为。对相关责任主体故意或重大过失的违法职务行为的追偿标准要明确区分,切实使故意的违法职务行为的追偿明显地高于重大过失的违法职务行为;也就是说,主观过错与行政追偿金额应相当,如果对故意的违法职务行为进行全额追偿,那么对重大过失的违法职务行为应当设定低于故意的追偿标准,原则上进行部分追偿。

第二,被追偿人为个人的,以工资为计算基准。关于工资包含的内容,目前下位法的规定有所不同:湖南以在岗职工年平均工资为基准;四川、内蒙古、云南、吉林、安徽和晋城市财政局则是以被追偿人本人工资为基准;关于本人工资的含义各地又有所不同:四川没有明确界定;内蒙古和云南为基本工资,吉林省和山西省晋城市财政局明确规定追偿数额的计算基准为本人月工资收入总额(含基础工资、职务工资、级别工资、工龄工资);安徽省的工资收入范围最广泛,是指造成国家赔偿当月责任人员职务工资、级别工资、基础工资、工龄工资和职务津贴的总和。

---

① 2010 年《国家赔偿费用管理条例》(送审稿)第 16 条规定:对有故意的责任人员,赔偿义务机关应当责令其承担国家赔偿费用的 70% ~100%,但最高不得超过其两年的基本工资;对有重大过失的责任人员,赔偿义务机关应当责令其承担国家赔偿费用的 50% ~100%,但最高不得超过其一年的基本工资。

考虑到行政追偿是为了让被追偿人承担个人应承担的职务责任,应以被追偿人的本人工资为基准;至于个人工资的含义,由于行政追偿的功能并不是要引起公务员强烈反感或使其无法承受的副作用,所以,“本人工资”宜仅指“本人基本工资”,其他职务工资等工资收入不应包含在内。①

第三,被追偿人为组织的,是否规定最高限额的问题,2010 年《国家赔偿费用管理条例》(送审稿)中未曾明确,并且在 10 部规范性文件中,规定最高限额和没有规定最高限额的文件数量持平,上述立法情况,似乎传达了一个信息,那就是对组织无须规定最高限额。但是,实际上,很多被委托组织也要自负盈亏,如果对其没有最高限额的规定,恐怕也会严重影响其财务状况。所以,从公平的角度,对组织也应适用最高限额标准。至于计算基准,可以吸收下位法的立法经验,以国家赔偿费用为计算基准。

2. 行政追偿最高限额的具体规定

在行政追偿标准中,首先应规定最高追偿限额,以保障被追偿人的生存权。具体规定为:被追偿人为个人的,对故意造成国家赔偿的相关责任主体,在国家给付赔偿费用后,最高追偿限额为全部的赔偿费用,但追偿金额不能超过该责任主体 24 个月的基本工资收入;对重大过失造成国家赔偿的相关责任主体,在国家给付赔偿费用后,最高追偿限额为 70% 的赔偿费用,且最高不得超过该责任主体 12 个月的基本工资收入。

被追偿人为组织的,对故意造成国家赔偿的相关责任主体,在国家给付赔偿费用后,应当追偿全部的赔偿费用,故意的追偿最高限额为国家赔偿费用总额,重大过失的追偿最高限额为国家赔偿费用的 70% 。

如果违法职务行为的发生系二人或二人以上或系被授权的其他组织和个人故意或者重大过失违法职务行为造成的,应参照上述追偿标准分别计算,且追偿总额不得超过国家赔偿数额。

---

① 参见叶百修:《国家赔偿法》,台北,三民书局 2000 年版,第 297 ~ 298 页。

三、行政追偿标准自由裁量部分的评定因素

行政追偿标准即便设定最高限额，但在追偿限额范围内，仍然有巨大的自由裁量空间。行政追偿案件本身千差万别，各地经济发展和生活水平又差异甚大，在确定追偿数额时，自由裁量无法避免甚至可以说是起着决定性的作用。正如2009年12月22日第十一届全国人大常委会第十二次会议上，《全国人民代表大会法律委员会关于〈中华人民共和国侵权责任法(草案)〉审议结果报告》中，对原《侵权责任法》制定时未能将用人者追偿权写入的解释一样："法律委员会经同有关部门反复研究认为，在什么情况下可以追偿，情况比较复杂。根据不同行业、不同工种和不同劳动安全条件，其追偿条件应有所不同。哪些因过错、哪些因故意或者重大过失可以追偿，本法难以作出一般规定。用人单位与其工作人员之间以及因个人劳务对追偿问题发生争议的，宜由人民法院在审判实践中根据具体情况处理。"①所以，即便将行政追偿标准纳入立法，也只是一个框架性的规定。为了防止行政追偿数额畸轻畸重，有必要对自由裁量权进行一定的规制。

(一)行政追偿数额确定中比例原则的应用

行政追偿数额的确定，首先应遵循比例原则，以避免出现相同情况不同对待，不同情况相同对待等忽高忽低的不合理现象，以便实现多元社会关系多种利益的平衡。根据比例原则，在确定行政追偿金额时，至少要做以下考量。

一是行政追偿数额与过错程度相适应。

二是行政追偿数额与行政赔偿数额相适应。

三是行政追偿数额与被追偿人经济承受能力相当。

四是行政、刑事及行政追偿责任综合考量。

---

① 《全国人民代表大会法律委员会关于〈中华人民共和国侵权责任法(草案)〉审议结果报告》，载中国人大网，http://www.npc.gov.cn/zgrdw/huiyi/cwh/1112/2010-03/01/content_1867446.htm。

对此上文已作阐释,在此不作赘述。

(二)债法之过失相抵原则在行政追偿数额中的应用

1.过失相抵原则的内容

行政追偿的公法之债的法律属性,意味着在行政追偿制度设计中可以类推适用债法中的基本原理。行政追偿债权作为侵权行为之债,在确定追偿数额中,类推适用债法中的过失相抵原则不存在法理障碍。我国台湾地区学者王泽鉴先生在其著作中曾对过失相抵原则在雇用人求偿权的适用进行过论述:"数人对损害的发生均有责任时,应依责任轻重,确定其分担部分,盖依公平原则,无论何人均不得将基于自己过失所生的损害转嫁给他人负担。"①就是指在确定雇主和雇用人责任轻重时,应当依照雇用人对损害发生是否具有过失及原因、依据职务内容、劳动条件、勤务时间等相关因素加以认定。在司法实践中,当雇主和雇员主观上都存在过错时,应当先对二者的主观过错分别认定,然后根据双方的过错确定内部责任的分担。② 根据过失相抵说,如果雇主对雇员存在监督和管理方面的过失,则构成加害行为的也包括劳动强度过大,工作条件不佳,企业设备过时等。雇主的过失和雇员的过失相抵销的部分不能追偿,其余部分可以追偿。③ 上述过失相抵原则适用于私法追偿权中,同样也适用于公法追偿权。

2.实务中过失相抵原则的类推应用

关于追偿实务的判定规则,我国台湾地区学者王泽鉴先生在其著作中,也曾提到了一个案例。④ 具体案情为:甲是乙雇用的小货车司机,接受乙的命令,驾驶乙所有的货车载客营业,因疏于注意而发生车祸,将路

---

① 参见王泽鉴:《侵害债务人内部求偿关系与过失相抵原则之适用》,载《民法学说与判例研究》(第1册),北京大学出版社2009年版,第46页。

② 参见杨立新:《杨立新民法讲义》,人民法院出版社2009年版,第141页。

③ 参见张德铭:《雇主责任研究》,西南政法大学2014年硕士论文,第9~23页。

④ 参见王泽鉴:《侵权行为》(第3版),北京大学出版社2016年版,第525~562页。

人A撞死,并撞伤路人B。乙在赔偿对A、B的损害后,向甲行使求偿权,请求甲偿还全部赔偿金额。原审斟酌甲、乙的过失程度,类推适用所谓“民法”第217条第1项规定,减轻甲应偿还的金额至1/4。该案的判决理由就是过失相抵原则在确定雇主和雇员应负责任时的类推适用。对此判决,王泽鉴先生也认为这种依责任轻重,分配损害赔偿各自分担部分的做法,在法学方法论上实属妥当。①

(三)民事侵权赔偿数额评定因素

无论是行政赔偿还是民事侵权赔偿,无论是行政赔偿还是行政追偿,赔偿数额的确定都是一个难题。经过长期研究,民法学界已经基本形成了较为成熟的研究成果。

1.侵权赔偿数额评定的主客观因素

王泽鉴先生最早提出了“评定客观化说”,后经学者们的反复深入探讨,将侵权赔偿数额评定指标分为客观因素(普通因素)和主观因素(特别因素),②以便在确定赔偿数额时,各种主客观因素均得到充分考虑。

客观因素也叫普通因素,是指就某特定损害事故而言,存在的不以被害人不同而不同的因素,也就是说,无论损害事故发生在何人身上,都不会改变其损害构成因素。例如,在旅客运送合同中,运送人负有义务将旅客运送至目的地,如因可归责于运送人的事由而超过或未及目的地而使旅客下车,③运送人对其违约应负损失赔偿责任,计算损害大小时,应以超过或未及目的地的距离为基础,而这一段距离的远近,不会因被害人的不同而发生变化,这种因素就属于客观因素。

主观因素也称为特别因素,是指损害发生在不同受害人身上,就会

---

① 参见王泽鉴:《侵权行为》(第3版),北京大学出版社2016年版,第525～562页。

② 参见曾世雄:《损害赔偿法原理》,中国政法大学出版社2001年版,第161～162页。

③ 曾世雄:《损害赔偿法原理》,中国政法大学出版社2001年版,第162页。

有不同的构成因素;也就是说,损害构成因素因被害人而异。常见的主观因素有:(1)被害人与第三人的关系。比如,买卖合同中,出卖人违约不履行给付义务,买受人享有损害赔偿请求权,如果买受人与第三人已订立买卖合同,而该买卖合同的履行有赖于前一个合同的履行,因为出卖人的违约行为导致买受人对第三人因给付不能而违约,就可能使损害范围扩大,买受人与第三人订立的买卖合同,[①]就属于主观因素或者特别因素。(2)受害人的经济状况或社会地位。比如,受害人的经济能力、职业情况等因素往往也会对损害的大小有影响。(3)受害人智力或身体上的特质。比如,受害人个人的智力、能力、美丑或身体状态——是否患有心脏病或高血压等因素。

2. 侵权赔偿数额主客观因素之分析

对于侵权赔偿数额的主客观因素,在1988年4月我国最高人民法院发布的《关于贯彻执行〈中华人民共和国民法通则〉若干问题的意见(试行)》中,规定了人民法院可以根据侵权人的过错程度、侵权的具体情节、后果和影响4个主客观因素,确定其赔偿责任。2001年发布的《精神损害赔偿解释》又在4个主客观因素的基础上,细化、修改和增加为6个因素,用以确定精神损害赔偿数额的主客观因素。[②]之后我国国家赔偿在精神损害评定的主客观因素方面对之进行了部分借鉴。所以,将侵权赔偿数额的主客观因素纳入行政追偿标准,既不存在法理障碍,也不存在实践障碍。

在国家赔偿制度中,对于受害人合法权益的保障并不是行政追偿的重点,行政追偿的首要价值在于督促公务人员依法行政,而不是通过追

---

① Biggin & Pawson and Leafs, Ltd. (1932) All E. R. rep. 72. 转引自曾世雄:《损害赔偿法原理》,中国政法大学出版社2001年版,第163页。

② 六因素说具体为:(1)侵权人的过错程度;(2)侵害的手段、场合、行为方式;(3)侵权行为所造成的后果;(4)侵权人的获利情况;(5)侵权人承担责任的经济能力;(6)受诉法院所在地平均生活水平。

偿填补国库损失。所以在确定行政追偿数额时,一定要拿捏得当,既要对有重大过错的公务人员进行必要的警示,又要注意分寸以免公务员为求自保而不敢大胆执法。如果在行政赔偿中,保障被害人的合法权益是制度关注的重点,那么,在行政追偿阶段,对被追偿人进行恰当的追偿则是制度关注的重点。在这一点上,《精神损害赔偿解释》中考量侵权人承担责任的经济能力和受诉法益所在地的平均生活水平,更符合我国行政追偿数额评定的主客观因素。所以,笔者建议:借鉴侵权赔偿数额评定因素中的被害人因素,将被害人因素作为追偿人的法定因素,同时借鉴《精神损害赔偿解释》中考量侵权人经济能力和平均生活水平等因素,来确定行政追偿数额评定的主客观因素。事实上,已经有地方立法例在确定追偿数额时采取了主客观因素综合评定的规则。①

四、行政追偿数额之裁量基准

(一)行政追偿数额评定的主客观因素

作者在上文中已经论证过,虽然行政追偿权属于公法债权,但其责任来源却是侵权赔偿责任,所以,在确定行政追偿数额时,应遵循比例原则和合目的性原则,借用侵权赔偿责任的主客观评定标准,建议在确定行政追偿数额时,对以下主客观因素进行考量,审时度势后加以确定。

1. 行政追偿数额评定中的客观因素

第一,被追偿人的过错程度。

被追偿人的过错程度,是行政追偿数额评定的重要因素。被追偿人的过错程度,涉及其主观恶性的大小,根据过罚相当原则,不同过错程度配以不同的损害赔偿数额,对于被追偿人主观过错重的,行政追偿数额的确定应从重;反之,行政追偿数额的确定应从轻。比如,姚某、陈某行政强制措施违法一案,因其二人在行政执法中主观上有重大过失,被责

① 2017年《浙江省国家赔偿费用管理办法》第12条规定:"国家赔偿费用的追偿比例根据违法性质、损害后果以及被追偿人过错程度等因素确定。"

令全额追偿,承担了全部国家赔偿费用。①

第二,当地的平均生活水平。

之所以将行政追偿案件所在地的平均生活水平作为行政追偿数额的考虑因素,是因为根据人权保障原则的要求,被追偿人作为公民,享有基本的生存权,并且在新时代,对美好生活的需求也应作为人权保障的要求适当加以考虑,也就是行政追偿数额要与社会经济状况相适应,在对被追偿人实施行政追偿时,应当确保被追偿人及其家庭成员的生活水平不会因为负担行政追偿金而无法达到当地的平均生活水平。

第三,被追偿人的职业风险。

侵权法中,行为人执行职务致他人损害的危险被称为职业风险,这种职业风险广泛存在,无论行为人在工作中多么谨慎行事,都有引发他人受害的可能。但不同职业的风险不同,职业风险大,则发生侵权行为的概率就大,反之则小。在高危行业,行为人即使能遇见损害发生,可能也无力避免,因此,高危行业中的用人者追偿比例应低于非高危行业,法律特别规定的高度危险责任,如民用核设施损害责任、民用航空器损害责任等,除非行为人存在故意,否则不产生追偿问题。这一因素,在民事追偿中,民法专家也已经论证过,虽然行业不同,但是职业风险是相同的。部分职业的风险性高,如保安,这类行业的用人者,在选取被雇用者以及施行职务监管的过程中,必须要尽到严谨的义务。为了使用人者的

---

① 具体案情是:姚某、陈某是工商行政管理机关的两名行政执法人员。2000年5月,姚、陈二人在审查某私营企业超范围经营时,在无法律依据的情况下,超越职权,强制扣留当事人经营的食品达9个多月,致使食品包装损坏,且过期变质,无法销售,造成经济损失4000元。当事人于2001年3月依法申请要求国家给予赔偿。上级工商局接到当事人的申请后,依照执法监督程序确认姚、陈二人在履行服务中所实施的扣留行政强制措施违反了法律规定和法定办案程序,当事人要求国家赔偿于法有据,故依照《国家赔偿法》的规定,对当事人先行给予国家赔偿4000元。鉴于姚、陈二人在行政执法中主观上有重大过失,同时责令姚、陈二人承担全部国家赔偿费用,依法向二人追偿4000元。参见罗利丹:《公务员责任体系:上级命令执行的制度风险》,社会科学文献出版社2014年版,第89页。

行为更为严谨,应当限定其索赔权利范围(不超过50%),以此最大限度地规避被雇用者出现侵权活动。①

行政追偿中被追偿人的职业风险,应当根据其行使的行政职权的特征加以判断。例如,行政权作为国家公权力,本身具有国家强制力,而警察作为行政权的一种,不仅具有行政职权的一般强制力,而且还具有其他行政机关不能拥有的最具强制性的限制人身自由的行政拘留权。相比较其他行政机关,警察权的这种公共性、广泛性和高强制性的特征,势必会使公安机关在代表国家维护社会治安时,接触的相对人更广泛,作出的行政管理行为更多,产生行政职务侵权行为的风险也更大。所以,考虑到警察的职业风险,在进行行政追偿时,对警察的追偿数额就应该相对降低。

2. 行政追偿数额评定中的主观因素

第一,被追偿人的经济状况。

对被追偿人进行追偿,归根结底是剥夺其合法财产,这不仅关系到国家财政收入,更重要的是关乎被追偿人的生存权问题。根据人权保障原则,在确定行政追偿数额时,应当考虑被追偿人的经济状况和家庭负担,追偿金额的多少应当与被追偿人的经济状况成正比,如果被追偿人的经济负担重,追偿数额应从轻掌握;反之,则追偿数额可以从严考虑。

第二,被追偿人智力上或身体上的特质。

在行政追偿主观要件中,对于重大过失的认定采用客观化标准,具体到个案中,被追偿人的智力或身体上的特质就成为确定行政追偿数额的重要因素。被追偿人本身智力或能力高于一般水平的,追偿数额应从高,被追偿人本身的精神情况或身体状况低于一般水平,甚至存在某些生理心理缺陷的,追偿数额应从低。比如,在郭某故意伤害案中,郭某作

---

① 参见魏志浩、苗春刚:《论雇主责任中的追偿权》,载《法制与社会》2010年第22期。

为街道办事处雇佣的门卫,在行使职权过程中,虽然对受害人夫妇实施了伤害行为,但是,郭某被鉴定为精神病患者,在对其行政追偿数额的确定上,应从轻掌握。

第三,被追偿人自身的经验有限或训练不足。

根据行政法的基本原则,公务员在执行职务行为时,必须对现行法律法规有所了解并遵照执行,所以,不知法、不懂法并不能成为对其免予追偿的理由。我国有学者甚至认为,公务员不仅不能在法令规定用语非常明确的情况下,作出显然错误的解释,也不能忽视和误解“大法官会议解释”和“判例”。① 但是,在实务中,如果公务员不知法、不懂法是由于公务员经验有限(如试用期间)或者行政机关的法律专业知识培训不足造成的,那么就需要考虑对被追偿人的追偿责任进行减免。究其原因在于,由于行政事务“变化多端”,复杂烦琐,行政职务行为涉及的相关法律法规,通常是专业性强且不断更新的。公务员在进入专业队伍前,其知识储备仅限于一般的、通识的基本法律概念,对于执行职务中所需要的业务能力和专业知识,需要其进入公务员队伍后,经过一定时间的业务培训和实践积累才能具备。所以,《公务员法》要求行政机关负有对公务员进行专业训练、经验传承的义务。基于此,如果行政机关没有充分尽到任职培训的义务,客观上造成了公务员自身经验不足或训练不够的后果,则对被追偿人的追偿责任应予以减免。

第四,工作负荷量过重。

在我国现实中,有的行政机关由于组织编制不科学或者财政紧张等原因,造成行政机关人手不够,工作预算不足,公务员工作负荷量过大,导致其在执行职务时,不能尽到一般人应尽的注意义务,产生重大过错,行政机关这种组织及监督作用的瑕疵,应认定为公务员减免责任的事由。

---

① 参见廖义男:《国家赔偿法》(增订版),台北,三民书局1994年版,第64页。

（二）民事追偿数额的实务见解

1. 用人单位诉劳动者责任追偿纠纷案之实证分析

由于目前我国行政追偿的无效率或者低效率，加诸内部化设计，行政追偿案例几乎没有。实证分析是制度建设的重要基础，否则制度构建就是纸上谈兵。鉴于在《行政诉讼法》和《国家赔偿法》出台前，公务员的职务侵权赔偿责任适用雇主追偿责任，所以雇主追偿权纠纷中，追偿比例的划分思路和规则，同样可以适用于行政追偿制度。作者在中国裁判文书网和无讼网上分别以"民事案件""雇主追偿权""《最高人民法院关于审理人身损害赔偿案件适用法律若干问题的解释》第 9 条第 1 款"为关键词，除去重复的判决，共检索到 158 个案例。其中，法院判决承担追偿比例的案件为 57 个，其中雇主向雇员追偿的判决为 53 个，雇员向雇主追偿的判决为 4 个。具体见表 5－1。

表 5－1　部分雇主行使追偿权案件判决分析

序号	案件名称	致害原因	雇员过错	雇主过错	追偿数额的评定因素	追偿比例
1	南通恒天船舶配套工程有限公司舟山分公司诉周某追偿权纠纷案[1]	执行职务中殴打他人致人损害	故意	雇主存在疏于管理和教育的过错	雇员的劳动报酬远低于雇主所获收益，雇主可以分散风险	60%
2	徐某某与荆某某追偿权纠纷案[2]	叉车运行致人受伤	无故意或者重大过失	无	无	0%

续表

序号	案件名称	致害原因	雇员过错	雇主过错	追偿数额的评定因素	追偿比例
3	张某某与高某某追偿纠纷案[3]	拔火罐烧伤顾客	无故意或者重大过失	雇主存在选任以及管理的过错	雇员存在一定的过错	20%
4	郝某某与石某某追偿权纠纷案[4]	钻井造成重大事故致人死亡	无故意或者重大过失	无	雇员没有尽到安全、注意的义务，存在一定过错	20%
5	林某某与程某机动车交通事故责任纠纷案[5]	驾驶货车致人受伤	重大过失	无	无	20%
6	於某某与刘某提供劳务者致害责任纠纷案[6]	驾驶货车致他人车辆受损	重大过失	无	雇员的生活状况	40%
7	连云港柏兴无纺布制品有限公司与闫某用人单位责任追偿纠纷案[7]	酒后驾车致人受伤	重大过失	提供缺陷设施设备的过错	岗位危险程度、技术技能、事故成因、经济状况	30%

续表

序号	案件名称	致害原因	雇员过错	雇主过错	追偿数额的评定因素	追偿比例
8	游某与刘某某追偿权纠纷案[8]	驾驶货车致人受伤	重大过失	无	根据权利义务一致原则及保护弱者的立法和司法价值取向,雇员的权利应受特别保护	30%
9	慈利万福汽车站医务室与褚某某追偿权纠纷案[9]	违法行医致人死亡	重大过失	考虑雇主存在聘用、监管的过错	无	35%
10	李某某与王某某追偿权纠纷案[10]	驾驶货车致人死亡	重大过失	考虑了雇主提供车辆不符合安全技术标准的过错	雇员的生活状况	40%

〔1〕江苏南通市中级人民法院民事判决书,(2016)苏06民终1539号。

〔2〕山东省青岛市中级人民法院民事判决书,(2014)青民五终字第1130号。

〔3〕辽宁省锦州市中级人民法院民事判决书,(2016)辽07民终1661号。

〔4〕甘肃省平凉市中级人民法院民事判决书,(2013)平中民一终字第249号。

〔5〕台州市黄岩区人民法院民事判决书,(2015)台黄民初字第1179号。

〔6〕江苏省盐城市中级人民法院民事判决书,(2015)盐民终字第01050号。

〔7〕东海县人民法院民事判决书,(2014)连东民初字第820号。

〔8〕晋中市中级人民法院民事判决书,(2014)晋中中法民终字第741号。

〔9〕慈利县人民法院民事判决书,(2017)湘0821民初4336号。

〔10〕山东省淄博市中级人民法院民事判决书,(2013)淄民三终字第476号。

从表5－1中可知，影响雇员追偿比例的因素如下。

（1）应遵循过错严重程度与追偿比例一致的原则，雇员的主观过错越严重，雇主对其的追偿比例越高，雇员相应承担的追偿数额就越大。

（2）在司法实务中，在确定追偿比例时，雇员的一般过失也是考虑的因素。也就是说，虽然追偿的主观要件只是故意或者重大过失，一般过错不应予以追偿。但在实务中，雇员在执行职务行为时，如果存在一般过错，在追偿比例的确定中也应予以体现。比如，上述的雇员没有重大过错的判决中，针对雇员在执行职务行为中存在一般过错的案件，判决追偿比例为20％。

在劳动者（雇员）存在重大过失时，雇主的追偿比例为20％～100％，其中，40％的判决居多。在判定追偿比例时，有的案例也在双方受益大小等方面综合考虑了雇主的过错，运用过失相抵的原则，来确定雇主追偿权的比例。

（3）在追偿比例确定前，不仅要考察雇员的主观过错程度，还要考虑雇主在职务侵权行为中是否存在过错的情形。对雇主的过错通常从选任、管理、教育、监督和提供的工作环境、工作设备等方面进行衡量。如果雇主存在过错，则应当适用过失相抵的原则，适当减少对雇员的追偿比例。

追偿比例的最终确定，还需要综合考虑雇员的劳动报酬远低于雇主所获得的收益、雇员的岗位危险程度、技术技能、事故成因、经济状况和雇主的抗风险能力高于雇员等因素，根据权利义务一致原则，以及保护弱者的立法和司法价值取向，对雇员进行照顾，酌情考虑降低雇主的追偿比例。

2. 劳动者诉用人单位追偿纠纷案之二

立法中，职务侵权追偿是双向模式，既可以是用人单位向劳动者行使追偿权，也可以是劳动者向用人单位行使追偿权；也就是说，对于职务侵权赔偿责任，双方都可以先向受害人承担赔偿责任，之后向另一方追偿,即我国的民事追偿是双向追偿。但是在实务中,根据深口袋理论,仍以雇主或用人单位先行支付赔偿金,而后向雇员或劳动者进行追偿的案例居多,雇员向雇主追偿的案例相对较少。当然,无论是哪一方追偿,追偿数额的认定规则都是一样的。

在李某某与中国邮政集团公司淮安市淮阴区分公司追偿权纠纷案①中,原告因交通肇事致人死亡,原告向受害人承担了全部赔偿费用后,向被告主张追偿权,法院审理查明原告在职务行为中存在重大过失,最后,法院判决原告依法应当承担40%的赔偿责任,被告应对原告因此事故造成的损失承担60%的返还责任。可见,在雇主存在重大过失时,司法实务中大多认为雇员承担40%的比例较为妥当。

3. 追偿标准确定规则的导出

通过对雇主追偿权纠纷典型案件的分析,基本可以归纳倒推出我国司法实践中,雇主追偿比例确定的一般思路和规则。

根据客观因素,首先,确定雇员的主观过错程度,过错越大,承担的责任越重,追偿的比例就越高。其次,按照不同的过错程度,确定一个最高限额的初始比例,故意的最高初始比例为100%,重大过失的最高初始比例为70%。

根据主观因素,分别考虑雇主的责任情况和雇员的主客观因素对初始比例进行下调,每一个因素下调比例不超过赔偿费用的10%。其中,雇主的减分项包括选任、管理和监督过失、提供设备缺陷、办公条件缺陷等因素。雇员能够扣减追偿比例的因素有经济能力、个人身体状况、职业风险等情况。一般情况下在雇佣关系中,雇主是主要受益人,雇主的受益显著大于其支付给雇员的劳动报酬,对于雇佣活动中的风险,雇主理应承担更大的责任。根据危险责任分担原则,追偿权比例应适当下调10%的赔偿费用。

---

① 淮安市中级人民法院民事判决书,(2015)淮中民终字第02229号。

反观雇主追偿纠纷的案例，之所以雇主存在重大过失案件中的追偿比例大多为40%，是因为一般案件中，都会存在雇主过失（-10%），雇员自身情况（-10%）和雇主受益大于雇员工资（-10%）的扣减情况，这样就会在初始比例70%的基础上下调30%，最终雇员承担40%的追偿责任。可以说以上规则基本上得到了印证，同时说明以上规则已经在司法实务中得到了认可。这种经过实践形成并检验的规定，对于发端于雇主追偿权的行政追偿权的规则设定，意义重大。

（三）行政追偿标准的确定规则

行政追偿的核心虽然是"债"，但是，从法律定位上看，行政追偿制度仍然属于典型的公法，行政追偿主体行使追偿权的行为，仍然属于行政职权行为。从这个意义上说，公法债权相对于私法债权而言，是一种刚性债权。因为行政追偿是对被追偿人财产权的限制，而财产权作为公民的基本权利，是受宪法明文保障之权利，所以，只有法律才能设定限制公民财产权。具体而言，行政追偿标准应当由中央立法予以确定。并且对于自由裁量部分，也需要尽量适用实操性强的客观衡量标准，防止追偿数额畸轻畸重，以最大限度地保障被追偿人的财产权。

1. 行政追偿标准的立法建议

关于追偿标准的法定化问题，结合侵权赔偿金评定主客观因素理论，至少应在追偿金额的计算基准和最高赔偿限额方面制定国家层面的追偿标准。鉴于我国2010年《国家赔偿费用管理条例》（送审稿）将重大过失追偿比例界定在50%～100%，故建议将重大过失的初始比例取中间数，即70%。

关于追偿标准的客观化问题，目前下位法已有相关部门标准和行业标准，但当前的问题是需要制定国家标准，统一细化"部分追偿"的范围，防止追偿额的畸轻畸重。可通过案例分析方法细化"部分追偿"含义，在最高限额内将主客观因素分为几个档次，在个案中进行抵扣。首先，按照过错程度区分行政追偿最高限额的初始比例，如果主观过错是重大过失，追偿权的初始比例可确定为国家赔偿费用的70%，主观过错故意，追偿权的初始比例可确定为国家赔偿费用的100%。其次，借鉴刑罚中量刑标准中的法定情节和酌定情节规定，运用到追偿数额确定的主客观因素中。将客观因素作为法定情节，每一个情节作为一个减免档次，每一档次最高减免国家赔偿费用的10%；将主观因素作为酌定情节，每一个情节确定一个减免档次，每一档次最高减免国家赔偿费用的5%。最后，将行政赔偿义务机关按照履职责任涉及环节存在的过错，细化为选任过失、监管过失和办公条件过失，根据过失相抵原则，每一种过失对公务人员的最高减免额为国家赔偿费用的10%。

2. 行政追偿标准的实务操作

在"公安局警员追截车辆行为违法案"①中，警员田某等人因违反《交通巡逻警察道路治安管理暂行办法》的相关规定，存在重大过失的主观过错，应当对其进行行政追偿。在确定追偿数额时，应当首先考虑重大过失的初始追偿比例为70%。该案中，存在如下客观因素：职业属于高度危险，追偿比例应下调10%，根据目前可知的信息，应追偿比例为60%。

行政追偿数额的确定规则为：被追偿人存在故意的，原则上应当追偿全部赔偿费用。比如，"城市建设委员会城市管理侵权赔偿纠纷案"②中，漯河市城市建设委员会广场管理人员杨某在对赵某进行行政处罚时，将赵某打伤，造成了行政侵权赔偿纠纷，因杨某存在主观故意，应当承担全部的赔偿费用。同样地，在"工商行政管理局违法查封摊位及货

① 参见《朱新一等诉启东市公安局警员追截车辆行为违法并申请行政赔偿案》，载最高人民法院中国应用法学研究所编：《人民法院案例选》2002年第1辑（总第39辑），人民法院出版社2002年版，第427页。

② 《赵智春等诉漯河市建设委员会城市管理侵权赔偿案》，载最高人民法院中国应用法学研究所编：《人民法院案例选（国家赔偿卷）》（1992～1999年合订本），中国法制出版社2000年版，第275页。

物造成损害赔偿案"①中，被告公主岭市工商行政管理局对原告张某正在营业的商店进行违法查封的行为，给原告造成了经济损失，被告承担赔偿责任后，有权向主观存在滥用职权故意的工作人员全额追偿。

"李丁、张成诉乙办事处、郭甲故意伤害刑事附带民事诉讼案"②中，法院经审理查明，被告郭甲作为值班保卫人员，执行职务时殴打他人致伤，具有重大过失。办事处有权在承担赔偿责任后，对郭甲进行行政追偿全部或部分赔偿数额。另查明郭甲本身患有精神分裂症，办事处存在用人过失，追偿数额的确定为：重大过失的初始比例为70%，被追偿人职务属于危险行业的减10%，被追偿人本身患有精神分裂症的减5%，办事处存在用人过失的减10%，也就是说，如果不存在其他应扣减的主客观因素，办事处应向郭甲追偿国家赔偿费用的45%。

---

① 《张晓康诉公主岭市工商行政管理局查封其摊位及货物行政侵权赔偿案》，载最高人民法院中国应用法学研究所编：《人民法院案例选》1993年第3辑(总第5辑)，人民法院出版社1993年版，第180页。

② 《郭泽宇故意伤害刑事附带民事诉讼案》，载最高人民法院中国应用法学研究所编：《人民法院案例选》2000年第1辑(总第31辑)，人民法院出版社2000年版，第14页。

余论　行政追偿制度配套法律制度之完善

“徒法不足以自行。”落实行政追偿制定不仅要构建科学的制度规范，还需要强有力的配套机制形成制度合力，推动行政追偿制度的执行。其中，强化行政追偿的监督机制，是行政追偿权依法行使的保障；落实国家赔偿费用信息公开制度，将行政追偿情况公之于众，是实现行政追偿制度的有效抓手。

一、落实行政追偿监督机制

凡有权力必有监督。行政追偿权作为公权力，显然具有公共属性，行政追偿权的行使属于行政追偿主体的职权行为，要接受社会各界的监督。在政治学层面上，我国目前对行政机关和公务员的监督具有高度的政治性和广泛性，既有法律途径，也有社会监督等其他监督途径；既有国家政权机关的监督，也有社会公众等的监督；既可以对行政行为的合法性和合理性进行监督，也可以对公共服务质量和工作态度进行监督。本书仅从法理学层面上,探讨有权机关依照法定职权和法定程序,在法治轨道上,对行政机关及其公务员进行的法律监督。

(一)行政追偿监督机制

行政追偿监督机制,是指行政法制监督主体根据相应的法律规定,对行政追偿进行的法律监督,包括国家机关监督和社会监督。其中,国家机关监督主要有国家权力机关的监督、监察委员会的监督、财政部门的监督。社会监督主要包括信访监督和媒体监督。

1. 国家机关的监督

国家机关的监督是指国家机关对行政机关及其公务员进行的监督活动。国家权力机关的监督、司法机关的监督和监察委员会的监督,主要是从宪法学和诉讼法学的研究角度为着眼点进行研究,财政部门的监督主要是从行政法上探讨行政机关内部具有专门监督职能的监督。

(1)国家权力机关的监督

国家权力机关的监督亦即人大监督,是指国家权力机关及其组成人员对行政机关及其公务员等实施的监督。全国人民代表大会及其常务委员会和地方各级人民代表大会及其常务委员会是我国最高权力机关,其对国家管理的方方面面进行权威监督的理论支撑无须论证。从法律层面,根据《全国人民代表大会和地方各级人民代表大会代表法》《地方各级人民代表大会和地方各级人民政府组织法》《各级人民代表大会常务委员会监督法》等相关规定,全国和地方各级人大常委会组成人员、各级人大代表有通过听取和审议人民政府的专项工作报告、询问和质询、特定问题调查等方式,对行政追偿的落实情况进行监督的权力。

(2)监察委员会的监督

监察机关对国家工作人员进行监督,是我国扎根国情贡献的中国智慧和中国方案。根据《监察法》的规定,监察委员会对公职人员的职务违法与职务犯罪行为进行权力监督,并且有权向监督对象所在单位提出监察建议。监察委员会在对职务违法行为进行监督、调查过程中，发现监察对象在行政职务犯罪中存在故意或者重大过失应予行政追偿的情形，有权向被监督对象提出监察建议。

(3)财政部门的监督

根据《国家赔偿法》及《国家赔偿费用管理条例》的规定，国家赔偿费用列入各级财政预算，财政部门根据申请，按照预算和国库管理的规定支付赔偿费用。在各级财政部门的职能中包含了对非税收收入、国库管理的职责，可见，行政追偿主体的同级财政部门可以成为追偿监督主体。

2. 社会监督

社会主义民主政治的基本条件就是公民、社会组织和社会公众等拥有知情权、参与权、表达权、监督权，公民的政治权利受到宪法和法律的保护。根据我国《宪法》第 41 条的规定，公民享有对于任何国家机关和国家工作人员提出批评和建议的权利，对于任何国家机关和国家工作人员的违法失职行为提出申诉、控告或者检举的权利。所以，对行政追偿的监督，当然包括社会监督。

(二)落实行政追偿监督机制的路径

强有力的监督是权力正确运行的根本保证，没有监督的权力必然导致腐败。我国目前的法律监督机关对行政机关及其公务员的监督，虽然有法定监督权和相应的制度，但是由于缺乏专门对行政追偿制度的有针对性的抓手，导致法律监督乏力，难以担当落实行政追偿制度的重担。

1. 落实权力机关的监督职能

根据相关法律规定，权力机关对行政追偿制度的监督，已经有了充足的法律依据和途径设计。落实已有的制度安排，完善权力机关已经存在的各种法定监督方式，实现权力机关对追偿制度的监督，应该是唤醒行政追偿这一“休眠”制度的最权威、最便宜的选择。

(1)成立专门调查委员会，对追偿落实情况进行监督

根据相关法律规定，各级人大及其常委会及各专门委员会、各级人

大代表有权对本级或者下级国家机关和有关单位的工作进行视察;可以提出约见本级或者下级有关国家机关负责人,被约见的有关国家机关负责人或者由他委托的负责人应当听取代表的建议、批评和意见;对有关机关提出质询,受质询机关必须答复;有权对属于职权范围内同本委员会有关的问题,进行调查研究,提出建议;可以组织对于特定问题的调查委员会开展专题调研;等等。所以,人大及其常委会对追偿落实情况进行询问和监督,进而组织专门的国家赔偿、国家追偿问题调查委员会,都具有充分的法律依据和具体的制度安排。

成立专门调查委员会,加强审查国家赔偿资金的使用情况,监督赔偿义务机关落实追偿程序,督促赔偿义务机关向立法机关或监察机关说明赔偿金额、不追偿原因以及启动追偿程序之后的结果等,及时将国家追偿案件调查报告向社会大众公开,是推动国家赔偿义务机关积极行使追偿权的强有力的路径。

(2)成立专门投诉机构,畅通公众参与追偿的渠道

我国在修订《国家赔偿法》时,已经拒绝了受害人可以向存在严重过错的公务侵权工作人员直接请求赔偿、国家负责兜底式承担补充责任的建议,导致依据目前《国家赔偿法》中的国家追偿程序,受害人即便有要求追究相关工作人员责任的愿望,也缺乏有效的法律途径。因此在中国当下的政治与法律情境中,在权力机关内部设立一个针对国家追偿案件的专门投诉机构,接受群众诉求,为受害人提供一条参与渠道,或许更为妥当。这样,既能扩大权力机关关于追偿案件的信息来源,又能在形式上使受害人感受到国家追偿的诚意和对其感情的尊重,使受害人在国家追偿制度中的“存在感”得到满足,对我们建设和谐社会大有益处。①

① 参见张杰:《我国行政追偿制度的困境与出路》,载《法学杂志》2017年第10期。

2. 赋予监察机关督促权

财政部门在拨付行政赔偿金之后，应当将行政赔偿决定书一并抄送监察委员会，监察委员会如果认为应当对相关工作人员进行行政追偿，可以制发监察建议，行政赔偿义务机关就是否启动行政追偿程序应及时给予答复。如果行政赔偿义务机关既不答复也不启动追偿程序，监察委员会认为应当启动追偿程序的，可以将监察建议发送行政追偿委员会，由行政追偿主体决定是否立案进行行政追偿。之所以选择监察委员会作为督促机关，有如下几点考虑。

(1)从权力格局上。设立国家监察委员会，是党的十八届六中全会作出的重大政治安排，在监察委员会的试点阶段已经显示我国未来"监察体制的改革方向是'一府一委两院'的权力格局"。[①] 2018年《宪法修正案》修正的《宪法》中明确了我国由"一府两院"的权力格局转变为"一府一委两院"，全国人民代表大会选举国家监察委员会主任，各级监察委员会由同级人民代表大会产生，对同级人大及上级监察委员会负责；国家监察委员会对全国人民代表大会和全国人民代表大会常务委员会负责。地方各级监察委员会对产生它的国家权力机关和上一级监察委员会负责。各级监察委员会是国家的监察机关，在国家机关序列中，监察委员会是与一级政府和司法机关平行的国家机关，监察机关在各级党委的统一领导下，依据宪法法律独立行使监察权，不受行政机关、社会团体和个人的干涉，具有超脱的地位。

(2)从职能分工上。根据《监察法》的规定，各级监察委员会依法独立行使国家监察权，对所有公共机构及公职人员的违法或失职行为实施监督、调查与处置。行政追偿的追偿对象本身就是公务人员，属于监察委员会的监察对象，公务人员在履行公职中存在故意或者重大过失的情

---

① 马怀德：《〈国家监察法〉的立法思路与重点》，载《环球法律评论》2017年第2期。

形，很大程度上会构成贪污贿赂、滥用职权、玩忽职守、权力寻租、利益输送、徇私舞弊以及浪费国家资财等职务违法和职务犯罪行为，对这些职务违法和职务犯罪行为的调查，依据《监察法》属于监察委员会的职权范围，所以对行政赔偿义务机关的追偿决定进行审查督促，属于监察委员会的职能范围。

（3）从专业能力上。监察委员会中“转隶”的检察机关的人员，具备专门的法律知识和较高的业务水平，有足够的能力判断公务人员是否构成“故意或者重大过失”，从而作出是否进行行政追偿的判断。

是故，监察委员会作为督促行政赔偿义务机关启动行政追偿的机关，是较为切实可行的选择。

3. 财政部门监督权的具体化

为了使财政机关能够有效依法行使对追偿事项的审核监督权，针对经过诉讼程序的赔偿案件的追偿，应当建立下列制度。

（1）建立裁判文书抄送制度

为防止国家赔偿义务机关在用自有资金或自筹资金向受害者赔偿损失后，向财政机关隐瞒赔偿事实或因此对应追偿者不予追偿，有必要建立由拥有赔偿决定权或裁决权的国家机关，向赔偿义务机关所在的本级人民政府财政部门抄送已经发生法律效力的国家赔偿决定书、判决书的制度。

（2）建立追偿意见递交制度

国家赔偿义务机关在递交核拨国家赔偿费用申请的同时，必须向财政机关一并递交在该赔偿案件中是否准备对有关责任人员进行追偿的书面意见，供财政机关进行审核。对于因用自有或自筹资金支付国家赔偿费用之后隐瞒事实且不依法向应承担责任的公务员或组织进行追偿的赔偿义务机关，财政机关有权要求其在限定期限内以书面形式说明赔偿费用的来源及开支情况。

(3)建立报请本级政府决定制度

财政部门在对赔偿义务机关提交的关于追偿或不予追偿的书面意见或决定认真审查后,如发现放弃追偿权的行使或追偿金额明显过少,应出具书面意见报请本级人民政府决定,人民政府在对财政机关提交的意见进行审查后,如认为意见正确应责令赔偿义务机关限期作出追偿决定或就追偿数额重新作出决定,并将受责令重新作出的书面决定上报本级人民政府,并抄送财政机关备案。

4. 强化社会监督

为保障人民群众监督权,从行政追偿的决定作出到行政追偿的行使,这一全过程应向全社会公布,让普通的民众参政议政,提升其主人翁地位,进一步在民众心中树立阳光政府的形象。

目前,随着我国公民法治观念的提高,公民积极运用法律手段参与国家治理,其中,公民问责制度就是公民对公共权力进行监督,预防公务人员违法行政的重要手段,只是由于传统意识和沟通渠道的不畅通,导致公民问责制度难以充分发挥其应有的价值。如果问责制度能够有效落实,那么在问责案件中,也能查明被问责人在违法行政行为中,是否存在故意或者重大过失,从而为行政追偿案件的线索获取,开辟一条新的渠道。

二、构建行政追偿信息公开制度

行政追偿作为公法之债,是为了公共利益而发生的具有公共属性的"公债",公法之债的"公共属性"应强调公开透明,接受社会监督。《国家赔偿法》规定的追偿权与民事法律中的追偿权不同,国家赔偿支出的损害填补费用是从国库编列预算支付的,而国库的收入来源主要是纳税人所缴纳的税赋,根据我国实证法的系列规定,行政追偿金要上缴国库,属于广义上的"非税收入"。国家本身作为公共利益的维护者,应对国库的收入支出严格掌控,这就要求国家不仅对预算要把关,而且对行政权自身也要进行节制。所以,在国家承担国家赔偿责任后,如果有具体责任人，是否对其行使追偿权牵涉全国人民的公共利益，①相应地，对于行政追偿权的行使情况和行政追偿金的数额，应按照政府信息公开条例的有关规定，向社会公开接受社会监督。

针对目前包括行政追偿金在内的国家赔偿费用管理情况，相关部门的信息公开不尽如人意的现状，应从以下方面着手构建国家赔偿费用管理情况的信息公开制度。

(一)明确界定政府信息不公开的范围

国家赔偿费用和国家追偿情况，属于政府财政支出和收入情况，属于政府应当主动公开的信息，但是，政府财政预算和收支情况的信息公开内容太过粗放，并未体现上述信息。所以，应当从法律法规建设中着手，细化政府信息公开内容、公开范围，明确信息公开的责任主体，确保政府信息公开的质量。

1. 制定"政务公开法"

信息提供是现代行政法上公众参与行政过程的一个重要前提条件，也是公众实现知情权的保障。② 鉴于《政府信息公开条例》在规范层面上属于行政法规，而与其相交叉的《保守国家秘密法》《档案法》却是位于上位法的法律，根据法律冲突适用规则，《政府信息公开条例》和《保守国家秘密法》、《档案法》的规定不一致时，应当适用法律优先原则。然而，《保守国家秘密法》《档案法》等法律的制定时间较早，其对于保密密级、保密范围的规定较为模糊，已经难以适应新时代的社会变迁。而《政府信息公开条例》中较为先进的相关规定却因属于下位法而难以被直接适用，因此，有学者主张对政府信息公开法律体系进行完善、升级，

---

① 参见辛年丰：《论国家赔偿法中的求偿权——兼论国家赔偿法修正草案中的求偿权》，载《法学新论》2009 年第 16 期。

② 参见秦小建：《政府信息公开的宪法逻辑》，载《中国法学》2016 年第 3 期。

制定更高位阶的“政务公开法”,[1]以便更好地处理信息保密和信息公开的关系。

我国各级政府及其部门的权力行使,一般都是依据法律、法规、部门规章以及相关政策进行的。信息公开作为监督各级政府及其部门管理活动的有效手段,也应当有法可依。因此,尽快制定一部专门的“政务公开法”,将行政信息公开的内容、形式、范围、领导制度、组织机构、运行机制、监督制度等用法律的形式固定下来,也是我国依法行政的题中应有之义。

2. 明确不公开的法律概念

促进政府信息公开应当在立法上明确不公开的法律概念,将不公开的范围明晰化,以便行政机关在公开政府信息时做到有法可依。具体到国家赔偿费用支出和追偿情况的管理方面,“国家秘密”在我国政府信息公开法制中属于不公开的范围,也是财政部门在三类不公开事项中最有可能用于国家赔偿费用的理由。“国家秘密”的界定不明晰,成为政府不公开信息的保护挡箭牌。所以,有必要进一步明确国家秘密的概念与范畴。由于我国的“国家秘密”范围过大,虽然“在一个法治国家,不能将行政机关滥用权力视为一种常态并作为讨论问题的基础”,[2]但是,过于宽泛的解释空间,确实可能会导致行政机关滥用条款。因此建议未来的“政务公开法”中,调整“国家秘密”的范围,落实“以公开为原则,不公开为例外”的理念,将社会层面的事务留给社会自身,搭建政府与社会公众协商互动的平台。

(二)提高财政部门治理体系现代化水平

1. 加强信息公开平台建设

首先,财政部门要加强电子政务的网络建设,细化财政收支信息,将

---

① 参见马怀德:《政府信息公开制度的发展与完善》,载《中国行政管理》2018年第5期,第15页。

② Vgl. F. Schoch, aa0, §2, Rn. 53.

国家赔偿费用和国家追偿金额等国家赔偿费用管理信息细化到财政科目中,主动进行公开;其次,提高财政部门网站的设计技术,设定便捷的搜索路径,便于公众获取相关信息;最后,及时更新网络平台信息,维护平台建设。

2. 建立信息公开考核评估机制

不断细化政府信息公开考核指标,将国家赔偿费用管理信息公开执行情况纳入政府考核范围,作为干部政绩考核体系的指标之一。对于应当主动公开却未能及时、主动公开或公开不全面、不准确的;或者对于公众申请国家赔偿费用管理信息公开不予答复或者答复不全面、不准确、不到位的,将扣减一定的行政机关年终考评的分值。

(三)成立信息公开委员会

针对目前国家赔偿费用管理信息难以获得的情况,有必要设立一个强有力的政府信息公开监督机构。

建立政府信息公开监督机构必须与我国的国情和现有权力配置相结合,通盘考虑。在我国,监察部门的职能已经并入监察委员会,尽管监察委员会有权对所有行使公权力的公职人员进行监察,但是根据《监察法》的规定,监察委员会的职能范围和职权的行使并不包含对政府信息公开的监督,所以,由监察委员会进行政府信息公开的监督没有明确的法律依据。司法机关对政府信息公开的监督形式是通过行政诉讼的方式,但是,2015 年《行政诉讼法》并未为公众申请政府信息公开的诉讼权打开通道,虽然通过立案登记制畅通了公众的起诉权,在诉讼审查中,“与行政行为有法律上利害关系”却又排除了没有利害关系的公民对国家追偿情况的申请权,而且《行政诉讼法》在 2015 年刚刚修订,指望在短期内再次修订,恐怕不太现实。所以,司法机关对政府信息公开的实际监督不太符合我国目前的实际情况。

根据我国宪法,人民代表大会是我国最高权力机关,有权对所有事务进行监督,笔者建议,在各级人大常委会设立信息委员会,作为常设机构,接受公众投诉,对政府信息公开事项进行监督,充分发挥政府信息公开的重要作用,切实保障公民对国家政策和政府管理的参与权和监督权。

总之,行政追偿信息公开透明,不仅能够使纳税人明了国家财政的支出和收入情况,也能够倒逼追偿主体依法行使追偿权,从而促进行政追偿制度有效落实,推动我国法治政府建设。

附录 《行政追偿实施办法》（建议稿）

第一条 为了保障我国实施国家行政赔偿后的追偿权利，促进行政机关工作人员依法行使职权，根据《中华人民共和国国家赔偿法》（以下简称《国家赔偿法》）及有关法律法规的规定，制定本办法。

第二条 行政机关工作人员、受委托的组织或个人实施了《国家赔偿法》第 3 条、第 4 条规定的违法行为而导致行政赔偿且具有《国家赔偿法》第 14 条第 1 款规定的故意或者重大过失的，行政追偿主体有权依照本办法责令其承担部分或者全部赔偿费用。

第三条 各县级以上人民政府负责本辖区的行政追偿工作。

各追偿主体内设立行政追偿委员会，具体负责行政追偿权的行使。行政追偿委员会下设追偿办公室和专案追偿委员会。追偿办公室是行政追偿委员会的常设机构,负责行政追偿案件的调查取证,资料整合分析、编写结论报告,提出初步处理建议。专案追偿委员会是临时机构,设专职秘书,负责日常行政事务,联络各委员组织举办专案追偿委员会会议。

行政追偿委员会实行"一案一会"的工作模式,针对每一个行政追偿案件成立专案追偿委员会,专案追偿委员会成员由主任委员、副主任委员、专门委员若干名、专家委员若干名组成。其中,专门委员和专家委员从专门委员库和专家委员库中随机抽取,行政赔偿义务机关的专门委员应当回避。

专案追偿委员会中,全体委员的总数应为奇数,专家委员人数应超过专案委员会委员的1/2。

专案追偿委员会采取书面无记名投票方式表决,一人一票,所作追偿报告书须经超过2/3以上出席会议委员同意后,方为通过。

第四条 追偿委员会委员必须忠于法律,认真负责,没有道德瑕疵。追偿委员会委员任期5年(与政府任期相同),可以连选连任,但是主任、副主任连任不得超过两届。

追偿委员会中主任委员、副主任委员如遇工作变动,已经不符合担任追偿委员会中相关职务的条件时,由其接任领导自然替补。至于追偿委员会中专门委员和专家委员,在其委员任期内身份变化,不符合委员条件时,应及时补充专门委员库和专家委员库人员。

第五条 被追偿人的确定,应依不同情况,适用不同的确定规则:

1. 经上级决定或命令的行政行为中,被追偿人的确定规则:

针对上级合法的决定或者命令的执行。造成的国家赔偿或者补偿,被追偿人不应当是公务员,而是作出决定或者命令的上级。

针对上级违法的决定或者命令的被追偿人确定,如果公务员明知上级命令违法,自己也有条件不执行或变通执行,但仍然予以执行,并引起国家赔偿,应对其行使追偿权;如果行政人员应当理解或发现上级命令违法而没有理解或发现,从而执行上级的违法命令造成了国家赔偿,则属重大过失，应追偿；如果行政人员不知或无法判断上级命令是否违法而予以执行，导致侵权和赔偿后果的，应属于一般过失或无过错行为，不能追偿。

如果上级违法命令是由个人作出，则由个人和执行公务员承担连带追偿责任，如果由合议制机关作出，应由投票赞成同意该命令的人员与执行公务员承担连带追偿责任。

2. 经集体决定的行为中，被追偿人的确定规则：

集体决定本身是正确的，而具体执行人没有严格遵照执行造成损害的，应由具体执行人来承担责任，具体执行人应被认定为被追偿人。

集体决定本身是错误的，具体执行人不应被追偿。集体形成决定时，投赞成票者为被追偿人；

在集体决定形成前，故意违反法律规定或者歪曲事实、曲解法律导致集体决定错误的，导致错误集体决定的人为被追偿人；

主持人违反民主集中制原则导致集体决定错误的，主持人为被追偿人。

第六条 行政追偿应当遵循实事求是、先赔后追、追偿与过错责任相适应、对个人实行有限追偿的原则。

第七条 有关个人或组织由于故意或重大过失，造成公民、法人或其他组织人身伤害或财产损失，有下列情形之一的，应当承担相应的追偿责任：

1. 超越职权的行为；

2. 滥用职权的行为；

3. 怠于行使职权的行为；

4. 适用法律法规错误的行为；

5. 行政事实行为。

第八条 行政追偿金额的范围，仅以直接赔偿金额为限，包括行政赔偿金及自国家支付赔偿金之日起的法定利息，不包括赔偿义务机关在行政损害赔偿诉讼中的诉讼费用或律师费用。如果赔偿数额因为受害人一方免除而缩减时,求偿金额是减缩之后的金额;如果由于赔偿义务机关自身的原因,而向受害人支付过多赔偿的,多赔偿的部分不得加入行政追偿金额的范围。

第九条 行政追偿应当根据人权保障原则制定行政追偿标准的最高限额。

1. 被追偿人为个人的,对故意造成国家赔偿的相关责任主体,在国家给付赔偿费用后,最高追偿限额为全部的赔偿费用,但追偿金额不能超过该责任主体 18 个月的基本工资收入,追偿金额的初始比例为国家赔偿费用的 100%;对重大过失造成国家赔偿的相关责任主体,在国家给付赔偿费用后,最高追偿限额为 70% 的赔偿费用,且最高不得超过该责任主体 12 个月的基本工资收入、最低为该责任主体 4 个月的基本工资收入,但赔偿费用低于最低追偿标准时,则按赔偿费用予以全部追偿。

2. 被追偿人为组织的,对故意造成国家赔偿的相关责任主体,在国家给付赔偿费用后,应当追偿全部的赔偿费用,故意的追偿最高限额为国家赔偿费用总额,重大过失的追偿最高限额为国家赔偿费用的 70%。

3. 如果违法职务行为的发生系二人或二人以上或系被授权的其他组织和个人故意或者重大过失违法职务行为造成的,应参照上述追偿标准区分计算,且追偿总额不得超过国家赔偿数额。

第十条 行政追偿应当依据过失相抵原则和比例原则,考量被追偿人过错程度与行政赔偿数额、当地平均生活水平、被追偿人的职业风险等客观因素,被追偿人的经济状况、智力上或身体上的特质、被追偿人自身的经验有限或训练不足,工作负荷过重等主观因素,制定行政追偿数额的裁量基准。

客观因素为法定情节,每一个情节为一个减免档次,每一档次最高可减免国家赔偿费用的 10%;主观因素为酌定情节,每一个情节为一个减免档次,每一档次最高可减免国家赔偿费用的 5%。最后,将行政赔偿义务机关的过失分为选任管理过失和办公条件过失，根据过失相抵原则，每一种过失最高减免国家赔偿费用的10%。

第十一条　根据行政追偿程序职权分离原则，赔偿义务机关享有启动权和有限协商职能。

行政赔偿义务机关应当自财政部门告知已支付国家赔偿费用之日起6个月内，启动对被追偿人的追偿程序。

行政赔偿义务机关在专案追偿委员会确定的追偿数额范围内，与被追偿人协商追偿数额和支付方式，赔偿义务机关无权超越追偿委员会确定的范围；协商成功，由行政赔偿义务机关与被追偿人签订追偿协议；协商不成，由行政追偿主体作出追偿决定。

第十二条　行政追偿委员会是办理国家赔偿案件的主管部门，根据正当程序原则，依法履行下列职责：

1. 追偿办公室综合考量被追偿人主观过错的情形，确定是否具备故意或者重大过失的应予追偿的主观可归责性；

2. 召开专案委员会，邀请被追偿人列席说明听取其意见；

3. 专案委员会按照行政追偿标准确定决定追偿数额的范围；

4. 依据事实和法律作出追偿报告书。

第十三条　行政追偿决定权由行政追偿主体行使。行政追偿主体根据追偿报告书作出是否追偿的决定。如果行政追偿主体认为报告书有问题的，可以退回追偿委员会，委员会必须按照回避原则重新组织召开专案追偿委员会议讨论，如果新一轮委员会会议仍然坚持原来的决定，行政追偿主体必须按照报告书作出行政追偿决定。

第十四条　被追偿人对追偿决定有异议的，可以申请行政复议或者提起行政诉讼。

第十五条　行政追偿决定的执行权，由享有强制执行权的机关进行。

被追偿人为公务员的，根据《国家赔偿费用管理条例》，由当地的财政部门在被追偿人工资中抵扣。

被追偿人为不具有公务员身份的组织或者个人的,由行政追偿主体向人民法院申请强制执行。

第十六条 被追偿人可以一次性缴纳,也可以分期缴纳追偿金。对个人分期缴纳的,可从每月工资中扣缴,但每次扣缴额不得超过其月基本工资总额的30%。个人主动认缴的除外。

第十七条 我国县级以上各级人大、监察委员会、检察机关、财政机关在各自的职权范围内,拥有对行政追偿机关的监督权。公民依照《宪法》有权对行政追偿主体进行监督。

(本办法由国务院制定)

结　语

凡是值得思考的事情，没有不是被人思考过的；我们所做的只是试图重新加以思考而已。[①] 行政追偿制度作为一个世界潮流，其立法价值与我国法治政府建设相契合，对我国新时代法治政府建设具有巨大的助力作用。鉴于此，当务之急是打牢行政追偿制度的理论基础，构建切实可行的制度框架，落实行政追偿制度，以便推动公务人员依法正确履职，助力法治政府建设。尽管行政追偿制度的立法价值与我国法治政府建设目标相契合，对我国新时代法治政府建设具有巨大的助力作用，但是行政追偿制度在执行中的无效率或者低效率，却是客观事实。理论研究的薄弱和立法的缺位是行政追偿制度空置的根本原因。在完善行政追偿制度和废止行政追偿建立公务人员直接责任制度两条可

---

① 参见[德]歌德：《歌德的格言与感想录》，程代熙、张惠民译，中国社会科学出版社1982年版，第3页。

能的路径选择中,第一条路径与我国自己责任说的国家赔偿理论基础相融洽,第二条路径则在我国自己责任说的基础上缺乏正当性。是故,本书选择第一条路径,即在现有立法例的框架下,通过制定行政追偿制度实施细则,构建行政追偿的具体路径。

首先,行政追偿属于公法之债,行政追偿权属于公权请求权,行政追偿权必须依法行使;行政追偿法律关系是一种行政法律关系,行政追偿主体享有单方决定权;行政追偿公法之债的性质,意味着被追偿人仍然应当享有债务人的权利,对追偿决定有异议时有寻求司法救济的权利;行政追偿的公法定位,决定了行政追偿制度安排要遵循公法的基本原则。

其次,完善行政主体理论,将具备公法人资格作为行政追偿主体的确定标准;明晰行政追偿主观过错的内涵,采用列举的立法技术,将行政追偿行为类型化;实行行政追偿标准的法定化、客观化;适用行政诉讼法中的起诉期限填补行政追偿时效的空白,对行政追偿规范进行细化与完善。

最后,按照职权分离原则,将行政追偿的启动权、决定权和执行权相分离,由赔偿义务机关、县级以上各级人民政府、财政部门和司法机关分别行使;依照公法正当程序原则构建行政追偿程序;强化行政追偿的监督机制,落实行政追偿信息公开制度,进一步完善行政追偿配套法律制度。

“法律的生命在于实施,制度的生命力在于执行。”对行政追偿进行科学的制度构建,使其成为“良法”,必将极大地助推我国新时代法治政府法治国家建设。当然,对一个近乎“宣言性”的法律制度进行可行性设计,从而达到精细化科学化的立法要求,是一个庞大的工程,从行政追偿的原则,到行政追偿的实体和程序的制度安排等一系列重要的后续问题,仍然需要法律共同体贡献群体智慧。

参考文献

1. 中文译著

[1][德]歌德:《歌德的格言与感想录》,程代熙、张惠民译,中国社会科学出版社1982年版。

[2][德]罗伯特·霍恩等:《德国民商法导论》,楚建译,中国大百科全书出版社1996年版。

[3][德]英戈·穆勒:《恐怖的法官——纳粹时期的司法》,王勇译,中国政法大学出版社2000年版。

[4][德]哈特穆特·毛雷尔:《行政法学总论》,高家伟译,法律出版社2000年版。

[5][德]卡尔·拉伦茨:《法学方法论》,陈爱娥译,商务出版社2005年版。

[6][德]马克西米利安·福克斯:《侵权行为法》,齐晓琨译,法律出版社2006年版。

[7][加]齐瓦·孔达:《社会认知:洞悉人心的科学》,周治金、朱新秤等译,人民邮电出版社2013年版。

[8][法]狄骥:《公法的变迁》,徐砥平译,商务印书馆 1934 年版。

[9][法]勒内·达维德:《当代主要法律体系》,漆竹生译,上海译文出版社 1984 年版。

[10][法]莫里斯·奥里乌:《行政法与公法精要》,龚觅等译,辽海出版社、春风文艺出版社 1999 年版。

[11][法]让·里韦罗、让·瓦利纳:《法国行政法》,鲁仁译,罗豪才主编,商务印书馆 2008 年版。

[12][法]孟德斯鸠:《论法的精神》(上),许明龙译,商务印书馆 2012 年版。

[13][英]A. J. M. 米尔恩:《人的权利与人的多样性——人权哲学》,夏勇、张志铭译,中国大百科全书出版社 1995 年版。

[14][英]霍布斯:《利维坦》,黎思复、黎廷弼译,商务印书馆 1985 年版。

[15][英]戴雪:《英宪精义》,雷宾南译,中国法制出版社 2001 年版。

[16][英]彼得·斯坦、约翰·香德:《西方社会的法律价值》,王献平译,中国法制出版社 2004 年版。

[17][英]A. W. 布拉德利、K. D. 尤因:《宪法与行政法》(第 14 版)(下册),罗豪才编,刘刚、江菁译,商务印书馆 2008 年版。

[18][意]彼得罗·彭梵得:《罗马法教科书》,黄风译,中国政法大学出版社 2005 年版。

[19][日]南博方:《日本行政法》,杨建顺、周作彩译,中国人民大学出版社 1988 年版。

[20][日]南博方:《行政法》(第 6 版),杨建顺译,中国人民大学出版社 2009 年版。

[21][日]古琦庆长:《国家赔偿法》,有斐阁昭和 48 年版。

[22][日]今村成和:《国家补偿法》,群众出版社 1990 年版。

[23][日]宇贺克也:《国家补偿法》,有斐阁 1997 年版。

[24][日]大木雅夫:《比较法》,范愉译,法律出版社 1999 年版。

[25][日]盐野宏:《行政法》,杨建顺译,法律出版社 1999 年版。

[26][日]盐野宏:《行政救济法》,杨建顺译,北京大学出版社 2008 年版。

[27][日]美浓部达吉:《公法与私法》,黄冯明译,中国政法大学出版社 2003 年版。

[28][日]园古峻:《判例形成的日本新侵权行为法》,赵莉译,法律出版社 2008 年版。

[29][日]田山辉明:《日本侵权行为法》,顾祝轩、丁相顺译,北京大学出版社 2011 年版。

[30][美]伯纳德·施瓦茨:《行政法》,徐炳译,群众出版社 1986 年版。

[31][美]哈罗德·J. 伯尔曼:《法律与宗教》,梁治平译,三联书店 1991 年版。

[32][美]切斯特·J. 安提奥、迈洛·R. 梅彻姆:《公务员的豁免权与侵权责任》,苌宏亮译,中国社会科学出版社 1997 年版。

[33][美]丹尼斯·麦克伦尼:《简单逻辑学》,赵明燕译,山西教育出版社 2011 年版。

2. 中文原著

[1]王名扬:《英国行政法》,北京大学出版社 2007 年版。

[2]王名扬:《法国行政法》,北京大学出版社 2007 年版。

[3]王名扬:《王名扬全集③:美国行政法》(上),北京大学出版社 2016 年版。

[4]王名扬:《王名扬全集③:美国行政法》(下),北京大学出版社 2016 年版。

[5]王名扬:《王名扬全集①:英国行政法、比较行政法》,北京大学

出版社2016年版。

[6]江平主编:《法人制度论》,中国政法大学出版社1994年版。

[7]江平、米健:《罗马法基础》(修订本第3版),中国政法大学出版社2004年版。

[8]江平顾问,李显冬主编:《侵权责任法经典案例释论》,法律出版社2007年版。

[9]应松年、胡建淼主编:《中外行政诉讼案例选评》,中国政法大学出版社1989年版。

[10]应松年主编:《行政法与行政诉讼法词典》,中国政法大学出版社1992年版。

[11]应松年:《国家赔偿法研究》,法律出版社1995年版。

[12]应松年主编:《外国行政程序法律汇编》,中国法制出版社2004年版。

[13]应松年、杨小军:《国家赔偿制度的完善》国家行政学院出版社2008年版。

[14]罗豪才主编:《行政法学》,北京大学出版社1996年版。

[15]沈开举主编:《国家赔偿法通论》,中原农民出版社1995年版。

[16]沈开举主编:《行政实体法与行政程序法学》(上下卷),郑州大学出版社2004年版。

[17]沈开举、王钰:《行政责任研究》,郑州大学出版社2004年版。

[18]沈开举主编:《行政补偿法研究》,法律出版社2004年版。

[19]沈开举:《征收、征用与补偿》,法律出版社2006年版。

[20]沈开举主编:《行政法学》(第2版),郑州大学出版社2009年版。

[21][加拿大]约翰·华特生编选:《康德哲学原著选读》,韦卓民译,商务印书馆1963年版。

[22]黄越钦:《国家赔偿责任之比较观察》,载《私法论文集》,世纪

书局1980年版。

[23]史尚宽:《民法总论》,台湾正大印书馆1981年版。

[24]史尚宽:《债法总论》,中国政法大学出版社2000年版。

[25]吴宗梁:《国家赔偿法基本原理》,台北,三民书局1981年版。

[26]管欧:《中国行政法总论》,蓝星打字排版有限公司1981年版。

[27]城仲模:《行政法之基础理论》,台北,三民书局1983年版。

[28]荆知仁:《美国宪法与宪治》,台北,三民书局1985年版。

[29]佟柔主编:《民法原理》(修订本),法律出版社1987年版。

[30]张孝昭:《国家赔偿法逐条论述》,金汤书局有限公司1987年版。

[31]李宜琛:《民法总论》,台湾"国立"编译馆1987年版。

[32]曹兢辉:《国家赔偿立法与案例研究》,台北,三民书局1988年版。

[33]曹兢辉:《国家赔偿法之理论与实务》,新文化彩色印书馆1981年版。

[34]金立琪、彭万林、朱思东:《国家赔偿法原理》,中国广播电视出版社1990年版。

[35]林准、马原主编:《国家赔偿问题研究》,人民法院出版社1992年版。

[36]蔡震荣:《公法人概念的探讨》,载《当代公法理论翁岳生教授祝寿论义集》,月旦出版股份有限公司1993年版。

[37]刘春堂:《国家赔偿法》,台北,三民书局1994年版。

[38]江必新:《国家赔偿法原理》,中国人民公安大学出版社1994年版。

[39]江必新、梁凤云、梁清:《国家赔偿法理论与实务》,中国社会科学出版社2010年版。

[40]江必新、梁凤云:《国家赔偿法教程》,中国法制出版社2011

年版。

[41]马怀德:《国家赔偿法的理论与实务》,中国法制出版社 1994 年版。

[42]马怀德:《国家赔偿法的理论与实务》,中国法制出版社 1994 年版。

[43]马怀德主编:《国家赔偿问题研究》,法律出版社 2006 年版。

[44]马怀德主编:《司法改革与行政诉讼制度的完善——〈行政诉讼法〉修改建议稿及理由说明书》,中国政法大学出版社 2004 年版。

[45]马怀德主编:《国家赔偿法学》(第 7 版),中国政法大学出版社 2007 年版。

[46]马怀德主编:《完善国家赔偿立法基本问题研究》,北京大学出版社 2008 年版。

[47]马怀德主编:《完善国家赔偿立法基本问题研究》,北京大学出版社 2008 年版。

[48]周汉华、何峻:《外国国家赔偿制度比较》,警官教育出版社 1992 年版。

[49]肖峋:《中华人民共和国国家赔偿法的理论与实用指南》,中国民主法制出版社 1994 年版。

[50]房绍坤、丁乐超、苗生明:《国家赔偿法原理与实务》,北京大学出版社 1998 年版。

[51]佘能斌、马俊驹主编:《现代民法学》,武汉大学出版社 1995 年版。

[52]张正钊主编:《国家赔偿制度研究》,中国人民大学出版社 1996 年版。

[53]张正钊、韩大元主编:《比较行政法》,中国人民大学出版社 1998 年版。

[54]廖义男:《国家赔偿法》,台北,三民书局 1996 年版。

[55]黄昇著:《行政法总论》,台北,三民书局1996年版。

[56]薛刚凌主编:《国家赔偿法教程》,中国政法大学出版社1997年版。

[57]关保英:《行政法的私权文化与潜能》,中国政法大学出版社1997年版。

[58]关保英:《行政法的价值定位》,中国政法大学出版社1997年版。

[59]柳富华主编:《国家赔偿名案点评:怎样索赔与应诉》,人民法院出版社1997年版。

[60]胡建淼:《行政法学》,法律出版社1998年版。

[61]胡建淼主编:《行政法学》,复旦大学出版社2003年版。

[62]刘恒:《行政救济制度研究》,法律出版社1998年版。

[63]杨建顺:《日本行政法通论》,中国法制出版社1998年版。

[64]于敏:《日本侵权行为法》,法律出版社1998年版。

[65](唐)长孙无忌等编,刘俊文校注:《唐律疏议》,法律出版社1999年版。

[66]杨临萍主编:《行政损害赔偿》,人民法院出版社1999年版。

[67]杨海坤:《中国公民被国家机关侵权时的权益保护》,中国经济出版社1999年版。

[68]戴炎辉、戴东雄:《中国继承法》,台北,三民书局1999年版。

[69]叶百修:《国家赔偿法》,台北,三民书局2000年版。

[70]方世荣:《论具体行政行为》,武汉大学出版社2000年版。

[71]周叶中主编:《宪法》,高等教育出版社、北京大学出版社2000年版。

[72]台湾行政法学会主编:《行政法争议问题研究》,台北,五南图书出版股份有限公司2000年版。

[73]曾世雄:《损害赔偿法原理》,中国政法大学出版社2001年版。

[74]最高人民法院中国应用法学研究所编:《人民法院案例选》,人民法院出版社2002年版。

[75]陈新民:《中国行政法学原理》,中国政法大学出版社2002年版。

[76]陈新民:《德国公法学基础理论》(上卷),法律出版社2010年版。

[77]张民安:《过错侵权责任制度研究》,中国政法大学出版社2002年版。

[78]邱聪智:《民法研究(一)》(增订版),中国人民大学出版社2002年版。

[79]李龙主编,汪习根执行主编:《法理学》,人民法院出版社、中国社会科学出版社2003年版。

[80]叶必丰:《行政法学》(修订版),武汉大学出版社2003年版。

[81]徐爱国:《英美侵权行为法》,北京大学出版社2004年版。

[82]曾隆兴:《详解损害赔偿法》,中国政法大学出版社2004年版。

[83]杨海坤、章志远:《中国行政法基本理论研究》,北京大学出版社2004年版。

[84]葛克昌:《税法基本问题(财政宪法篇)》,北京大学出版社2004年版。

[85]朱新力:《行政法律责任研究——多元视角下的诠释》,法律出版社2004年版。

[86]高家伟:《国家赔偿法》,商务印书馆2004年版。

[87]房绍坤、毕可志:《国家赔偿法学》,北京大学出版社2004年版。

[88]孙笑侠:《程序的法理》,商务印书馆2005年版。

[89]刘嗣元、石佑启编著:《国家赔偿法要论》,北京大学出版社2005年版。

[90]吴庚:《行政法之理论与实用》(增订8版),中国人民大学出版社2005年版。

[91]杨小君:《国家赔偿法律问题研究》,北京大学出版社2005年版。

[92]周佑勇:《行政法基本原则研究》,武汉大学出版社2005年版。

[93]李巍:《国家赔偿案件》,中国法制出版社2005年版。

[94]胡肖华:《走向责任政府——行政责任问题研究》,法律出版社2006年版。

[95]关今华:《人权保障法学研究》,人民法院出版社2006年版。

[96]卓泽渊:《法的价值论》(第2版),法律出版社2006年版。

[97]林语堂:《吾国与吾民》,陕西师范大学出版社2006年版。

[98]许宗力:《宪法与法治国行政》,台北,元照出版有限公司2007年版。

[99]周友军、麻锦亮:《国家赔偿法教程》,中国人民大学出版社2008年版。

[100]唐先锋、王洪宇、赵春兰、郑侠、鲁勇睿、侯帆:《特殊领域侵权行为专题研究》,法律出版社2008年版。

[101]张新宝:《侵权责任构成要件研究》,法律出版社2008年版。

[102]杨立新:《杨立新民法讲义》,人民法院出版社2009年版。

[103]翁岳生:《行政法》(下册),中国法制出版社2009年版。

[104]李惠宗:《宪法要义》,台北,元照出版有限公司2009年版。

[105]王胜明主编:《〈中华人民共和国侵权责任法〉解读》,中国法制出版社2010年版。

[106]皮纯协、何寿生编著:《比较国家赔偿法》,中国法制出版社1998年版。

[107]皮纯协、冯军主编:《国家赔偿法释论》(修订版),中国法制出版社2010年版。

[108]杨临宏:《国家赔偿法:原理与制度》,云南大学出版社 2010 年版。

[109]薛刚凌主编:《国家赔偿法》,中国政法大学出版社 2010 年版。

[110]全国人大常委会法制工作委员会民法室编:《侵权责任法立法背景与观点全集》,法律出版社 2010 年版。

[111]王美文:《当代中国政府公务员责任体系及其实现机制研究》,人民出版社 2008 年版。

[112]沈岿:《国家赔偿法:原理与案例》,北京大学出版社 2011 年版。

[113]胡锦光、余凌云:《国家赔偿法》(第 2 版),中国人民大学出版社 2011 年版。

[114]徐国栋:《优士丁尼〈法学阶梯〉评注》,北京大学出版社 2011 年版。

[115]朱新力主编:《新编国家赔偿法要义与案例释解》,法律出版社 2011 年版。

[116]曾刚:《行政赔偿归责原则研究》,法律出版社 2012 年版。

[117]王泽鉴:《债法原理》(第 2 版),北京大学出版社 2013 年版。

[118]王泽鉴:《侵权行为》(第 3 版),北京大学出版社 2016 年版。

[119]陈国栋:《中华人民共和国国家赔偿法》,法律出版社 2013 年版。

[120]陈瑞华:《看得见的正义》(第 2 版),北京大学出版社 2013 年版。

[121]范剑虹、李翀:《德国法研究导论》,中国法制出版社 2013 年版。

[122]季卫东:《法治秩序的建构》(增补版),商务印书馆 2014 年版。

[123]周枏:《罗马法原论》(下),商务印书馆2014年版。

[124]徐靖:《诉讼视角下中国社会公权力法律规制研究》,法律出版社2014年版。

[125]罗利丹:《公务员责任体系:上级命令执行的制度风险》,社会科学文献出版社2014年版。

[126]章志远:《行政法学总论》,北京大学出版社2014年版。

[127]张步峰:《正当行政程序研究》,清华大学出版社2014年版。

[128]姜明安主编:《行政法与行政诉讼法》(第6版),北京大学出版社、高等教育出版社2015年版。

[129]王周户:《行政法学》(第2版),中国政法大学出版社2015年版。

[130]陶凯云、柯汉民主编:《国家赔偿办案指南》,法律出版社2015年版。

[131]杨秋林、宁立成、姚俊:《国家赔偿制度研究》,江西人民出版社2016年版。

[132]万克夫、李娜:《国家赔偿纠纷案例与实务》,清华大学出版社2016年版。

[133]杜仪方:《行政不作为的国家赔偿》,中国法制出版社2017年版。

[134]吴庚、盛子龙:《行政法之理论与实用》(增订15版),台北,三民书局2017年版。

[135]林来梵:《宪法学讲义》(第3版),清华大学出版社2018年版。

[136]丁晓华:《行政赔偿的理论与实务》,知识产权出版社2019年版。

3. 期刊论文

[1][德]契布尔豪伊尔等:《从案例分析看公职责任法》,郑冲译,载

《行政法学研究》1993 年第 1 期。

[2][日]宇贺克也:《国家赔偿法费用负担者概念》,载《自治研究》1990 年第 66 卷第 7 号。

[3][日]宇贺克也:《国家赔偿法案的改为日文的立法过程》,载《行政法的发展与变革(下)》,有斐阁 2001 年版。

[4]马怀德:《〈国家监察法〉的立法思路与重点》,载《环球法律评论》2017 年第 2 期。

[5]马怀德:《政府信息公开制度的发展与完善》,载《中国行政管理》2018 年第 5 期。

[6]王名扬:《法国公务员的行政赔偿责任》,载《比较法研究》1987 年第 1 期。

[7]应松年:《我国民主与法制的新进展——祝国家赔偿法颁布实施》,载《行政法学研究》1994 年第 2 期。

[8]应松年:《国家赔偿法修改中的几个问题》,载《国家行政学院学报》2006 年第 4 期。

[9]沈开举、王红建、程雪阳:《国家与地方行政主体定位——一个中法行政主体比较的视角》,载《"中央与地方关系的法治化"国际学术研讨会论文集》2007 年 1 月 6 日。

[10]沈开举、程雪阳:《中国语境下的公民评议政府机制:价值、制度与服务政府》,载《中国法学会行政法学研究会 2008 年年会(下册)》2008 年 9 月。

[11]沈开举:《国家赔偿法修正案的进步与缺憾》,载《公民与法(法学版)》2010 年第 8 期。

[12]沈开举、邢昕:《检察机关提起行政公益诉讼诉前程序实证研究》,载《行政法学研究》2017 年第 5 期。

[13]杨泽延、姚辉:《美国国家赔偿制度纵横》,载《比较法研究》1988 年第 3 期。

[14]周伟:《法国行政赔偿制度》,载《比较法研究》1990年第2期。

[15]杨海坤:《行政侵权赔偿中的几个基本理论问题》,载《学习与探索》1992年第1期。

[16]程时菊:《论行政求偿的主观基础》,载《法学评论》1992年第5期。

[17]王克稳:《试论行政赔偿制度中的国家追偿权》,载《政治与法律》1992年第1期。

[18]周公法:《论行政赔偿中的国家追偿权》,载《法学与实践》1993年第2期。

[19]江必新:《中国现实国家赔偿制度述略》,载《中国法律》1995年第1期。

[20]刘兆兴:《德国国家赔偿法研究》,载《外国法译评》1996年第3期。

[21]周佑勇:《论行政作为与行政不作为的区别》,载《法商研究》1996年第5期。

[22]黄正光:《浅议国家追偿权的几个问题》,载《人民司法》1996年第1期。

[23]翁岳生:《西德一九一八年赔偿法之研究》,载《法治国家之行政法与司法》,月旦出版股份有限公司1997年版。

[24]朱新力:《论行政不作为违法》,载《法学研究》1998年第2期。

[25]于安:《英国国家赔偿制度简介》,载《现代法学》1988年第5期。

[26]吕友臣:《行政主体理论评析》,载《研究生法学》1998年第2期。

[27]闫越:《国家追偿权及其立法完善》,载《法制与社会发展》1998年第6期。

[28]薛刚凌:《我国行政主体理论之检讨——兼论全面研究行政组

织法的必要性》,载《政法论坛》1998 年第 6 期。

[29]闫越:《国家追偿权及其立法完善》,载《法制与社会发展》1998 年第 6 期。

[30]石佑启:《行政不作为引起的国家赔偿责任探讨》,载《行政法学研究》1998 年第 4 期。

[31]李昕:《中外行政主体理论之比较分析》,载《行政法学研究》1999 年第 1 期。

[32]刘嗣元:《论国家赔偿法中的国家追偿制度》,载《华中理工大学学报》1999 年第 2 期。

[33]杨解君:《行政主体及其类型的理论界定与探索》,载《法学评论》1999 年第 5 期。

[34]杨解君:《特别法律关系论——特别权力关系论的扬弃》,载《南京社会科学》2006 年第 7 期。

[35]李洪雷:《德国行政法学中行政主体概念的探讨》,载《行政法学研究》2000 年第 1 期。

[36]刘劲钢、苏彦来:《行政追偿程序研究》,载《黑龙江省政法管理干部学院学报》2000 年第 1 期。

[37]沈岿:《重构行政主体范式的尝试》,载《法律科学(西北政法学院学报)》2000 年第 6 期。

[38]沈岿:《国家赔偿:代位责任还是自己责任》,载《中国法学》2008 年第 1 期。

[39]高辰年:《论行政不作为的赔偿责任》,载《行政法学研究》2000 年第 4 期。

[40]王鉴辉:《行政不作为违法的国家赔偿责任研究》,载《现代法学》2000 年第 1 期。

[41]罗杰:《国家赔偿中的追偿制度立法及完善》,载《行政论坛》2000 年第 6 期。

[42]唐小波:《中国大陆和澳门台湾地区行政赔偿诉讼比较》,载《上海社会科学院学术季刊》2000 年第 1 期。

[43]张弘、徐福庆:《试论行政赔偿附带行政追偿诉讼》,载《人民司法》2000 年第 8 期。

[44]张弘:《国家行政追偿权探析》,载《辽宁教育学院学报》2000 年第 3 期。

[45]薛刚凌:《行政主体之再思考》,载《中国法学》2001 年第 2 期。

[46]石佑启、彭江红:《对行政追偿中几个问题的探析》,载《法律适用(国家法官学院学报)》2001 年第 2 期。

[47]谢祥清:《对行政追偿几个问题的思考》,载《广西社会科学》2002 年第 3 期。

[48]李德龙:《行政追偿标准探讨》,载《行政与法》2003 年第 2 期。

[49]杜万松:《公务员重大过错行政侵权赔偿责任探析》,载《行政与法》2003 年第 12 期。

[50]汤德宗:《论正当性质程序》,载汤德宗:《行政程序法》(第 2 版),台北,元照出版有限公司 2003 年版。

[51]薛子进:《首例"立法不作为"案被驳回起诉》,载《法制日报》2003 年 6 月 13 日。

[52]柳杨:《关于国家赔偿中追偿问题的探讨》,载《中南民族大学学报(人文社会科学版)》2003 年第 23 卷。

[53]李宜琛:《债务与责任》,载何勤华、李秀清主编:《民国法学论文精萃》(第 3 卷),法律出版社 2004 年版。

[54]张春莉:《论行政追偿的正当程序》,载《江苏社会科学》2004 年第 6 期。

[55]张明军:《对确立国家和个人为共同赔偿责任主体的探讨》,载《行政论坛》2004 年第 1 期。

[56]周维峰:《行政追偿制度研究》,载《行政与法(吉林行政学院学

报)》2005 年第 7 期。

[57]朱新力、余军:《国家赔偿归责原则的实证分析》,载《浙江大学学报(人文社会科学版)》2005 年第 2 期;

[58]林明锵:《宪治改革与公务员制度》,载林明锵:《公务员法研究1.》,新学林 2005 年版,第 15 页。

[59]赵凌:《空难最高限赔仅 7 万,为何一拖 12 年未曾改》,载《南方周末》2005 年 3 月 17 日。

[60]关蕾、双华军:《公务员行政侵权赔偿责任分析——由佘祥林案所想到的》,载《经济导刊》2005 年第 9 期。

[61]胡建森:《"特别权力关系理论"与中国的行政立法——以〈行政诉讼法〉、〈国家公务员法〉为例》,载《中国法学》2005 年第 5 期。

[62]刘志:《行政追偿制度探究》,载《中国行政管理》2005 年第 10 期。

[63]龙卫球:《债的本质研究:以债务人关系为起点》,载《中国法学》2005 年第 6 期。

[64]张力:《行政追偿法律关系初探》,载《理论探索》2005 年第 4 期。

[65]姚锐敏:《行政追偿与公务员的赔偿责任》,载《行政论坛》2006 年第 1 期。

[66]张卫英、王梅霞:《确立我国公务员损害赔偿责任制度》,载《河北法学》2006 年第 5 期。

[67]吴春庚、龙凤兰、许利娟:《法国与中国行政追偿制度之比较》,载《华东经济管理》2007 年第 6 期。

[68]葛云松:《法人与行政主体理论的再探讨——以公法人概念为重点》,载《中国法学》2007 年第 3 期。

[69]任夏青:《公务员行政赔偿责任模式的选择与优化》,载《云南行政学院学报》2007 年第 1 期。

[70]宋功德:《行政责任制的结构性缺陷及其调整》,载《中国行政管理》2007 年第 2 期。

[71]杜万平:《论〈环境保护法〉法律责任的修改》,载《法学评论》2008 年第 2 期。

[72]王泽鉴:《侵害债务人内部求偿关系与过失相抵原则之适用》,载《民法学说与判例研究》(第 2 辑),北京大学出版社 2009 年版。

[73]王贵松:《危险防止型行政不作为的赔偿责任承担》,载《学习与探索》2009 年第 6 期。

[74]叶名怡:《重大过失理论的构建》,载《法学研究》2009 年第 6 期。

[75]叶名怡:《侵权法上故意与过失的区分及其意义》,载《法律科学(西北政法大学学报)》2010 年第 4 期。

[76]辛年丰:《论国家赔偿法中的求偿权——兼论国家赔偿法修正草案中的求偿权》,载《法学新论》2009 年第 16 期。

[77]叶卫平:《惩罚性赔偿的制度思考》,载《上海财经大学学报》2009 年第 5 期。

[78]张红:《行政赔偿责任与民事赔偿责任之关系及其处理》,载《政法论坛》2009 年第 2 期。

[79]张莉:《行政机关与公务员侵权赔偿责任分担以法国“莫里斯·帕蓬案”为例》,载《中外法学》2009 年第 2 期。

[80]张志泉:《行政追偿制度探讨》,载《国家行政学院学报》2009 年第 6 期。

[81]郑蕾:《浅谈国家赔偿之侵权行为主体》,载《法制与社会》2009 年第 18 期。

[82]袁才荣:《行政追偿制度研究》,载《人民论坛》2010 年第 29 期。

[83]汪应明:《行政追偿权行使的若干制约因素及其思考》,载《求索》2010 年第 12 期。

[84]刘志坚:《试论国家追偿程序》,载《兰州大学学报》2000年第5期。

[85]魏志浩、苗春刚:《论雇主责任中的追偿权》,载《法制与社会》2010年第22期。

[86]王天云:《完善我国行政追偿程序研究述论》,载《云南行政学院学报》2011年第2期。

[87]涂克明:《我国行政追偿制度的思考》,载《湖北经济学院学报(人文社会科学版)》2011年第11期。

[88]汪应明、李清伟:《行政追偿正当程序:缺失与构建》,载《理论探索》2011年第1期。

[89]王仓:《行政追偿之基础理论解读》,载《黑龙江省政法管理干部学院学报》2011年第6期。

[90]孙瑞灼、李丽:《"执行上级命令"就能违法犯罪》,载《大众日报》2011年5月20日。

[91]张虎:《国家赔偿之追偿制度研究》,载《全国法院系统第二十二届学术讨论会论文集》2011年1月20日。

[92]陈亚军、谢祥为、陈小凤:《我国国家追偿制度的困境与对策分析》,载《江西社会科学》2011年第4期。

[93]梁慧星:《中国侵权责任法解说》,载《北方法学》2011年第1期。

[94]宋晓培:《浅议司法追偿制度》,载《法制与经济》(下旬)2011年第3期。

[95]孙洪涛:《试论我国行政追偿制度的完善》,载《山西财经大学学报》2011年第S1期。

[96]刘畅:《论日本国家赔偿中的行政求偿》,载《学习与探索》2012年第2期。

[97]肖泽晟、黄丽华:《论行政法上的连带责任》,载《行政法学研究》2012年第1期。

[98]辛年丰:《论共有公共设施国家赔偿责任赔偿义务机关的认定:日本法的考察》,载《东海大学法学研究》2013 年第 41 期。

[99]曹海晶、李炜:《试论行政事实行为及其行政赔偿制度》,载《法治研究》2013 年第 5 期。

[100]刘润发:《行政公诉权滥用规制论纲》,载《湖南社会科学》2013 年第 2 期。

[101]魏振瀛:《债与民事责任的起源及其相互关系》,载《法学家》2013 年第 1 期。

[102]吴光升:《论国家赔偿费用追偿程序之完善》,载《政治与法律》2014 年第 3 期。

[103]林欣:《我国行政追偿制度研究》,载《经济管理者》2014 年第 19 期。

[104]刘美子、周畅:《对冤假错案,不能只赔偿不追责》,载《新华每日电讯》2014 年 6 月 3 日。

[105]姬亚平:《民赔官案件初探》,载《东南大学学报(哲学社会科学版)》2014 年第 3 期。

[106]张德铭:《雇主责任研究》,载《西南政法大学》2014 年第 9 期。

[107]刘建泉、韦城:《实施行政追偿存在的问题及解决对策》,载《广西法治日报》2015 年 8 月 25 日。

[108]靳海婷:《行政追偿的理论基础及认定标准》,载《法制与社会》2015 年第 21 期。

[109]姜明安:《完善国家追偿制度推进国家治理现代化》,载《人民法院报》2015 年 1 月 7 日。

[110]顾永忠:《国家追偿制度的理性思考》,载《当代法学》2015 年第 5 期。

[111]何倩柔:《试论行政追偿程序之建构》,载《法学研究》2015 年第 5 期。

[112]夏金莱:《重大行政决策终身责任追究制度研究:基于行政法学的视角》,载《法学评论》2015 年第 4 期。

[113]肖帮华:《探究"0"追偿追责的心理阻却根源》,载《贵州法学》2015 年第 1 期。

[114]于博:《论行政民事侵权连带责任及其司法认定》,载《行政法学研究》2015 年第 2 期。

[115]俞硒:《公共道路管理瑕疵致害责任案件疑难问题研究》,载《法律适用》2015 年第 10 期。

[116]洪泉寿:《国家赔偿追偿制度疑难问题研究——以司法实务为视角》,载《法治社会》2016 年第 4 期。

[117]崔晓鹏:《从"同体惩戒"到"异体惩戒"——法官惩戒委员会运行模式之构建》,载《山东审判》2016 年第 3 期。

[118]单光新:《行政追偿制度的困境与出路——以党的十八届四中全会的要求为背景》,载《九江学院学报(社会科学版)》2016 年第 1 期。

[119]李鹿野:《比较法视域下中国不动产登记制度之建构》,载《学习与实践》2016 年第 1 期。

[120]王颖:《激活"休眠"条款:国家赔偿追偿制度的微观设计》,载《山东审判》2016 年第 5 期。

[121]曲三强、李莎莎:《论国家赔偿中的行政追责追偿》,载《中共浙江省委党校学报》2017 年第 1 期。

[122]寇枫阳:《我国国家司法追偿制度之构建》,载《长江丛刊·理论研究》2017 年第 20 期。

[123]张杰:《我国行政追偿制度的困境与出路》,载《法学杂志》2017 年第 10 期。

[124]张雪丹:《我国行政追偿制度的缺失与完善——从实体角度出发》,载《山西警察学院学报》2017 年第 4 期。

[125]魏建新:《违法抑或过错:行政不作为赔偿归责原则的重构》,载《江汉论坛》2018 年第 11 期。

[126]赵静波、邓令:《行政追偿制度运行障碍及追偿性质反思》,载《吉林大学社会科学学报》2019 年第 3 期。

[127]李昕:《论功能定位基础上的国家追偿制度建构》,载《法律适用》2019 年第 5 期。

4. 学位论文

[1]祁贵明:《论我国行政追偿制度的完善》,南京大学 2004 年硕士学位论文。

[2]张力:《行政追偿理论研究与制度构想》,山西大学 2004 年硕士学位论文。

[3]杨师耀:《行政追偿与公务员相关责任研究》,中山大学 2005 年硕士学位论文。

[4]梁军峰:《中国参与式民主发展研究》,中共中央党校 2006 年博士学位论文。

[5]周平平:《行政追偿略论》,苏州大学 2006 年硕士学位论文。

[6]黄春水:《行政追偿若干问题研究》,厦门大学 2006 年硕士学位论文。

[7]汪应明:《论国家赔偿中的追偿权》,苏州大学 2006 年硕士学位论文。

[8]徐伟学:《行政追偿制度研究》,中国政法大学 2007 年硕士学位论文。

[9]石春:《行政追偿制度探究》,天津师范大学 2007 年硕士学位论文。

[10]孙华伟:《论行政追偿制度的构建》,烟台大学 2008 年硕士学位论文。

[11]周佳:《公务员故意或重大过失行政侵权赔偿责任研究》,北京

大学 2009 年硕士学位论文。

[12]邹恒:《我国行政追偿制度研究》,中国政法大学 2010 年硕士学位论文。

[13]彭亮:《国家赔偿法中行政追偿问题探讨》,复旦大学 2011 年硕士学位论文。

[14]刘靖宇:《中日国家赔偿制度比较研究》,长春理工大学 2011 年硕士学位论文。

[15]吕瑞云:《公法法人财产所有权问题研究》,中国社会科学院 2011 年博士学位论文。

[16]张祐齐:《国家赔偿事件中国家向公务员行使求偿权之研究》,私立辅仁大学 2011 年硕士学位论文。

[17]王晶晶:《行政赔偿中第三人过错制度研究》,浙江大学 2012 年硕士学位论文。

[18]武兴宽:《行政追偿制度研究》,兰州大学 2013 年硕士学位论文。

[19]李光凤:《行政赔偿程序研究》,复旦大学 2013 年硕士学位论文。

[20]李丽英:《论被追偿公务员救济制度的完善》,烟台大学 2013 年硕士学位论文。

[21]张琦:《边防检查行政赔偿问题及对策的研究》,宁波大学 2014 年硕士学位论文。

[22]李浩:《论我国行政赔偿程序的完善》,广西师范大学 2014 年硕士学位论文。

[23]张潆方:《我国大陆和台湾地区行政赔偿制度之比较》,西南政法大学 2014 年硕士学位论文。

[24]汪厚冬:《公法之债论》,苏州大学 2016 年博士学位论文。

[25]潘晴晴:《我国行政追偿制度研究》,南昌大学 2019 年硕士学

位论文。

5. 英文著作

[1]Erenest Gellhom Ronald, M. Levin, *Administrative Law and Process*, lawPress, 2001.

[2]William Wade, *Administrative Law*, Oxford Press, 1988.

[3]David Foulkes, *Admimistrative Law*, Butterworths, 1982.

[4] R. Dworkin, *Taking Rights Seriously*, Harvard University Press, 1978.

[5] Cf. Carol Harlow & Richard Rawlings, *Law and Administration*, London. Butterworth, 1997.

6. 英文期刊文献

[1]Elvind Hansen, *Deliberation and Forgiveness in the Public Sphere*, Critical Horizons, Vo1. 19:1, (2018).

[2] Stephen R. Chitwood, *Achieving Due Process of Law: An Administrative Alternative to The Empty Promise of Formal Hearings*, Southern Review of Public Administration, Vo1. 6: 1, (1982).

[3]Samuel J. Archibald, *The Freedom of Information Act Revisited*, Public Administration Review, Vol. 39: 4, (1979).

[4]Charles J. Wichmann, *III Ridding FOIA of Those "Unanticipated Consequences": Repaving a Necessary Road to Freedom*, Duke Law Journal, Vol. 47: 6, Twenty—Ninth Annual Administrative Law Issue(Apr, 1998).

7. 网络文献

[1]新京报:《道歉赔偿追偿一个都不能少》,载凤凰资讯网 2008 年 1 月 6 日, https://news. ifeng. com/opinion/200801/0106_23_354469. shtml。

[2]司杨敏、许大华、卞荣华、张德钧:《国家赔偿费用追偿问题研究》,载中华人民共和国财政部网, http://www. mof. gov. cn/preview/

tfs/zhengwuxinxi/diaochayanjiu/200806/t20080620_47491. html。

[3]《江苏省高院激活休眠条款　落实国家赔偿追偿制度》，载21世纪经济报道2005年8月20日，http://finance. sina. com. cn。

[4]《晋城市财政局执法过错行政追偿暂行办法》，载山西省晋城市财政局网，http://www. sxjccz. gov. cn/contents/8/16455. shtml。

[5]陈善哲：《国家赔偿法修改前瞻：赔偿标准提高范围扩大》，载21世纪经济报道2008年10月14日，http://finance. sina. com. cn。

[6]孙亚菲：《"新圈地运动"后遗症——四川自贡市高新区征地事件调查》，载搜狐财经网2004年7月15日，https://business. sohu. com/20040715/n221017253. shtml。

后　记

行政追偿制度对我国法治政府建设具有重大作用,实务部门落实这一制度的愿望十分迫切,目前,先后有19个省、自治区、直辖市的规范性文件对行政追偿制度进行了细化,行政部门也积极制定行业规范以备行政追偿制度的执行之需。司法机关也在积极行动,2018年4月19日,最高人民法院、最高人民检察院在甘肃省天水市召开了国家赔偿追偿、追责问题调研座谈会,就《国家赔偿追偿、追责工作的意见(讨论稿)》征集省、市相关部门意见、建议。面对地方和部门的立法实践,中央立法作出有效回应只是时间问题。本书就是在此背景下,对行政追偿制度从基础理论层面到具体制度构建层面进行研究和探讨,以期为我国行政追偿制度的立法完善提供智识性参考。

本书得以完成,首先特别感谢我的恩师沈开举教授,沈老师是引领我步入行政法学殿堂,为我开启学术之路的启蒙恩师,本书亦是沿袭了恩师的学术思路,从确定选题到框架结构甚至到遣词造句无不渗透沈老师的心血。回忆当年读博期间,沈老师在授课时讲到行政追偿制度的研究现状,结合我的研究兴趣和研究基础,指导我将这一命题确定为研究方向。在写作过程中,沈老师时刻关注我的写作状况,孜孜不倦地为我答疑解惑,寥寥数语对我而言犹如醍醐灌顶,大有裨益。

本书得以完成,感谢同门和同事给我由衷的鼓励和无私的帮助。在我写作过程中,给我各种启发和灵感,在学习和工作中有他们陪伴和扶持,甚幸。

本书得以完成,感谢家人对我无条件地付出。撰写专著对于人到中年的我而言原不是件容易的事,幸而有父母不遗余力的支持,爱人和孩子的理解和配合,为我解除了后顾之忧,为我构筑坚强后盾,助我实现学术梦想。

本书得以出版,要感谢法律出版社法治与经济分社沈小英社长和常锋编辑,他们的认真负责,严谨专业不断激励我,正是在他们的大力帮助下,我的著作能够顺利通过出版社的严格审查,如期面市。

在本书即将付梓之际,谨致谢意。期待以后的日子越来越顺遂,更期待致谢中的你们平安喜乐,事业辉煌!

2022 年 7 月 16 日